图0 1933年中国建筑师学会部分会员合影,其中出现在本书中的建筑师如下:
前排七人:左一李惠伯;
二排十人:左一范文照;左二李锦沛;左三陈植;左四赵深;左五董大酉;右四陆谦受
三排十人:右一张镈森;右四奚福泉;右五徐敬直
后排四人:右二杨廷宝;左二童寯

图1 南京莫愁路基督教堂入口
建筑师:陈裕华

图2 原国民革命军阵亡将士公墓纪念塔
建筑师:亨利·茂飞(美国)、董大酉

图3 原励志社大礼堂
建筑师：范文照、赵深

图4 原励志社大礼堂室内
建筑师：范文照、赵深

图5 原国民政府最高法院
建筑师：过养默

图 6 新都大戏院
建筑师：李锦沛

图 7 原国立中央大学生物馆
建筑师：李宗侃

图 8 栖霞寺舍利塔
修缮建筑师：刘敦桢、卢树森

图9 板桥新村
建筑师：刘福泰

图10 中山陵藏经楼
建筑师：卢树森

图 11　原国民政府考试院建筑群鸟瞰
建筑师：卢毓骏

图 12　原国民政府考试院西大门
建筑师：卢毓骏

图13　中山陵入口博爱坊
建筑师：吕彦直

图14　中山陵墓室室内穹顶
和孙中山卧像
建筑师：吕彦直

图 15　原交通银行南京分行
建筑师：缪苏骏

图 16　金陵大学小礼拜堂
建筑师：齐兆昌

图 17　金陵女子神学院圣道大楼
建筑师：齐兆昌

图 18　清末江苏咨议局
建筑师：孙支厦

图 19　原国民政府行政院
建筑师：童寯

图 21　地质矿产陈列馆
建筑师：童寯

图 20　原国民政府外交部
建筑师：童寯

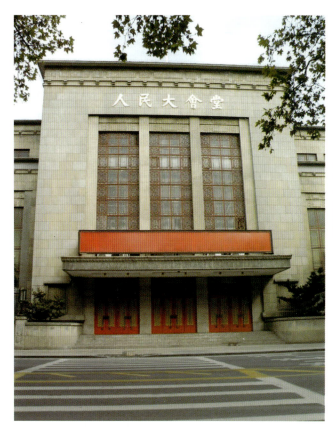

图24 原国立美术馆前的石刻与灯具

图22 原国民大会堂
建筑师：奚福泉

图23 原国立美术馆
建筑师：奚福泉

图 25　2013 年修缮前的原国立中央博物院大殿（人文馆）
建筑师：徐敬直、李惠伯

图 26　修缮后的博物院室内
建筑师：徐敬直、李惠伯

图 27　原国民党中央党史陈列馆
建筑师：杨廷宝

图 28　国际联欢社扩建
建筑师：杨廷宝

图 29　大华戏院
建筑师：杨廷宝

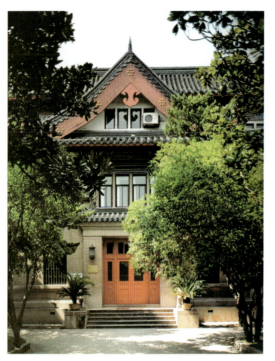

图 30　原中央研究院总办事处
建筑师：杨廷宝

图 32　中山陵延晖馆
建筑师：杨廷宝

图 31　原中央医院
建筑师：杨廷宝

图 33　原国民政府主席办公楼（子超楼）
建筑师：虞炳烈

图 34　子超楼内蒋介石的办公室
建筑师：虞炳烈

图 35　中山陵行健亭
建筑师：赵深

图 36　金陵女子大学大草坪及周边建筑
建筑师：亨利·茂飞（美国）

图 37　金陵女子大学主体建筑后的人工湖
建筑师：亨利·茂飞（美国）

图 38　原国民革命军阵亡将士公墓入口牌坊
建筑师：亨利·茂飞（美国）

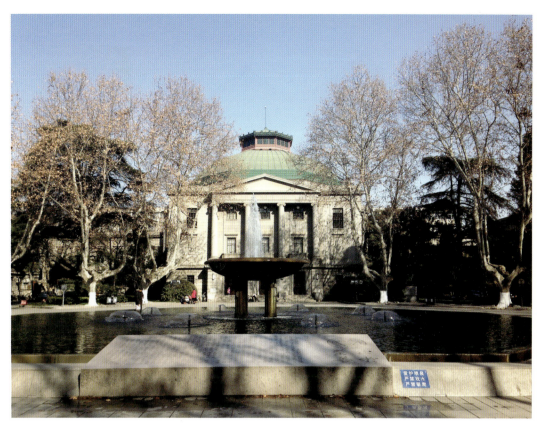

图 39　原国立中央大学大礼堂
建筑师：公和洋行（英国）

图 40　原国立中央大学大礼堂室内
建筑师：公和洋行（英国）

图41　金陵大学礼拜堂
建筑师：帕金斯建筑师事务所（美国）

图42　金陵大学北大楼
建筑师：帕金斯建筑师事务所（美国）

图43　金陵大学宿舍群中的甲乙楼
建筑师：帕金斯建筑师事务所（美国）

教育部人文与社会科学研究一般项目资助
项目编号：11YJCZH161

大匠筑迹

民国时代的南京职业建筑师

Building in Nanjing:
Professional Architects in the Republic of China

汪晓茜 著

东南大学出版社
SOUTHEAST UNIVERSITY PRESS
南京·2014

内容提要

本书重点介绍了民国阶段（1912—1949年）曾在南京注册执业或开展过职业实践的27个代表性中外建筑师或设计机构的背景、职业履历、历史地位、在宁创作经历和作品。此外，还系统完整地梳理了中国建筑师职业体系的建设过程，展示了民国条件下职业建筑师群体的真实工作状况和不同寻常的成长经历，深入探讨在近代科学观念和中国传统思想、制度间的碰撞下，建筑师如何将主观能动性和被动适应性结合起来应对时代条件和要求，以期对同样面临转型的当代人和当代社会有所启迪。作为时代精英，这些建筑师的活动及影响力不仅限于专业领域，一定程度亦从物质空间塑造上折射出国家、政治以及社会情感的状态及需求，通过他们的工作和成果亦可一窥民国社会的成长和发展。

本书不仅适合以建筑学、城乡规划为专业背景的技术工作者、教师、学生参考，亦适合于对南京近代史、社会史、民国文化、历史人物或南京城市建设感兴趣的普通读者阅读、收藏。

图书在版编目（CIP）数据

大匠筑迹：民国时代的南京职业建筑师 ／ 汪晓茜著.
— 南京：东南大学出版社，2014.9
　ISBN 978-7-5641-5150-8

Ⅰ.①大… Ⅱ.①汪… Ⅲ.①建筑师-列传-世界-1912—1949　Ⅳ.①K816.16

中国版本图书馆CIP数据核字（2014）第189715号

书　　名：	大匠筑迹：民国时代的南京职业建筑师
著　　者：	汪晓茜
责任编辑：	孙惠玉　徐步政　　编辑邮箱：894456253@qq.com
文字编辑：	李　倩
版式设计：	余武莉
出版发行：	东南大学出版社
社　　址：	南京市四牌楼2号　　邮　编：210096
网　　址：	http://www.seupress.com
出 版 人：	江建中
印　　刷：	江苏凤凰扬州鑫华印刷有限公司
开　　本：	787mm×1092mm　1/16　印张：18.25（另彩1）　字数：462
版 印 次：	2014年9月第1版　2014年9月第1次印刷
书　　号：	ISBN 978-7-5641-5150-8
定　　价：	59.00元
经　　销：	全国各地新华书店
发行热线：	025-83790519　83791830

* 版权所有，侵权必究

* 本社图书若有印装质量问题，请直接与营销部联系。电话（传真）：025-83791830

序言
Preface

  南京曾作为民国时期的首都,在建筑活动方面也有过辉煌的历史,并在中国近代建筑史上具有特殊地位,回顾这一转型期的建筑历程,对我们仍有一定的现实意义。

  建筑活动一般都包含两方面的内容:建筑实迹与建筑创作过程。目前在已出版的中国近代建筑专著中,对建筑实迹方面多有评述,而在建筑创作过程方面却明显偏少,尤其对职业建筑师的创作经历与成就,以及当时整个职业建筑师群体的社会状况更是少有研究。《大匠筑迹:民国时代的南京职业建筑师》一书则在这方面做了较深入的探索,弥补了这方面的不足。作者汪晓茜博士经过几年的努力,已对当时的社会根源、职业建筑师的制度、建筑师的创作特色与经验做了较全面的调研与评析,生动鲜明地还原了当时社会中职业建筑师的生存状况及其贡献,特别是对少数跨时代的优秀建筑师的经验与智慧方面做了重点探讨。本书不仅具有专业的参考价值,也对历史学、社会学研究给予了相关佐证。

  一座城市是经过长期历史积淀形成的,尤其那些历史文化名城更是如此。建筑作为城市面貌最明显的反映,它的历史印记总会在城市街道、城市广场、城市空间、城市标志等方面有所表现。南京近代的职业建筑师正是南京近代城市面貌的塑造者,因此,本书对他们的创作经验与贡献进行系统地总结是非常必要和及时的,这对当代建筑师或建筑工作者都有一定参考价值,同时也可以成为在校专业学生的良师益友。对于一般读者而言,本书的丰富插图也会增加可读的兴趣。

刘先觉

东南大学建筑学院教授、博士生导师

2014 年 5 月

前言
Forward

作为在首都执业的专业人员，民国南京的职业建筑师比较典型地反映出中国近代建筑师群体的特征。中国建筑发展过程中处于承上启下的中介环节以及中西交融的汇合状态的近代阶段，是传统营造体系向自由建筑师体系和营造厂体系的分化和转变阶段，它导致了专业内涵与职业运作方式的彻底变化，这也是中国建筑现代化的重要特征之一。诚如侯幼彬先生所言："中国建筑师的出现和成长，是中国近代建筑史上的一件大事。它突破了长期封建社会建筑工匠家传口授的传艺方式，改变了几千年来文人、知识分子与建筑工匠截然分离的状态，开始有了具备建筑科学知识、掌握建筑设计技能的专业建筑师……这对于近代中国和现代中国的建筑发展，都起到了重要的推进作用。"[①]

近代建筑含义的界定，从时间段来说，主要是指1840年开始到1949年结束，大致可以分为清末（1840—1911年）和民国（1912—1949年）两大时期。整个时代性质的历史定位是大发展之前的痛苦改变时期，局势动荡纷呈。就建筑领域而言，近代建筑恰好处在旧的建筑体系开始瓦解而新的建筑体系初步萌发的阶段，其中，中国近代意义上第一批职业建筑师的出现和成长主要始于民国时期，笔者一方面介绍了民国阶段曾在南京注册执业或开展过职业实践的27位代表性中外建筑师或设计机构的背景、作品、历史地位和影响力，另一方面笔者也力图建构一个对民国时期建筑师职业体系的整体认知，如建筑师职业制度在近代如何形成，并以职业建筑师的工作流程为线索，展示民国条件下南京建筑师执业环境、群体状态（社会地位、形象等）、职业运作机制，以及与社会和其他专业间的关系等，以此深入探讨中国职业建筑师不同寻常的成长历程，以及对中国近现代建筑发展的深刻影响。

透视民国建筑舞台上长袖善舞的职业建筑师这一群体，除了能了解中国建筑业现代转型的历程，也可一窥民国时代社会的成长和发展。民国时期活跃在首都南京的建筑师群体是那个时代的精英：或是负笈归来的翩翩少年，或是激情澎湃的有志青年，或是经验老到的技术人员，他们受国际大环境中现代主义建筑师社会责任观念的影响，或多或少心怀理想，试图以专业技能介入社会改良，因此，这些人的活动及影响力不仅限于专业领域，一定程度上亦从物质空间塑造上折射出国家、政治以及社会情感的状态及需求。此外，基于近代特殊的历史转折背景，和中国近代多数知识分子相似，职业建筑师所面临的是一种极其复杂的职业环境，特别是在近代科学观念和中国传统思想、制度间的碰撞、交融、妥协下，建筑师如何将主观能动性和被动适应性结合起来应对时代条件和要求，充分反映出这批建筑师的智慧。细心观察这个过程，亦可对同样面临转型的当代人和当代社会有所启迪。

本书第0—3章内容由汪晓茜、俞琳联合撰写，第4章内容由汪晓茜负责撰写。

---

① 潘谷西. 中国建筑史[M]. 6版. 北京：中国建筑工业出版社，2009：395

目录
Contents

序言　/ 01
前言　/ 02

0　中国近代建筑发展概况　001
　0.1　近代城市的兴起和城市近代化 …………………… 002
　0.2　建筑风格的多元混杂 …………………………… 003
　0.3　建筑技术的转型 ………………………………… 008
　0.4　建筑师和建筑教育的发展 ……………………… 010

1　中国近代建筑师职业制度之源起　015
　1.1　近代建筑师职业制度形成过程 ………………… 016
　1.2　地方政府和国民政府法律法规的推动 ………… 016
　1.3　建筑师专业团体建设 …………………………… 020
　1.4　建筑师职能的确认 ……………………………… 025
　1.5　近代建筑师职业制度化的特征 ………………… 026

2　民国时期南京职业建筑师群体的形成和专业化过程　031
　2.1　在南京的职业建筑师构成 ……………………… 032
　2.2　在南京的职业建筑师群体分布特点 …………… 036
　2.3　民国南京建筑师专业团体——南京市建筑技师公会 … 041
　2.4　《南京市建筑规则》的相关规定 ………………… 042

3　民国时期南京职业建筑师的工作状况　045
　3.1　项目启动阶段 …………………………………… 047
　3.2　设计图样阶段 …………………………………… 057
　3.3　施工建设阶段 …………………………………… 063

4 民国时期南京代表性职业建筑师及其作品（中国人名姓氏按拼音顺序排列） 071
　4.1　陈裕华 ……………………………………… 073
　4.2　董大酉 ……………………………………… 077
　4.3　范文照 ……………………………………… 083
　4.4　过养默 ……………………………………… 092
　4.5　李惠伯 ……………………………………… 098
　4.6　李锦沛 ……………………………………… 104
　4.7　李宗侃 ……………………………………… 113
　4.8　刘敦桢 ……………………………………… 118
　4.9　刘福泰 ……………………………………… 127
　4.10　卢树森 ……………………………………… 135
　4.11　卢毓骏 ……………………………………… 141
　4.12　陆谦受 ……………………………………… 148
　4.13　吕彦直 ……………………………………… 154
　4.14　缪苏骏 ……………………………………… 162
　4.15　齐兆昌 ……………………………………… 167
　4.16　孙支厦 ……………………………………… 178
　4.17　童寯 ………………………………………… 183
　4.18　奚福泉 ……………………………………… 196
　4.19　徐敬直 ……………………………………… 204
　4.20　徐中 ………………………………………… 211
　4.21　杨廷宝 ……………………………………… 216
　4.22　虞炳烈 ……………………………………… 234
　4.23　张镛森 ……………………………………… 243
　4.24　赵深 ………………………………………… 248
　4.25　亨利·茂飞 ………………………………… 256
　4.26　公和洋行 …………………………………… 271
　4.27　帕金斯建筑师事务所 ……………………… 276

后记　/285

中国近代建筑发展概况

这是一个悲怆而又带有壮烈色彩的时代，一边是末世的慌乱，一边是尚不明朗的未来，人们在这乱世中，怀揣的是建设一个新世界的理想和面对现实的无奈。近代阶段（1840—1949年）是中国历史上变革发生最剧烈的阶段之一。"历史之必具变异性，正如其必具特殊性"[①]——近代最大的特殊性就在于它的变异性，既有新的因素，又有旧的遗存，因此新旧共处是必然的状态。在这样一个时代，建筑业和建筑创作的发展受到众多因素影响而形成了自己的时代特征，它是多元的，带着探索的意味，找寻着自己的道路和方向，正是在这样的氛围中，涌现了中国第一批近代意义上的职业建筑师，他们的努力和奋斗，他们的命运都是这个时代的缩影。

近代中国建筑的状况主要包含四个方面：一是近代城市的兴起和城市近代化；二是建筑风格的多元混杂；三是建筑技术的转型；四是近代建筑师和建筑教育的发展。从中可以一窥中国近代建筑发展的整体趋势和特点。

0.1 近代城市的兴起和城市近代化

19世纪中叶开始，中国城市受到西方资本主义入侵，以及本国资本主义发展的推动，陆续开始向近代化转型。侯幼彬先生从"近代城市化和城市近代化的角度"将其分成主体开埠城市、局部开埠城市、交通枢纽城市和工矿专业城市四个类型。主体开埠城市一种是以开埠区为主体的城市，如上海、天津等；另一种是租借、附属地型的城市，如青岛、大连、哈尔滨。局部开埠城市指在全城划出特定地段作为租借居留区，新旧城区共同发展，如济南。交通枢纽城市指由铁路建设或水陆交通便利形成的城市，如郑州、石家庄等。工矿专业城市是因近代工业兴起而兴盛的城市，最典型的是南通[②]。

从整体上说，国内近代城市发展的进度随时局变化各有侧重且相对独立，地区间发展并不平衡。以时间为序，首先19世纪末，华南地区因远离封建政治的权力中心，在经济上表现为存在"多种资本主义初期成分的边缘经济"，典型城市包括香港、广州等。这类城市在鸦片战争前就与外国通商，民间建筑不自觉地走上中西融合的道路，新建筑风格多表现为殖民地外廊式风格。而华东地区的上海作为第一批"五口通商"口岸，自1843年正式开埠之后，依托独特的经济地理区位和租界的政治特权，逐步发展成为多功能的经济中心和近代建筑齐备，市政建设和管理近代化的第一大都市。20世纪初，东北地区受日本帝国主义和奉系军阀两股势力控制，沈阳、长春、哈尔滨等城市先后进行了近代城市规划。华北地区包括北平、天津在内的重要城市在北洋政府的统治下发展迅速。近代中期则是华东地区的迅速崛起，随着1927年国民政府迁都南京，以南京为政治中心，上海为经济中心，于1929年分别制定了《首都计划》和《上海市中心区域计划》，展开一系列官方主导的城市规划和建设活动，使这两座城市进入快速发展的"黄金十年"。1937年抗日战争爆发之后，国民政府迁都重庆，成为华中西南地区发展的契机。政府机构、人员、物资从东部沿海地区向西南腹地转移，重庆、昆明等地因其战略地位而获得经济、文化和基础设施上的长足进步。面对空袭、战争的威胁，建筑师们适应性地发展出"防空规划"和"防空建筑"等新形式。

近代城市转型是剧烈的，城市数量、城市规模、城市功能、城市结构、城市性质和城市面貌等都发生明显转变。城市作为现代生产力和新社会关系的引领者，其物质空间和生活方式的改变无疑对整个中国建筑界产生了巨大影响。

0.2 建筑风格的多元混杂

19世纪之后，中国传统木构体系仍在全国范围内继续发展，同时在西方建筑观念影响下的新建筑体系也开始进入大中城市，造成两种建筑体系共存并相互影响的现象。总体来看，近代新建筑风格大体分成三大类，包括洋式建筑（早期殖民式、中后期西方复古和折中主义）、传统复兴式建筑（宫殿式、混合式）以及现代建筑（装饰为特征的现代式和现代主义）。

0.2.1 洋式建筑的引进与传播

殖民式（Colonial Style）建筑，或称外廊式建筑。它是存在于近代前期的一种过渡型的洋式建筑类型，存在时间很短，主要分布在最早开辟租界的近代主流城市，如上海、天津、广州、汉口等，一些边缘城市如厦门、芜湖、重庆、宜昌、烟台、汕头等也有建造。殖民式建筑是近代英国殖民者将欧洲建筑风格传入东南亚一带，为适应当地炎热气候而形成的一种带外廊的流行样式。1557年葡萄牙人将这种风格带到澳门，殖民式建筑由此在中国兴起。17世纪末，广州十三行街等处的洋行、银行、俱乐部、领事馆等建筑多为此类风格。日本学者藤森照信就认为外廊式建筑是中国近代建筑的起点[3]。鸦片战争以后殖民式建筑进入中国内地。在上海、汉口等地侨居的外国商人、传教士、领事馆职员等开始自行绘制图纸，由中国营造商承建殖民式房屋。长方形平面，单层或二三层砖木结构，西式四坡屋顶，或甚至用中式歇山顶，四周有带露台的券廊，使用本地工匠，就地取材。

为增强立面装饰效果，后期殖民式风格中纯粹的外廊式构图大大减少，尤其在上海，随着清水砖墙立面手法的普及，除了用青砖、红砖交织排列产生色彩效果外，设计师还使用了其他多种手法，如立面

图0-1 上海虹口塘沽路西童女校
图0-2 上海董家渡天主堂
图0-3 广州天主教圣心堂

图0-1

的连续券构图转变为连续的券柱式构图，檐口上设三角形山墙，柱式变化自由而多样，砖雕花饰大量出现，装饰更为复杂（图0-1）。

西方复古主义和折中主义是另一种西方建筑风格在中国近代建筑中的表现。该风格的传播离不开以传教士为主的早期教会人士、西方职业建筑师以及中国近代留学建筑师的共同努力。

近代中国部分城市开埠后，传教士通过各种途径自行筹建西式教堂。一般只要当地条件允许，教堂或礼拜堂就会建造得与某个美国或者英国的教堂完全一样，风格可以借鉴西方历史上的各个阶段：或哥特式，或罗曼式，或文艺复兴式……如上海虹口塘沽路西唐女校（1894年）、董家渡天主教堂（1853年），广州天主教圣心堂（1863年），天津老合众教堂（1864年），武昌主教座堂（1889年）等（图0-2、图0-3）。

图0-2

随后大批西方职业建筑师接替了业余传教士建筑师，为租界机构、外商银行等建造了大批西方古典和折中主义的洋行、银行、住宅、领事馆等。一般认为此类实践活动以上海、天津和武汉等地较为正宗，建筑上使用西方古典柱式，构图讲求对称，突出轴线，强调主从关系，形成规整对称，主次分明，比例严谨的立面造型。外墙用材多使用花岗岩贴面、花岗岩柱式或做水刷石面层，精致的古典线脚或花饰，昂贵的进口钢窗，黄铜大门，室内做大理石地面，楼梯、柜台和柱式，如上海华俄道胜银行（1901—1905年，图0-4）、上海永年人寿保险公司（1910年）、麦加利银行（1922—1923年）和横滨正金银行（1923—1924年）等都是西方古典主义建筑的代表作。此外，欧美近代建筑创作中兴起的折中风潮也流行一时，在一幢建筑中混合西方建筑各种历史风格甚至掺杂着中国传统建筑要素，又称"集仿主义"，大量出现在商业建筑领域。如上海先施百货（1914年），1900年后天津劝业场一带的商业娱乐建筑，武汉汉口英租界商业区、汉口海关大楼（1921—1924年）等都属此类作品（图0-5）。

图0-3

图 0-4　　　　　　　　　　　　　　　　　　　　　　　图 0-5

与此同时，本土建筑师也设计了一些西方复古和折中主义建筑，有时会直接模仿西方建筑原型，如孙支厦设计的南通钟楼就模仿了英国伦敦大钟楼，但总体数量偏少，中国本土近代建筑师更多是投身于对中国民族建筑文化的发掘当中。

图 0-4　上海华俄道胜银行（现为中国外汇交易中心）
图 0-5　武汉汉口海关大楼

0.2.2　中国民族形式的复兴和发展

在中外建筑文化的碰撞下，中国近代出现了中西建筑形态交汇的情形。其中，一个显著的现象就是外来新建筑体系的"本土化"。这个现象率先从教堂和教会建筑中的"中国式"开始。19世纪末—20世纪初，在中国扮演布道者和教育者角色的传教士在传教过程中屡遭挫折，他们不得不调整战略，考虑用更贴近中国文化的方法，让基督教"中国化"。作为宗教传播重要场所的教会建筑自然成为早期西方建筑师实践中国民族形式建筑的对象。1879年中国第一所教会大学圣约翰大学创立，到1947年，基督教新教在中国创办的教会大学共13所。1900年前后，教会大学建筑者尝试向当地环境和传统妥协，转向"中国式"。例如上海圣约翰大学怀施堂（1894年）整体构图维持西方建筑模式，但保留了中国传统建筑中的单檐歇山顶、四角攒尖顶和江南建筑的四角翘起做法（图0-6）。美国著名建筑师茂飞（Henry Killam Murphy，1877—1954年）更是设计了大量中国古典韵味的教会大学，如金陵女子大学（1911年）、燕京大学（1918年）、长沙湘雅医学院（1914年）、福建协和大学（1915年）、北京协和医学院（1917年）等，他将中国民族样式的探索定格在明清宫殿建筑风格，还将这种风格延伸到公共和纪念性建筑上（图0-7）。

中国建筑师对中国传统样式的探索开始于20世纪20年代。1925

图 0-6

图 0-7

图 0-6 上海圣约翰大学怀施堂
图 0-7 福建协和大学教学楼

年前后，吕彦直设计了南京中山陵和广州中山纪念堂建筑，成为中国建筑师实践民族复兴的起点。1927年南京国民政府成立并大力提倡"中国固有形式"，在国内建筑师中间掀起了探索民族形式的第一次高潮。他们在1927—1937年间对中国民族样式复兴做出了不同的尝试：一是套用中国传统宫殿建筑形式构成模式的整体仿古建筑，特点是横向展开建筑体量，立面分屋顶、屋身、基座构成的三段式，中式大屋顶以及用钢筋混凝土仿造的柱式、额枋、斗栱等构件。南京现存大量这样的典型案例，如国民党中央党史史料陈列馆（1934年）、中山陵园谭延闿墓祭堂（1931—1933年）、国立中央博物院（1936—1948年）、中山陵园藏经楼（1935—1936年）等。二是建筑整体上采用西方近代建筑体量组合设计手法，局部添加中国传统建筑的构成要素，如门楼、亭子、屋顶或阁楼，以展示其不同于西式建筑的形式，是一种以"中国固有形式"为标志的折中风格，典型作品如"大上海计划"中实施的上海图书馆、上海市博物馆（1934—1935年）。三是以西方近代建筑体量组合为基本造型，摒弃大屋顶，在檐口、基座、墙面、花格门窗、门廊等处施以中国传统建筑装饰纹样，以传神代替形似，被冠以"新民族形式"或"以装饰为特征的现代式"，代表作品包括南京国民政府外交部办公大楼（1935年）、南京国民大会堂等（参见第4章相关建筑师作品）。

近代中国建筑师中间兴起的这股民族形式设计热潮，有其深刻的社会和意识形态动因，国民政府文化本位主义的驱动、建筑师的民族自觉意识都是其中重要的推手。

0.2.3 现代建筑的发展

19世纪下半叶，欧洲兴起的新建筑运动开始影响中国，一些外国

图 0-8

图 0-9

设计师首先尝试了新潮流风格。在哈尔滨，新艺术运动的持续时间甚至超过了西欧，其铁路系统建筑多采用"新艺术运动风格"，如哈尔滨火车站（1901年，图0-8）、中东铁路管理局大楼（1902年）等。自20世纪20年代起，美国"装饰艺术风格"（Art-Deco）则在上海滩风行一时，洋行建筑师设计出此类风格的沙逊大厦（1926年）、河滨公寓（1930年）、大光明电影院（1933年，图0-9）、国际饭店（1931年）、国华银行（1931年）等。在东北地区，由日本现代建筑先驱引入了现代建筑样式，如大连火车站（1935年）、鞍山昭和制钢所本馆（1937年）等。造型简洁流畅，少传统装饰，注重功能性，使用新技术和新工艺等是这类现代建筑的共同特点。

与此同时，中国建筑师也积极拥抱这一国际新趋势，只不过他们将"新艺术运动风格"、"装饰艺术"与"国际式"统称为"现代式"。自20世纪30年代起，当时主要的两本建筑期刊《中国建筑》、《建筑月刊》持续介绍国际先进的现代建筑运动，宣传现代派的理论，并发表了现代建筑的科学理论，如唐璞的《房屋声学》，何立蒸的《现代建筑概论》等。上海的《时事新报》、《申报》等大报开辟建筑地产专刊，一方面关注国内建筑业发展状况，一方面也在传播西方新建筑思想。实践中，杨锡镠设计的上海百乐门舞厅，黄元吉设计的上海恩派亚公寓（图0-10），范文照设计的上海美琪大戏院等都是装饰艺术韵味的作品。而沈理源、庄俊、董大酉、杨廷宝等曾以设计西方古典或中国民族形式著称的建筑师也创作了不少现代建筑风格的建筑，如天津新华信托银行（沈理源，1934年），上海孙克基妇产医院（庄俊，1934年），上海广东银行（李锦沛，1934年），南京新生俱乐部（杨廷宝，1947年，图0-11）、延晖馆（杨廷宝，1948年）等。

图 0-8 新艺术风格的哈尔滨老火车站
图 0-9 上海大光明电影院

0 中国近代建筑发展概况 / 007

图 0-10

图 0-11

图 0-10 上海恩派亚公寓
图 0-11 南京新生俱乐部

0.3 建筑技术的转型

技术是推动建筑进步的重要因素。在近代中国被迫性开放后,洋人的新结构、新材料和新设备蜂拥而至,几千年来稳定的建筑体系遭受到前所未有的冲击,直接引发和推动了近代建筑在功能、造型上的变革。

0.3.1 多样化的新结构形式

20世纪初,传统砖(石)木结构经历了重大发展,从使用梁柱结构做外廊发展到用拱券结构,从使用青砖到大量引进红砖砌筑,建筑层数逐渐增加,形成了墙体承重、楼层和屋顶均为木质的结构形式。而在洋务运动引领下,工业建筑大量兴起,以此为契机引入木桁架、钢木组合屋架、钢结构体系,此外大框架的砖木结构、木框架结构等新建筑形态亦被采用。20世纪20—40年代是中国建筑活动的高潮期,现代工业产物的钢筋混凝土框架结构、大跨度建筑结构等新兴结构技术开始被大量使用,上海、天津、广州等地不少建筑更运用了世界先进的高层钢结构,大跨度建筑结构亦从工业建筑推广到民用建筑。

0.3.2 建筑材料及市场

近代早期新式建材以进口为主,由于外国建材的倾销,传统建材工业便大量凋敝。20世纪初,一些有识之士意识到依赖进口的弊端,陆续创办了水泥、钢铁、砖瓦、玻璃等民族企业。而民国时期的新结构方式和国货运动也有力推动了民族建材业的发展(图0-12)。

(1)水泥业。早期官办工业"启新洋灰公司"通过与官方的密切联系得到了诸多铁路交通建设、工矿企业的水泥专用合同,迅速发展,独占鳌头。20世纪10年代,借助一战爆发,进口水泥骤减的契机,民族资本注资建材业,水泥工业得到大发展,陆续建成了上海华商水泥公司、江苏龙潭中国水泥公司等。至1937年,民族资本的大型水泥企

图0-12 近代国货建材企业的广告

业有九家,加上先前建立的三家,国内水泥年产量大增,实现了水泥的部分自给。

(2) 钢铁业。国内早期造船和机器所需钢铁主要依赖进口,随着用量的增加,国人开始自办铁厂。19世纪60年代洋务运动兴办了江南制造局所属的炼钢厂和福州船政局所属铸铁厂;1890年中国的第一座官办铁厂——汉阳铁厂创办。20世纪30年代,中国独资创办钢铁厂的产量虽然很少但逐年有所增加,随着国产化率的提高,钢铁已成为中国近代桥梁、建筑上的重要建材。

(3) 砖瓦业。国内机器制砖瓦生产的历史上推到1853年英商在上海租界开设的第一家近代大型建材企业——上海砖瓦锯木厂。张之洞也曾在汉阳兵工厂内设立官砖厂,产红瓦、火砖。至光绪末年注册的砖瓦、陶土工厂共11家,形成了一定的规模生产能力。进入20世纪20年代,全国各主要城市都开办了机器制砖瓦厂,鼎盛时期中国机制砖瓦业的定型产品已有实心黏土砖类型六七种,空心黏土砖三大类,共30多种,钢砖两三种类型,另外还包括一些特种砖类型。砖瓦品种多样,规格齐全,基本能满足国内市场需求。

除此以外,油漆、玻璃、陶瓷、石料等建筑材料产业在近代也得到较快发展,逐渐从依赖进口转为自给自足。不过建筑材料市场总体生存环境并不乐观,洋建材倾销,国产建材生产和销售中的不公平竞争、垄断经营等都使得近代中国建材业发展还是相当艰难的。

0.3.3 建筑设备

20世纪20年代开始,建筑中的水、电、采暖、通风、空调设备使用的比重增加,推动了国内设备制造业和安装行业的发展,专业化程度不断提高。一些高档旅馆、影剧院、公寓、金融建筑等率先安装了空调设备(主要依赖进口);高层建筑中开始安装电梯,主要来自国外如奥梯斯(OTIS)、迅达(Schindler)等品牌。照明设备的发展比其他建筑设备要早,到20世纪20年代已基本实现国产化,产品除了白炽灯外也有各种款式及颜色的霓虹灯。当时各种设备制造厂家基本能

图 0-13　普庆影楼视线分析图

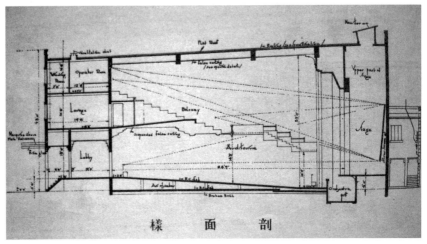

图 0-13

实现生产与安装的一条龙服务。

0.3.4　建筑工艺

建筑防水防潮、保温隔热、温控技术及建筑声学等建筑工艺在近代中期有突飞猛进的发展和完善。国产防水材料包括添加剂型、卷材型、涂料型三种，由于价格相对进口材料便宜，因此不少大型建筑均采用国产防水材料。在施工技术上，已能根据不同的防潮部位采用不同防水材料及做法。

保温隔热技术在近代已有引入，相关建筑杂志上曾介绍国外最新的中空墙体内用铝箔阻热以及用软木作为外墙材料隔热的做法。

20 世纪 30 年代，上海外滩不少建筑都安装了采暖设备，大多通过燃煤锅炉供热。而温控设备基本进口，价格较高，只在大型建筑中安装。

1874 年江南制造局出版了英国人丁铎尔（John Tyndall）撰写的《声学》，这是近代中国最早关于建筑声学理论的文献。随后国内学者叶企孙和施汝威对清华大学礼堂音质及中式服装的吸声系数进行分析，拉开了国内对建筑声学研究的序幕。20 世纪 30 年代，《中国建筑》杂志连载了唐璞翻译的《房屋声学》，为近代建筑声学广泛应用奠定了基础。在实际工程中，建筑声学被运用在公共建筑的隔声处理及剧场、会堂建筑的声学设计和音质改善等方面，而视线分析等科学化的设计方法也逐渐出现在此类建筑中（图 0-13）。

0.4　建筑师和建筑教育的发展

在中国开展职业活动的建筑师队伍包括外国建筑师、中国留学建筑师及本土培养的建筑师。近代早期，外国侨商和传教士充当了业余建筑师的角色。19世纪末，上海租界陆续有英国职业建筑师参与建筑设计。随着租界建筑活动日益繁荣，越来越多的西方建筑师来华开业，形成了中国近代建筑史上第一批职业建筑师团队。他们的事务所以"洋行"或"打样间"、"工程司"的名称开展业务。到1928年，上海滩的外籍建筑师事务所已接近50家，玛礼逊洋行（Messrs Scott & Carter）、通和洋行（Atkinson & Dallas Architects and Civil Engineers, Ltd）、倍高洋行（Becker & Baedeker）、邬达克洋行（L. E. Hudec）、公和洋行（Palmer & Turner Architects and Surveyors）等是其中著名设计机构，垄断了上海滩的中大型项目。西方职业建筑师的出现是具有积极意义的。首先为近代中国带来了新的职业分工，对中国社会专业结构的改变起推动作用；其次外国建筑师事务所雇佣培养了部分中国第一代本土工程师、建筑师，客观上为培养中国自己的建筑师发挥了作用；另外他们的设计作品风格迥异，水平较高，是近代城市重要的文化遗产；同时他们引进的新结构新观念，促进了近代建筑技术和艺术的发展。

中国本土建筑师团队的形成首先开始于本土工程师的转化。早期的孙支厦、沈琪等人受近代土木工程教育，具备一些近代建筑科学知识，掌握一定的建筑设计技能，他们打破了中国长期以来薪火相传的匠人工艺体系，是新的社会分工的代表，开创了中国近代建筑师的先河。在孙支厦、沈琪等人的建筑事业到达顶峰之后，具有建筑专业背景的中国建筑师队伍开始出现。自庄俊赴美国留学于1914年学成归国后，大批留学欧美、日本的第一代职业建筑师陆续回国开业，他们为中国近代建筑事业开创了新局面，并在1927—1937年到达职业创作和发展的顶峰。在他们的大力倡导下，国内建筑教育起步，从20世纪30年代后期起陆续向社会输送本土培养的建筑师。

中国近代建筑教育起步较晚，清末洋务派曾为创办近代教育做过多种尝试。1895年创办的北洋大学堂（即今天津大学的前身）是中国第一所工科院校，但未设建筑科。1902年，京师大学堂开设了建筑相关学科。国内学者认为《钦定京师大学堂章程》及《高等农工商实业学堂章程》中的建筑科是晚清建筑教育的开端[①]。

20世纪20年代，一批留学西方的建筑师陆续归来，开启了现代意义上的建筑教育模式。1923年，日本东京高等工业学校毕业的柳士英、刘敦桢、朱士奎等人创办苏州工专建筑科，翻开了民国建筑教育的第一页。苏州工专建筑科沿袭日本建筑教育体系，注重工程和技术的特点。1927年江苏省试行"大学区制"，以东南大学为基础，并入省内其他八所高等院校成立"国立第四中山大学"，苏州工专建筑科的11名学生和刘敦桢等人一起并入新成立的建筑科。国立第四中山大学于1928年又易名为江苏大学，同年4月改称国立中央大学。之后大批留学欧美的建筑师陆续进入国立中央大学任教，其中以受教美国宾夕法尼亚

图0-14 1931年东北大学建筑系师生合影（前排左二为童寯，左四为陈植，左五为梁思成）

图0-14

大学的教师队伍最为壮大，教学中他们注重艺术及古典训练的学院派方法，并确立了在近代中国建筑教育界的主导地位。紧接着国立中央大学之后，东北大学工学院和北平大学艺术学院，也于1928年开设了建筑系，前者由宾夕法尼亚大学毕业的梁思成创办，教师包括陈植、童寯、林徽因、蔡方荫等，学制四年，教学体系也模仿宾夕法尼亚大学，但1931年"九一八"事变爆发迫使办学中断（图0-14）。北平大学艺术学院建筑系的教师汪申、沈理源、华南奎等皆毕业于法国建筑院校，因此教学沿袭法国体系。20世纪30年代后，广东勷勤大学建筑工程系、重庆大学建筑系、天津工商学院建筑系、杭州之江大学建筑系、圣约翰大学建筑系、清华大学建筑系等建筑系科也相继出现，它们培养了大批具有高等学历的栋梁之才，且能弦歌不辍，绵延数十年至今，为民国后期和1949年以后的国家建设做出了巨大贡献。建筑教育的目的即建筑活动主体的生产，其系统之确立，过程之开展以及整个体系的延续、发展皆与近代中国建筑师的开创性努力密切相关。

中国近代建筑的发展是中西方文化交融与共生的过程，无法剥离外国势力的影响而独立存在：西方建筑技术的引入对促进传统建筑体系的变革起到关键性作用；外国建筑师事务所的建筑作品及运作机制给近代建筑转型以启示；租界的建筑制度为民国政府的建筑管理提供经验与教训。中国人一方面无法否认西式建筑的功能性及西方制度的合理性，另一方面也产生了民族记忆和排外情绪，以至于中国近代建筑发展始终存在着两种矛盾观念的斗争，各方势力共同作用，各种建筑风格共存。如果说中国近代建筑形式和风格从西方殖民式逐渐发展为折中主义是一种被动式的接受，那么民族情绪觉醒是带动中国传统样式受到重视并成为国民政府国都建设标准的内因。同样，现代主义运动的传入也非偶然，近代中期大城市地产商追求时尚的心态、战后重建的迫切需求带动了简洁合理的现代式建筑发展的潮流，中国建筑师在传播新建筑风格和理论方面是做出重要贡献的。中国近代建筑发展的曲折历程为中国建筑师成长提供了特殊的社会和行业土壤，他们逐渐完成了从传统匠人到职业建筑师的转变。部分建筑师留学回国开办建筑院校，以实现通过教育改造中国落后现状的理想抱负，他们开创了中国近现代建筑教育的先河，培养出大批本土建筑师，使得中国近代建筑师队伍日渐壮大，也为1949年以后的国家建设奠定基础，功不可没。

注释
① 钱穆. 中国历史研究法[M]. 北京：生活·读书·新知三联书店，2001：2.
② 潘谷西. 中国建筑史[M]. 6版. 北京：中国建筑工业出版社，2009：330.
③ 藤森照信. 外廊式建筑——中国近代建筑的原点[M]//汪坦，张复合. 第四次中国近代建筑史研究讨论会论文集. 北京：中国建筑工业出版社，1993：21-30.
④ 徐苏斌. 近代中国建筑学的诞生[M]. 天津：天津大学出版社，2010：109-111.

图片来源
图0-1 源自：http://weibo.com.
图0-2 至图0-5 源自：笔者拍摄.
图0-6 源自：《上海百年掠影》.
图0-7 源自：http://www.nenva.com.
图0-8 源自：http://www.harbin.gov.cn.
图0-9 源自：http://weibo.com.
图0-10 源自：笔者拍摄.
图0-11 源自：《杨廷宝建筑设计作品选》.
图0-12 源自：《中国建筑》，1933年7月，第1卷第1期.
图0-13 源自：《建筑月刊》，1933年2月，第1卷第1期.
图0-14 源自：《建筑五宗师》.

1 中国近代建筑师职业制度之源起

中国建筑行业走向近代化表现在建筑的商品化、市场化，建筑体系的制度化、契约化等方面。其中建筑师职业制度的形成是建筑制度近代化不可分割的一部分。随着西方传教士来华活动的影响，清朝末年维新派的主动西学以及西方国家的殖民入侵，中国社会或主动或被动地开始接受近代化制度，在旧体制下形成的职业分工受到冲击。近代"职业建筑师"的出现需要打破原有体系的束缚，而将一种新职业以法律形式规定下来则是行业形成的基本保障。

1.1 近代建筑师职业制度形成过程

"专业人员"意为一群拥有某种特定知识的专家。宏观来说，专业化是"一群拥有技能的专业人士，通过国家的制度和政策支持，接受专门教育机构培养，成立专业学术团体，在社会普遍认同下，颁发证照确立其合法地位"[①]。专业人士以其特有技能和国家支持取得专业团体的社会认可，并独占这一领域的经济利益，同时获得专业资格、教育、行业规范的自主权，以极大提高专业人士的社会地位。因此，中国台湾学者王俊雄先生认为制度化形成的关键之一是得到国家政府的认同[②]。

"职业建筑师"意为在设有建筑专业的设计机构从事建筑设计的建筑师，有一定的学术背景，相对固定的职业范畴和职责，并通过专业资格认证。近代建筑师从封建制度下"匠人"脱胎成为独立的职业群体，从事新兴的近代建筑行业，源自西方的建筑制度。20世纪初在租界地区，受西方职业建筑师在中国开业影响，建筑师行业开始被了解。随着租借地和通商口岸建筑事业蓬勃发展，政府和民众看到了西方城市规划及建设制度的优越性，个别地区出现了仿效西式制度的做法。20世纪二三十年代大量留学海外的建筑师回国，他们希望寻求建筑师在西方获得的同等社会地位，一方面通过实践推广科学、理性的职业行为，另一方面通过建立自己的行业组织发挥一定的社会宣传作用。

1.2 地方政府和国民政府法律法规的推动

民国初期，政府具有强烈的国家制度化建设倾向，希望通过行政手段以促进国家统一，由法律法规来形成新行业的制度化有利于国家政治、经济导控。建筑行为监管的法律法规首先是在各地方政府支持下设立的，他们显然比中央政府更具有近代化的敏感性，又或者说，在政局不稳的情况下，地方政府为自身立足一方的安定提供了具有前瞻性的制度保障。

"建筑师"职业社会地位的确认需通过各方的努力，其中包括地方政府的建制，建筑师团体的努力，国民政府的认可。近代建筑师职业的名称，最早始于广州政府制度下的"绘图人"一词。其后经历了从 1927 年末上海公布施行的《上海特别市建筑师工程师登记章程》中的"建筑师"，1929 年 3 月北京特别市政府制度下的"建筑工程师"，1929 年 6 月南京国民政府初期认定的"工业技师"以及 1944 年《建筑师管理规则》中的"建筑师"，直至 1947 年国民政府《技师登记法》修订版中定义的"建筑科工业技师"的过程。

1.2.1 民国早期地方政府的尝试

1）广州

1912 年广东省会警察厅效仿 1856 年香港殖民当局颁布的《取缔建筑章程及施行规则》，颁布了民国政府系统内的第一部建筑管理规则——《广州市取缔建筑章程及施行规则》。1918 年广州市政公所将其内容及范围扩大，颁布新的《临时取缔建筑章程》。1920 年广东省长陈炯明公布《广州市暂行条例》，在市政府下设置工务局，工务局下设取缔、建筑、设计各科，取缔科负责建筑管理，并扩充了《临时取缔建筑章程》为《广州市工务局取缔建筑章程》（以下简称《章程》）。

建筑管理权由警察厅交给工务局是该《章程》的一大特点，建筑师专业制度也在《章程》中初见端倪。在《章程》第二章"领照办法"第五条规定，在"承建人"送请的图说内容之时，须备载"绘图人姓名地址"。虽然在《章程》中并没有对"绘图人"的身份有任何定义，但仍表现了政府部门对建筑师职业范围的界定，可视为"对是否建制建筑师于建筑管理制度还存在争议的情况下，持有一种犹豫、不确定的态度"，以及希望有免费的基层建管人员管理建筑规范的模糊态度②。

2）上海

国民政府以广州市政制度为基础，于 1928 年 7 月公布《市组织法》。在此制度引导下，上海市于 1928 年 7 月公布《上海市特别市暂行建筑规则》，经过两次修订，1937 年改称《上海市建筑规则》（以下简称《规则》），共 10 章 239 条，被称为"近代中国最完备的一部建筑法规，水平甚至超过上海租界的建筑规则"②。

《规则》第六条规定，送请核准的图样中须载列"设计者之姓名及开业号数"。与广州的《广州市工务局取缔建筑章程》相似，该《规则》中并未对"设计者"有更多的提及和定义。不同的是，上海早在 1927 年 12 月 1 日公布施行了《上海特别市建筑师工程师登记章程》，其中对能接受市内建筑工程事业的建筑师工程师颁发"证书"。从两个法规的内容看，"设计者"与"建筑师工程师"的定义并没有直接对应。尽管如此，《上海市建筑规则》也可视为在《广州市工务局取缔建筑章程》基础上向前迈出了一大步。

3）北平

1928年6月，民国政府迁都南京，京都（即北平）市政公所改称北平特别市政府，直属南京国民政府管辖。北京特别市政府进行了机构重组，扩展城市管理职能，成立包括土地、社会、工务等局在内的八个局。在建筑制度方面，1929年3月5日《北平特别市房基线规则》，1929年3月21日《北平特别市公私建筑取缔规则》，1929年3月21《北平特别市建筑工程师执业取缔规则》，1929年3月21日《北平特别市厂商承揽工程取缔规则》相继出台。其中《北平特别市建筑工程师执业取缔规则》是民国时期较早以地方立法形式建立的建筑师注册职业制度文本之一。

在北平特别市工务局注册审核并颁发执照的建筑工程师须满足一定条件，并分甲、乙、丙三类。甲等建筑工程师须"年满二十五岁……满足以下其中之一：①在国内外大学或高等专门学校建筑科毕业或土木工程科毕业兼习建筑科目得有毕业文凭并确有经验二年以上者；②主办建筑工程事务七年以上，既有成绩且能设计制图者"。乙等建筑工程师须"年满二十五岁……满足以下其中之一：①在国内外职业学校建筑科毕业或土木工科毕业兼习建筑科目得有毕业文凭曾经练习建筑工程二年以上确有经验者；②办理建筑工程事务满五年以上，既有成绩且能绘制图件者"。丙等建筑工程师须"年满二十五岁……满足以下条件之一：①曾在中等工业学校毕业或具同等学力，主办旧式建筑工程具有经验在三年以上者；②工匠等之具有充分之建筑工程经验或有特种异能并能制图及计算者"③。

纵观建筑师职业资格认定历程，北平特别市制定的分级评定办法可谓在此领域起了率先示范作用。

由此可见，随着各地区建筑事业的发展，地方陆续展开了建筑师职业资格认定的工作，这与民国政府在建国初期急于通过制度建设完成国家统治的愿望不谋而合。总体而言，建筑师职业资格的认证呈现先地方后中央、相互影响相互促进的特点。

1.2.2 国民政府在建筑师职业形成过程中的作用

1928年6月国民政府尝试由工商部颁布《工业技师登记暂行条例》，对工业技师进行认定，但并未引起足够的注意，根据数据显示，该条例至1929年废止时仅有14人登记。

1929年6月18日国民政府正式颁布了《技师登记法》，以求"统一全国技师资格标准，全面提高技术工程师的水平，进而促进国家建筑"，该法于当年10月10日执行。《技师登记法》将技师分为农业技师、工业技师、铁矿技师三类。其中工业技师分为应用化学科、土木科、电器科、机械科、纺织科和其他工业各科。可以说当时立法院法制委员会审查时提请"各种工程师登记、各种技术人员执照及各种训练学校立案"并无针对"建筑工程师"的特别定义，因此只能推测建筑技师属于土木科或其他工业科技师，由工商部门执行登记制度。此部《技师登记法》第四条中对申请技师人员提出了基本要求：

第四条，凡具左列（原文自右往左竖向排版——笔者注）资格之一者得向该管官署申请登记为技师。一、在国内外大学或高等专门学校修习农工矿专门学科三年以上得有毕业证书并有二年以上之实习经验得有证明书者；二、曾经考试合格者；三、办理农工矿各厂所技术事项有改良制造或发明之成绩或有关于专门学科之著作经审查合格者④。

《技师登记法》施行规则规定"自技师登记法实施之日起所有以前中央或地方颁布之技师登记条例及一切章程规则一律废止"。之前的1927年12月1日上海公布施行的《上海特别市建筑师工程师登记章程》规定，"年满25岁且大学或同等学校建筑科或土木工程科毕业，有三年主持重要工程经验者，可申请登记后发给证书"。同时又在章程中对那些只有中学毕业文凭但工程实践经验丰富者授予资格的补充条文。与全国范围内《技师登记法》划定的学历标准相比较，职业资格门槛要低一些，从而扩大了申请技师专业人士的范围。1930年上海市工务局依据《技师登记法》又重新颁布《上海市建筑师工程师呈报开业规则》，规定建筑师、工程师应在领到技师开业证书后，方能承接市内建筑工程的委托。但实施过程中发现按照国家《技师登记法》重新登记后，上海获得技师证书者锐减。

1925年中华民国国民政府成立后，根据《国民政府组织法》规定，国民政府组织下设行政院、立法院、司法院、考试院、监察院五院执掌国家主要事务。其中行政院下设内政部、外交部、军政部、海军部、财政部、实业部、教育部、交通部、铁道部等，由行政院实业部负责管理建筑科行业。

1930年，国民政府行政院将原辖农矿、工商两部合并为实业部。1931年1月17日《实业部组织法》公布施行，规定国民政府行政院下属实业部管理全国实业行政事务。实业部下设林垦署、总务司、农业司、工业司、商业司、渔牧司、矿业司、劳工司、合作司。同年，由于技师登记制度的门槛仍然过高，实业部颁布《实业部农工矿技副登记条例》，加设"技副"等级，对中等职业学校学历和普考及格者放宽资格要求。同时根据业务能力高低，以技师、技副身份区分资质高低及承接建筑工程的范围（图1-1）。

1938年12月26日，国民政府公布了《建筑法》，此为近代中国第一部由中央政府制定，施行范围广及全国的建筑管理规范，反映出国民政府对建筑活动进行法制化管理的努力，直接影响到中国近现代建筑专业的形成。该法正式确立了建筑师证照制度的实施，从此全中国建筑物兴建时，只有领有国家发给证照的建筑师签证，才能申请核发建筑执照⑤。

图 1-1 民国时期技师登记证书

图1-1

当时公布的《建筑法》内容共分5章47条①，其中第二章"建筑许可"中，第六条规定，"中央或省或直隶于行政院之市之公有建筑，造价逾三万元者，应由起造机关拟具建筑计划工程图样及说明书，连同造价预算，送由内政部审查核定。县市以下之公有建筑，由建设厅审查核定，但应审报内政部备案"。第四章"建筑管理"中，第二十七条规定，建筑工程经市县主管建筑机关核定发给建筑执照后，应由承造人将动工日期呈市县主管建筑机关备案。这些规定将建筑师资质要求与建筑工程推进的关系以法律形式规定，试图规范和统一各地标准不一的建筑法规，从此中央政府正式开始介入原本混乱的地方自主式建筑管理事宜。

1944年内政部又在《建筑法》基础上进一步制定了《建筑师管理规则》，其中有"建筑师以曾经经济部登记并领有证书之建筑科或土木科技师技副为限"，并明确了建筑师行业管理的内容，还首次以政府法规的形式确立了建筑设计收费标准，其第三章"执业与收费"之第二十三条规定"建筑师受委托办理事件，得与委托人约定收取百分之四至百分之九之公费，但仅涉及绘图而不监工时，其取费率应减百分之二"②。至此，近代对于建筑师职业认证和管理的制度建设正式宣告完成，并以国家法规形式赋予从事这一职业者"建筑师"的正式名称。

1947年国民政府又颁布修订过的《技师法》，规定"中华民国国民，依专业职业及技术人员考试法，经技师实验或检覆及格者，得充技师"。在农业、工业、矿业三大类别技师中，"建筑师"属于工科类的建筑科。由于以上两部法规的限定，"建筑师"肯定是"技师"或"技副"，而此时绝大多数开业建筑师多具备正规专业教育背景，遂为"技师"。因此，大部分"建筑师"在《技师法》规定下就自然成为"建筑技师"。

1.3 建筑师专业团体建设

一般而言，职业建筑师需要国家从制度层面确认其专业性地位，除了从业资格的认定外，专业团体的建设则是另一条重要途径，其根本目的是获得专业垄断性，从中获取足够的社会地位和经济利益。在中央政府和地方工务局制定建筑师登记制度强化设计业管理的同时，民国时期中国的建筑业者为规范设计业发展也做出了极大努力。他们自发形成专业团体，目的之一是希望对近代中国建筑业发展有所促进，以科学性建设改变落后的行业状况；目的之二是加强与社会各界联系，与行业内部交流，为工程学术谋求社会地位，以期得到国家认同而实现行业自治。

中国的近代建筑职业教育，包括留学和自主办学起步都很晚，一直到1920年前后，才有成批回国的留学建筑师。因此民国初期不少设计活动是由土木工程师承担的，如孙支厦、沈琪等人，是他们开创了近代中国建筑师的先河，是从传统工匠转化为真正意义上的建筑师之间的过渡性人物，他们在实践中所起到的效能不可低估。鉴于土木背景的工程师是建筑师群体的重要组成部分，因此早期的土木工程师组织中就包含了部分建筑师成员。当然随着土木和建筑各自专业范围的明确，当职业建筑师自己的专业团体出现后，这种区分就变得更加清晰。

1.3.1 中国工程师学会

中国工程师学会历史沿革较复杂，创建于1912年，成员以土木工程师居多，是第一个以工程技术专业人员为主体自发形成的社会团体。前身是詹天佑在广州创立的中华工程师会，颜德庆、吴健在上海创立的中华工学会以及徐文炯等在上海发起组织的路工同仁共济会。1913年8月三会合并，在汉口成立中华工程师学会，詹天佑为会长，颜德庆、徐文炯为副会长，会员共计148人。

1917年留美工程技术专业的留学生20余人在美国纽约发起中国工程学会，成员包括工程技术、化学、电机、矿冶等专业人员。归国人数增多后，1923年在上海召开国内第一次年会，学会开始在国内发展，会员人数从1922年250人增加至1730人，逐渐与中华工程师学会齐名，成为全国工程学术活动的重心。

1931年8月27日，中华工程师学会与中国工程学会举行联合年会，通过合并方案，统一为中国工程师学会，认定1912年为创始年，选举韦以黻为正会长，胡庶华为副会长，总会设在南京。合并后会员人数共2169人。中国工程师学会一度以南京为大本营，在上海、杭州、济南、天津等地设有分会，美国、欧洲设国外分会，同时，1936年部分土木工程师在杭州成立的中国土木工程师学会也并入中国工程师学会，学会发展成设有多专业的全国最大的工程师团体。

以土木工程师为主的中国工程师学会的工作范围包括：编撰全国推行的规范、条例（如总理实业计划实施研究），编辑及审查工程名词，编订建筑条例，编纂工程规范，编辑全国建设报告书、工程教科书，起草大学工科课程标准、工程师信守规条，建立建筑工程材料试验所，建设总会和分会等。同时，沿袭中国工程学会的学术活动，继续出版《工程杂志》以及报导会务活动的《工程周刊》。

1.3.2 中国建筑师学会

中国建筑师学会是由范文照、庄俊、吕彦直、张光圻、巫振英等人倡议发起的近代中国第一个建筑师专业团体组织，1927年成立，1928年向国民政府工商部备案注册。原名叫上海建筑师学会，后因参加者不限于上海地区，于是在1929年更名为中国建筑师学会，总部在上海，并渐次在南京、重庆、昆明设分会。第一任会长为庄俊，副会长为范文照。成立之初，学会主要创始人范文照就声明，当时社会人士大多无法理解建筑业的重要性，误解建筑师的职业性质，甚至有人认为是营造包工或普通工程师，他说："国民革命统一后，倡议国府建设，建筑界人士跃跃欲试，创立专业团体，欲跻我国建筑于国际地位……冀向社会贡献建筑之真谛"，并希望"广籍联络，尤望朝野名流，文界先进，时加指导，庶吾国之建筑事业日臻进步"⑧。学会的成员分正会员和仲会员，正会员必须有大学建筑专业或相等学历，仲会员须有六年以上的设计经验。初期有正会员39名，仲会员16名。正会员几乎都有留学背景。到1933年已有正会员55人，其中归国留学生41人，占总数的74.5%（图1-2，或参见本书彩页图0）。李锦沛、董大酉、范文照、陆谦受等著名建筑师曾担任历届会长。

中国建筑师学会成立之初曾于上海的《时事新报》上发表宣言，将成立学会目的一一陈述。其一是"继东方建筑技术之余荫，以新的学理，参融于旧有建筑方法，以西洋物质文明，发扬我国固有文艺之真精神，以创造适应时代要求之建筑形式，旁以能力所及，致力于建筑材料之发明，国货材料之提倡，作事实上之研究与倡导"；其二是"提倡职工教育，革进匠工心灵，又为本会唯一之急务，此种职工教育之实施，其科目不期高深，但务实践，俾此辈工作人员所受得之学理不悖于经验，经验有悖乎学理，两相为用，以增高工作上之效率"；其三是"同人等愿凭过去经验之教训，考究症结所在，做缜密之研究，以为改良工厂制度，摒除浮夸习气之预备"⑨。

作为近代第一个专门性质的建筑

图1-2 建筑师虞炳烈的中国建筑师学会正会员证书

图1-2

师团体，中国建筑师学会十分注重在行业内树立规范和建立自我约束机制，为此下设了编制章程表式委员会、建筑名词委员会、会所筹备委员会、筹划会所工作委员会、出版委员会等机构，相继编制出台了《中国建筑师学会章程》、《建筑师业务规则》、《中国建筑师公守诚约》等规则，迈出行业自治的一大步。其中：

《中国建筑师学会章程》共分总纲6条，细则10条，对团体宗旨、会员制度、权利义务以及奖惩一一明确。

《建筑师业务规则》共分15条，主要针对建筑师与业主的关系和工作酬劳进行说明。

《中国建筑师公守诚约》共分23条，对建筑师应付之责任详细阐述，尤其对同事同业之间的行业规则进行明确，要求各建筑师遵守约定，防止恶性竞争。

中国建筑师学会还于1935年12月20日年会决议上通过公布实施《建筑章程》，共有13章72条，详细规定了工程进行过程中建筑师的职权范围及各项事宜。

学会建立后积极开展活动以扩大社会影响力和树立行业形象，包括学术交流，举办展览，如1936年4月在江湾的上海市博物馆举办了"中国建筑展览会"，轰动一时，对于提升建筑师的社会地位和综合竞争力，促进行业与社会整体发展的系统接轨发挥了有效的作用。学会还于1931年11月创办了《中国建筑》杂志，到1937年4月停刊，每月一期，共出30期，刊物以"融合东西建筑学之特长，以发扬吾国建筑物固有之色彩"为主旨，起到了传播建筑学知识，探研建筑学问，传播国内外建筑信息的重要作用，这是民国时期中国最重要和权威的建筑学术期刊之一（图1-3）。学会不仅关注世界建筑状况，同时也关注和扩大中国建筑在世界的影响力。1932年美国芝加哥召开万国博览会，中国馆由瑞典探险家斯文·赫定（Sven Anders Hedin，瑞典地理学家、地形学家、探险家、摄影家、旅行作家，1865—1952年）设计。他复制了中国传统亭阁——热河"金亭"，《中国建筑》杂志长篇转载了伦敦《泰晤士报》刊登的"金亭"历史和建造过程，并评论到："美国明年在芝加哥举行的万国博览会内，将有中国建筑出现于密西根湖畔，其样式依照热河行宫之金亭仿造……此馆完成足为吾国建筑艺术在西方放一异彩。"⑩（图1-4）

图1-3 中国建筑师学会创办的杂志《中国建筑》创刊号

学会另一项重要的工作就是调解建筑师与业主、承包商的关系，仲裁建筑纠纷，并通过剖析建筑界的问题，达到规范建筑市场的目的。民国时期由于缺乏相应制度和法规保障，业主与承包商利益时有冲突，擅自修改图纸，账目不符合，或者偷工减料，或延期不付等问题，常起纠纷，此时先由建筑师调解，作为第三者仲裁，如无法调解，则诉诸法律由法院判决。此类情形下，建筑师学会就承担着专业咨询机构的职能，对涉及专业技术部分内容加以鉴定。学术期刊《中国建筑》、《建筑月刊》

图1-4　　　　　　　　　　　　　　　　图1-5

图1-4 芝加哥万国博览会仿热河"金亭"夜景

图1-5 上海市建筑协会创办的杂志《建筑月刊》创刊号

就多次刊登文章或案例，介绍法院在接到工程类诉讼后，如何去咨询建筑师学会的意见后做出裁决，以供社会各界在处理建筑纠纷时参考。

1.3.3 各地建筑协会和技师公会

除了全国性的建筑师职业团体外，20世纪30年代后，各处在地方建筑业和建筑师组织的建设上也有进展，特别是《技师登记法》、《建筑法》等规范行业的管理法规出台后，建筑师群体的行业性质、工作内容和从业资格更加明确，于是在建设活动比较活跃的大城市，建筑业相关人员自发组织起具有行会性质的民间机构，包括上海市建筑协会，北平、广州、南京等地的建筑技师公会等。上海市建筑协会是其中最为突出的职业团体。它成立于1931年，由陶桂林、杜彦耿、汤景贤、陈寿芝等30余人发起，"以研究建筑学术，改进建筑事业并表扬东方建筑艺术为宗旨"。[⑪]会员来自建筑业各分支行业，包括上海市营造商、建筑师、土木工程师、监工员及与建筑业有关的热心人士，初期加入会员有一百余名，以后陆续有增加。协会的事务包括推介国货材料、推广新兴技术、统一学术名词、实施职工教育、发行杂志、创办夜校、成立服务部门等。协会出版的《建筑月刊》，从1932年11月起，到1937年1月止，共出6卷49期，报道了大量上海建筑业的动态和国内外建筑发展动向（图1-5）。虽然协会成员以营造商、材料商居多，但平时积极与建筑师和研究机构联系，发展学术交流与合作，例如协会曾专设宴会饯别美国建筑师茂飞返美，参与举办"中国建筑展览会"，杜彦耿还专门牵头联合中国建筑师学会、中国工程师学会、营造学社等合作编撰学术辞典《英华、华英合解建筑辞典》，有力促进了业界的沟通交流，对上海乃至整个中国建筑事业的发展壮大具有显著的推动作用[⑦]。

而南京、北平、广州等地陆续成立的建筑技师公会则更多带有行会组织的性质，如1945年成立的广州市建筑师同业公会，1947年南京成立的建筑技师公会等。这些组织力图促进同业团结，维护行业整体利益，在一定程度上利于维护自由竞争的秩序，其本质是利益协调与行业保护。例如《广州市建筑师公会建筑师业务规则》，主要就"建筑师地位"（第一节）、"建筑师之职务"（第二节）、"建筑师之公费"（第三节）等进行规定。而有关"公费"（即设计费）的条文是建筑师公会成立后在利益协调方面所做的重要贡献，而此前广州商业设计市场并无明确统一的收费标准[⑫]。南京建筑技师公会则通过制定格式文本的《工程委托契约》，对建筑师的规范性执业过程进行了指导。面对市场上压价等不正当竞争的情况，技师公会代表全体成员的利益给予坚决反击。

以上这些建筑师职业团体的活动也随时局变化跌宕起伏，一度因抗日战争爆发而活动骤减，而其中绝大多数最终也随着国民政府退出大陆而解散。回顾历史，很显然，中国近代建筑的转型和发展中，这些职业团体为行业走向制度化、规范化进而现代化是做出了突出贡献的。

1.4 建筑师职能的确认

通过国家、地方及专业团体的努力，中国职业建筑师身份逐渐为社会、民众认同，活动主体也逐渐摆脱了传统匠人的身份走上近代化、专业化、科学化的道路，建筑师的职业形象从此确立，职能范围也因此明确。

首先，建筑师的专业职责包括承接项目，负责绘制设计图、施工设计图，在建筑工程中监督工程进度和指导建造。

其次，建筑师要承担一定的社会职能，这种责任既是社会责任感，也是近代建筑师应对社会抱有的态度。城市建筑的控制本是制定建筑制度及规范的政府或规划机关的职能范围，而在制度未能健全时，民国建筑师除了对设计图样负责之外，还负有"在当本其平日之学识经验环境，无论新旧之大小建筑物如有妨碍地方上之美观或公众之安全者务使迁善改良完成建筑师应尽之责任"[⑬]，此时的建筑师是规划部门迁建改造工作的指导者和监督者。

此外，民国建筑师还起着调解业主与营造厂之间矛盾的作用。"建筑师对于业主之唯一要义即尽顾问与指导之职务，当业主与营造厂双方在履行合同期内应持公正态度不偏不倚，遇有各种问题当依约判决维护合同之真精神"[⑭]，例如中国建筑师学会就为法院提供建筑纠纷的鉴定、分析和咨询工作。

以下援引1935年12月中国建筑师学会颁布的《建筑章程》[⑮]，其中第四章对建筑师的职权进行详细规定，可由此管窥民国时期建筑师

在工程中的职能范围:

第四章 建筑师之职权

十八 本契约成立后。建筑师即处于公正人之地位。其职务为根据本契约之范围,尽力之所及,督促双方履行本契约至工程完竣止。处理一切事物,皆以公正不偏袒之态度出之。

十九 建筑师视工程进行之需要负及时供给各项详细分图,及解释图样上与说明书上各种疑问之责任。

二十 建筑师有督察工程之进行,核准各项材料之是否合用,翻查各项工作之是否合法之责任。惟工程自身优劣之责任,仍由承包人负之,建筑师不代责任。如业主以为有聘请常驻监工员之必要时,则常驻监工须受建筑师之指挥,其薪金由业主付给之。

二十一 建筑师有支配工匠,指挥小包和工头之权,对于工厂内工人,无论其为承包人或其小包所雇用,均有直接指挥之权。如某工匠或工头经建筑师认为不能满意时得令承包人或小包撤换之。

二十二 建筑师有翻核工程上所用应材料之责任,及按第八章第五十条之规定,临时变更说明书所指定材料之权。遇有承包人未能采办或订购说明书内所指定之材料时,建筑师商得业主之同意,得代为订购之,承包人仍应负一切责任。惟该项材料如契约内订明材料单价者,其代定之价格不得超过之。如未订有单价者。应先得承包人之同意。

二十三 工程至领款期限时,建筑师负证明该工程之是否到期,及签发领款凭证之责任。

二十四 建筑师有解决及处理一切关于工程上之疑问与争执及关于承包人与分包人间,或业主与承包人间一切纠纷之责任。建筑师于解决该项疑问或争执事件时应于最短时期内处理之。各项疑问争执,凡有关于设计或构造技术上之问题者,建筑师之处理为最后裁决,无论何方不得再持异议。惟其他非属于技术之各种争执及纠纷,无论何方对于建筑师之处理认为不满时,皆有照第十二章各条之规定提出仲裁之可能。

就此,近代建筑师完成了从资格认证到责权分派等一系列过程,并以法则、章程等形式明确下来。

1.5 近代建筑师职业制度化的特征

首先,近代中国建筑师职业制度化是地方政府、中央政府互相推动,各专业学术团体共同努力的结果。

建筑师职业认定是一个长期曲折的过程,香港引进英国建筑师制度开创了中国近代建筑师认证的先河,受其影响,与外国势力有密切交流的城市如广州、上海、北平等地,相继掀起了地方政府参与的控制行为,并制定了相关地方性法规。随后国民政府介入建筑师制度管理,借鉴地方做法,出台相关政策,目的在于统一各地不同标准。地方政府也迅速将法规及时调整以表达对中央政府的尊重。近代建筑师职业制度化建设在中央与地方政策衔接、相互调适和磨合中渐趋完善。

其次,近代中国建筑各项制度的出台,均基于现代化国家及其政权机构对于建筑管理的理想化设计,但对理想和现实之间的差距估计不足。典型的就体现在建筑师资格的认证中,政府期冀和实际状况间相差甚远。

1929年6月国民政府公布的《技师登记法》对技师的登记资格是:"在国内外大学或者高等专门学校修习专门学科三年以上具有毕业证书,并有两年以上实习经验并有证明书;或曾经考试合格者;或办理各厂所技术事项有改良制造或发明之成绩或有关于专门科学之著作经审查合格者。"结果,这一法规的执行过程颇为艰难,尤其对最后一项争议颇大。如此规定,从立法者的角度来看意图提高技术人员的专业素养,但将建筑工程师整合在农业、工业、矿业一类里统一进行资格考量,这种各行业一刀切的做法,无疑加大了申请难度。关于建筑师所绘制图样是否属于"专门科学之著作"也颇多争议。门槛之高使得相当多实际从事建筑行业的人失去了承接建筑工程的资格,例如1930—1935年,上海一地的合格建筑师不过173人⑮。由于申请证照人数很少,以至于行政院请求两次延长执行期,直到1931年《实业部农工矿技副登记条例》的配套出台才使得该登记法真正得以在建筑行业推行。

同样,比较当时地方或团体制定的建筑师执业资格要求,也会发现脱节现实的理想化追求。如1927年12月公布施行的《上海特别市建筑师工程师登记章程》第二条规定,年满25岁且大学或同等学校建筑科或土木工程科毕业,有三年主持重要工程经验者,可申请登记后发给证书。这种架构于文凭之上的资格制度,大大限制了专业人员的来源,也对当时上海设计行业的职业状态产生重要影响。显然上海特别市出台的建筑师登记章程,一方面是出于对国家建制意愿的迎合考虑,希望树立高层次、专业性的印象;另一方面亦受到了租界内西方制度的影响,以期与国际接轨并能与在沪的外籍建筑师展开竞争。

中国建筑师学会也对会员资格有严格要求,建筑师学会会员共分三等:正会员、仲会员和名誉会员。正会员应符合以下条件之一:在国内外建筑专门学校毕业而有三年以上之实习经验得有证明书者(与上海特别市及国民政府的规定相差不大,但放宽为建筑专门学校);在国内外建筑专门学校毕业,专任建筑学教授而有三年以上之经验者;有国民政府发给工业技师建筑科登记证书者(承认国民政府颁布的《技师登记法》);自营建筑师业务至少10年有确实成绩证明者(为没有建筑院校文凭又有工作经验的"学徒"出身者设立);办理建筑事项有改良或发明之成绩或有特别著作或具有相当资格经理事务审查合格者（对建筑事业有特别贡献者，为建筑理论家设立）。

仲会员应符合以下条件之一：在国内外建筑专门学校毕业尚未具有甲条一项之资格者；在国内大学或高等工业专门学校毕业而具五年以上之建筑经验者；在建筑界服务具有充分经验经审查及格者。

据统计，1931年时，中国建筑师学会的成员数仅为55名，其中正会员39人，仲会员16人。民间团体之所以将入会标准门槛提高的目的是希望能够符合中央政府的规定，得到实业部的认可，以便学会最终可如英国、美国建筑师协会一样，获得自主的认证权、更高的社会地位和认知度[②]。

最后，建筑师职业制度化过程中地方政府回应比较积极并表现出相当的灵活性。

1929年和1931年国民政府先后颁布《技师登记法》和《实业部农工矿技副登记条例》，明确了建筑师职业资格认证办法，得到了一些地方政府的积极回应。

如1932年3月24日，北平市颁布《北平市土木技师、技副执行业务取缔规则》将"建筑工程师"改为"土木技师"，一方面是因为1932年9月北平市工务局登记注册的建筑工程师中除了沈理源、关颂声等四人，土木工程师占据了绝大多数；另一方面是由于《技师登记法》和北平市的规则中称谓有出入，北平的举措反映了对中央的尊重，但也并未与国民政府高度一致，而是做了灵活应对。

同样，1930年1月广州市工务局拟定的《建筑工程师登记章程》正式颁布施行，该章程解决了广州市内建筑工程师认定的问题，明确指出从事建筑设计和绘制图样的建筑工程师和土木工程师必须向工务局登记注册。不过登记等级有所不同，分为"正式登记"与"暂行登记"，各等级具有不同的执业范围。国民政府主管部署或广东省建设厅准予的建筑科技师或土木技师直接成为正式登记的建筑工程师，同时广州政府显然受到中央政府"文凭主义"的影响，也提出了正式登记建筑师的学历要求。与此同时，广州为不同学历背景的建筑师规定了不同层次的正式登记门槛，以下几条规定则是广州自行做出的调整："凡追随建筑师或土木工程师学习工程经五年以上并曾主持重要工程三年以上得有证书者；凡经本局依本章程第九条之规定考试合格者；办理土木工科或建筑科技术事项，有改良制造或发明之成绩或有关于上列科学之著作经审查合格者。"符合以上条件之一者也能获得广州市建筑工程师正式登记资格。暂行登记资格的要求则更低，"普通工业学校毕业或具有同等学历有实习经验二年以上得有证明书者；匠目具有五年以上建筑经验，能绘图及知计算经有证明者等"即可[③]。

比较各地方民国中后期的建筑师认证制度可知，国民政府的施行办法显然过于一刀切，这也是此后不断修正国家法规的原因。各地采用不同要求的建筑师认证等级应对政府法规，表现了地方自主性和灵活态度，近代建筑师职业认证制度整体呈现尊重中央偏重自治的特点。

注释

① Ralf Blankenship. Colleagues in Organization: The Social Construction of Professional Work [M]. New York: Wiley, 1977. 专业的一般特征是：一种全职而非兼职的专业工作；拥有专门的教育机构培养专业者；拥有专业团体组织；拥有被社会普遍认同的证照颁发制度；拥有自主的伦理内规和自治权。
② 王俊雄. 空间化专业·专业化空间：国民政府时期建筑师专业形成过程之分析 [Z]. 国史馆国民政府档案，档案号 012670/5421.
③ 温玉清，王其亨. 中国近代建筑师注册执业制度管窥——以1929年颁布《北平特别市建筑工程师执业取缔规则》为例 [J]. 建筑师，2009（137）：73-75.
④ 徐白齐. 中华民国法规大全·技师登记法 [M]. 上海：商务印书馆，1937：3622-3625.
⑤ 当时公布的《建筑法》第四条规定，造价在三千元以下的"建筑物之设计建筑师，应以依法登记建筑科或土木工程科工业技师或技副为限"，工业技副承担设计的建筑物造价在三万元以下。同时第五条规定"建筑物之承造人，以依法登记之营造厂为限"。全文详见民国二十七年十二月二十六日《国民政府公报》。
⑥《建筑法》第一章为总则（第1—5条），第二章为建筑许可（第6—17条），第三章为建筑界限（第18—26条），第四章为建筑管理（第27—43条），第五章附则（第44—47条）。
⑦ 李海清. 中国建筑现代转型 [M]. 南京：东南大学出版社，2004：245-267.
⑧ 范文照. 中国建筑师学会源起 [J]. 中国建筑（创刊号），1931.
⑨ 上海市建筑师学会. 上海市建筑师学会宣言 [J]. 建筑地产附刊，1927.
⑩ 编者按. 博览会之中国建筑 [J]. 中国建筑（创刊号），1931.
⑪ 中国建筑师学会. 上海市建筑协会章程 [J]. 建筑月刊，1933, 2(3).
⑫ 彭长歆. 岭南近代著名建筑师 [M]. 广州：广东人民出版社，2005：81-82.
⑬ 中国建筑师学会. 中国建筑师学会建筑章程 [J]. 建筑月刊，1935.
⑭ 中国建筑师学会公守诫约 [J]. 建筑地产附刊，1932.
⑮ 赖德霖. 中国近代建筑史研究 [M]. 北京：清华大学出版社，2007:53.

图片来源

图1-1 源自：http://pic1.997788.com.
图1-2 源自：《中国著名建筑师丛书·虞炳烈》.
图1-3 源自：《中国建筑》创刊号.
图1-4 源自：《中国建筑》，1933年，第1卷第1期.
图1-5 源自：《建筑月刊》创刊号.

2

民国时期南京职业建筑师群体的形成和专业化过程

19世纪末，西方建筑师和土木工程师随着殖民势力进入中国，他们最先在上海立足，开办"洋行"，承担了国内近代建筑发展初期许多重要项目的建筑设计、土木工程和测量工作。他们是第一批将西方事务所制度和职业制度带入中国的建筑师，早期著名的外籍设计机构有英国有恒洋行(Whitfield & Kingsmill)、玛礼逊洋行(Messrs Scott & Carter)、道达洋行(Dowdall Read Tulasne Architects)，法国赉安洋行(A.Leonard-P.Veysseyre-A.Kruze Architects)等，这些设计机构对中国近代建筑师专业化过程起着引领作用。1893年之前外国建筑师事务所总数还不足7家，至1910年，据不完全统计，晚清来华开业的西方专业人士至少在百余名，仅上海的开业建筑师和合伙事务所已达到14家，到1924年这个数目翻了两番，达到49家，这个数目维持到1937年大致不变[①]。

中国本土工程师以曾在英商业广地产公司供职的周惠南以及王信斋、卢镛标等为代表，通过自学与实践掌握了建筑设计的基本方法，后自营建筑师事务所，成为开业的第一批中国本土建筑师。1920年前后，才有成批的庚款留学建筑师回国，在上海、天津、北平等地落脚并开设建筑师事务所。中国建筑师在业务活动中，面临着外国设计机构的排挤、竞争，揽到工程设计实属不易。事实上，1920—1949年，中国本土建筑师只在抗日战争爆发前的10年间获得了一批大型工程设计的机会，繁荣期非常短暂。而抗日战争及战后恢复时期的战乱和动荡，又使得广大建筑师缺少用武之处，因此民国时期建筑师的成长道路是十分坎坷的。在这样的困难环境中，中国第一代建筑师仍然竭尽所能开展职业实践，留下一大批高质量的建筑作品，同时他们还积极发展国内建筑教育，创办建筑院系，奠定了近现代建筑教育的基础。20世纪30年代开始，本国建筑院校开始向社会输送建筑专业人才，形成了一支越来越壮大的中国本土建筑师队伍。在此大背景下，南京民国时期职业建筑师的构成和工作一方面呼应了时代特点，另一方面又不同程度地受到南京城市地位和城市环境的影响，从而具有鲜明的地域特殊性。

2.1　在南京的职业建筑师构成

2.1.1　受雇于业主的外国建筑师

清末南京的较大型工程主要是以教堂、医院、学校为主的教会建筑。起初，为节省开支和方便起见，传教士们尝试着自行设计与建造教堂。1874年美国牧师李满来南京传教，在四根柱子（今莫愁路一带）选地，并建起了一座正式礼拜堂——耶稣会堂，该教堂成为南京地区第一座基督教堂。相继由这些业余建筑师建成的其他教会建筑还包括

图 2-1　　　　　　　　　　　　图 2-2

金陵医院（1882年）、马林医院（1892年）、汇文书院（1888年）等（图2-1、图2-2）。20世纪初之后，传教士们有了西方教会提供的较多资金支持，开始聘请外籍职业建筑师参与设计并由当地营造厂承建，建筑的设计水准明显提高。例如美国教会合并汇文、基督、宏育三所书院，成立金陵大学堂，下设大学部、中学部、小学部。校董事会聘请美国芝加哥的老牌设计机构帕金斯建筑师事务所（Perkins, Fellows & Hamilton Architects）规划设计了校园和主体建筑，1925年金陵大学建筑群基本建成。而1923年美国建筑师亨利·茂飞（Henry Killam Murphy）接受德本康女士（Matilda Thurston，1875—1958年），北美长老会传教士，金陵女子文理学院创始人之一，首任校长）聘请，规划设计了金陵女子大学建筑群。这两所教会学校的规划和建筑设计都融合了中国传统建筑文化的要素，对本地乃至国内传统复兴式建筑的设计建造具有启发意义。

另一方面，民国政府亦是聘请外籍建筑师的重要业主。如国民政府交通部交由俄罗斯建筑师耶郎（上海协隆洋行建筑师）于1933年设计建造（图2-3）。法国建筑师J.帕斯卡尔（Jousseume Pascal，上海执业）于1922—1925年设计了国立中央大学孟芳图书馆，英国公和洋行设计了国立中央大学大礼堂，1929年茂飞设计了有"中国的阿灵顿"之称的国民政府阵亡将士纪念公墓群。

以上可知，外籍建筑师的作品曾对南京民国建筑的发展和城市风貌有所贡献。此外，外籍建筑师事务所的运作方式及建筑师的创作观念也对南京建筑界产生一定影响。特别值得一提的人物是茂飞，他倡导将中国传统形式和国际现代营造技术进行结合，在北京、广州、南京等地留下了大量忠实于中国历史风格的建筑，影响很大。尤其在南京，他和古力治（E. P. Goodrich）等人以顾问身份进入首都建设委员会，参与了整个《首都计划》的制定，对近代南京城市格局和面貌的变化发挥了重要作用。茂飞建筑师事务所在实践中十分注意与业主保持良好的沟通，在建筑风格的选择和建筑群规划意向等方面能随时与业主联系，善于倾听业主意见，确保双方对建筑作品的最终效果有相同的

图2-1　在南京的外国传教士

图2-2　马林医院（现南京鼓楼医院）图纸

图 2-3 俄国人耶朗设计的国民政府交通部大楼

图 2-3

设想。同时，茂飞为能够对设计有条不紊地进行控制，制定了一系列进程表，从他在金陵女子大学建筑群设计工作中即有所体现。因此，茂飞不仅擅长设计中国古典式建筑群，其工作方法和设计手法对中国近代第一代建筑师庄俊、吕彦直等也产生了直接影响。

目前所知，在宁工作过的外籍建筑师很少直接在南京开设事务所，开展业务活动时通常需来往南京与其开业城市之间。与上海相比，南京的外籍建筑师虽不多，影响也不算特别显著，但不能抹杀他们对南京近代城市建设的贡献。20 世纪 20 年代后，中国本土的留洋建筑师开始进入南京，逐渐分担了原来由外国建筑师独占的建筑设计市场。

2.1.2 海外留学并来宁执业的建筑师

20 世纪二三十年代大批在西方学习建筑专业或土木工程专业的留学生回国后，中国的建筑师队伍逐渐实现了本土化。他们受到西方建筑教育的熏陶，熟悉西式建筑理论和建造方法，他们在实践中引进新式建造技术，同时深感中国近代建筑改革的必要性和紧迫性。南京是国民政府首都，逐渐聚集起全国一流的建筑师。从 1931 年中国建筑师学会登记的正会员资料中，可看到当时在南京登记执业的留学归国建筑师的阵容，包括刘福泰、卢树森、刘敦桢、陈均沛、贝寿同、朱神康（表 2-1）。除上述以外，庄俊、吕彦直、杨廷宝、赵深、童寯、陈植、徐敬直、李宗侃、奚福泉、梁思成等外地登记注册的著名建筑师在南京近代建筑的探索中也做出了可贵的贡献。而有留学背景的他们除了在建筑师事务所或南京分支机构从事建筑设计外，还常常有在教育机构，或是国民政府、军事机关、实业工程等处任教任职的职业经历，

表2-1 1931—1933年中国建筑师学会南京地区正会员名单

姓名	教育背景	执业地址
刘福泰	俄勒冈州立大学（Oregon State University）	（南京）国立中央大学建筑工程科
卢树森	宾夕法尼亚大学（University of Pennsylvania）	（南京）国立中央大学建筑工程科
刘敦桢	东京高等工业学校建筑科	（南京）国立中央大学建筑工程科
陈均沛	密歇根大学，纽约哥伦比亚大学工程学院（University of Michigan; Engineering College, Columbia University）	（南京）中山路铁道部建筑处
贝寿同	柏林夏洛滕堡工业大学（Technische Hochschule zur Charlottenburg, Berlin）	（南京）司法部
朱神康	密歇根大学（University of Michigan）	（南京）中政路厅后街7-1
刘既漂	巴黎国立美术专门学校（Diplomat de L'école Nationale des Beaux-Arts de Paris）	（南京）大方建筑公司
李宗侃	巴黎建筑专门学校（Architecte Diplom'e Ecole Speciale d'Architecture in Paris）	（南京）大方建筑公司
张镛森	国立中央大学建筑工程科	（南京）国立中央大学工学院

注：1933年新增刘既漂、李宗侃、张镛森三人。

而且这种情况比较普遍。

留学建筑师是20世纪20—40年代中国建筑设计行业的主要力量，也是这一时期南京建筑师群体的主要组成部分。

2.1.3 本国培养的建筑师

南京本土培养的职业建筑师包括两类，一类是近代早期自主转型的本土工程师，如孙支厦等出身于传统私塾，受早期官办学校的建筑制图教育，通过自身努力成长为集方案设计和施工管理于一身的全面的建筑人才。另一类是近代后期由国内建筑教育所培养的建筑师。

国内近代建筑教育最早可追溯至苏州工业专门学校，到20世纪30年代初期，毕业生甚少。1927年苏州工业专门学校并入国立中央大学，设立建筑工程科；1928年夏东北大学、北平艺术学院设立建筑系，每班毕业人数皆为个位数。民国二十一年（1932年）建筑科毕业人数中，国立中央大学两人，北平艺术学院五人，东北大学九人。民国二十二年（1933年），国立中央大学三人，东北大学八人，北平艺术学院则无毕业生。之后，东北大学因"九一八事变"被迫停办，北平艺术学院受教育部明令而结束，此时全国只有国立中央大学一所设立建筑科。

国内建筑教育培养的建筑人才逐渐投入设计工作，有些被中国建筑师学会吸收为会员、仲会员，如表2-2所示，1931年中国建筑师学会仲会员名单中的南京建筑师都毕业于国立中央大学或苏州工业专门学校。本国培养的建筑师大多曾在中国第一代近代建筑师事务所工作过，民国末期他们开始自营事务所，大多规模较小，人员少，运作机制较灵活，薪金制度上多采用"随即协议制"，即由"论功行赏，多劳多得"，薪酬的多少取决于参与人员的投入，但运营状态不够稳定，关闭是常有之事。

表2-2　1931年中国建筑师学会南京仲会员名单

姓名	教育背景	执业地址
刘宝廉	国立中央大学建筑工程科工学学士	（南京）国立中央大学工程处
姚祖范	国立中央大学建筑工程科工学学士	（南京）司法政部工程处
杨光煦	国立中央大学建筑工程科工学学士	（南京）总理陵园工程处
卢永沂	江苏省立苏州工业专门学校建筑科	（南京）工务局
周曾祚	江苏省立苏州工业专门学校建筑科	（南京）司法行政部
濮齐材	江苏省立苏州工业专门学校建筑科	（南京）国立中央大学建筑工程科

需要说明的是，鉴于民国特殊的历史条件，土木工程师始终是建筑行业中从事建筑设计专业人员的重要来源。以南京一地为例，根据1947年南京市工务局的建筑师申请开业登记表显示：当年1—10月获准开业的有奚福泉、齐兆昌、毛梓尧、朱葆初、张峻等31位建筑师，其中23人出身于国内外土木工程专业，占总数的74.2%[①]。

2.2　在南京的职业建筑师群体分布特点

纵观南京近代城市发展史，建设活动主要在1911—1937年进行，尤其是国民政府迁都南京后的"黄金十年"（1928—1937年）形成一个高潮，业务量大增，吸引大批国内外建筑师来宁开展业务。但总体来说南京一地职业建筑师队伍形成较晚，与上海开业建筑师数量相比，在宁登记注册开业的人数也相对较少。大型建筑师事务所一般设在天津、上海、武汉等地，等到南京国都地位确立后再至南京设分所。因为特殊的政治地位和国都环境，本地建筑师从事的职业范围除了任职于建筑师事务所，还常常兼任建筑教育机构的教职，或建筑师去担任政府职能部门公务员,或去地产公司、营造厂、特定工程项目担任技术员等。由于民国高等教育人才稀缺,职业建筑师背景的人士常常会出现一人身兼数职的现象,流动性也很强。尤其值得注意的是,不少建筑专业人士能够积极投身与建筑相关的行政管理和施工管理领域,如卢毓骏、哈雄文、朱神康、董修甲等就职于政府重要行政机构,且居高位,如哈雄文曾任内政部营建司司长,而卢毓骏先在南京特别市工务局建筑课任课长,后在国民政府考试院典试处负责全国技术人员资格考试,董修甲曾任江苏省建设厅厅长等职,这些人参与南京乃至全国建设的规划和管理,为促进建筑活动规范化、科学化,对改变官僚不懂技术、与业界隔膜的弊端做出巨大的贡献。图2-4和表2-3为对南京民国时期223人次的建筑师职业分布调查的归类②,可以明显看出以服务于军政机关的比例最高,其次为建筑师事务所和教育机构,这一职业分布特点与南京的首都地位密不可分。

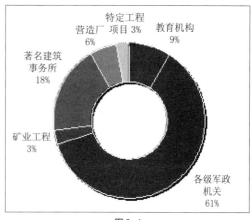

图2-4　南京民国时期建筑师职位分布比例示意图

表2-3　南京民国时期建筑师职位统计表

机构性质	单位名称	职位	人次	具体人员
教育机构（20人次）	国立中央大学建筑工程科（南京）	助教、讲师、教授、兼职教授	18	鲍鼎、贝寿同、陈裕华、戴念慈、戴志昂、李锦沛、刘宝廉、刘敦桢、刘既漂、卢树森、卢毓骏、童寯、王秉忱、薛仲和、杨廷宝、虞炳烈、张镛森、朱神康
	交通部技术人员训练所	讲师	1	朱谱英
	中央防空学校工程科	主任教官	1	张峻
中山陵相关（6人次）	南京总理陵园监工委员会	监工委员	1	郑校之
	中山陵陵园计划专门委员会	委员	1	范文照
	南京总理陵园管理委员会	总务处工务员、工程师、专任建筑师、工务员、建筑科主任、工务组建筑设计员	4	黄玉瑜、杨光煦、张镛森、朱栋

2　民国时期南京职业建筑师群体的形成和专业化过程

续表 2-3

南京民国时期建筑师职位（共 223 人次）

机构性质	单位名称	职位	人次	具体人员
都市计划相关（7 人次）	南京市都市计划委员会	正工程师、助理工程司、委员、主任建筑师、建筑师	4	陈登鳌、崔竞立、段品庄、冯纪忠
	南京国都设计技术专员办事处	技士、技正	2	陈均沛、黄玉瑜
	南京首都建设委员会	经济处技术专员、工程组委员、工程建设组荐任技师	1	董修甲
中央政府机关（61 人次）	国民政府建设委员会	技正	2	李宗侃、庄秉权
	内政部营造司／营建司	简任正工程师、司长、副工程师	3	陈占祥、哈雄文（1942—1949 年为司长）、卢绳
	司法行政部	技正、技士	2	周曾祚、贝寿同
	粮食部	帮工程司、技正	2	沈梅叶、张峻
	国防部	部属简任技正、民用工程司建筑组工程司	2	张峻、张建中
	社会部	建筑师	1	林乐义
	经济部	工矿调整处甲级技术员	1	蔡行敦
	交通部	民航局场站处副工程司、技士、工程部技士、公路总管理处工程师、铁路测量总处技术课	8	崔竞立、费芳恒、郭振干、汤瑞钧、夏昌世、徐中、周弁、朱谱英
	铁道部	建筑课技术专员、技正、荐任技士	5	陈均沛、范文照、黄玉瑜、卢树森、夏昌世
	铁路局	工程司、正工程司	2	陈明初、朱宝华
	京沪铁路管理局	养路工程司、副工程司	4	陈嘉宾、陈日升、陈永箴、朱宝华
	津浦铁路	工务处工务员、正工程司	2	刘克智、朱宝华
	航空委员会	工程司、第四工程处处长、专员、建筑处工程员、建筑科科长、空军第二总站工程科科长	7	陈永箴、黄彰任、李叔犹、刘旋天、沙允义、张有龄、周牟

续表 2-3

机构性质	单位名称	职位	人次	具体人员
	南京民国时期建筑师职位（共 223 人次）			
	公路局	江苏省公路局工务科科长	2	陈明初、徐芝田
	邮汇局	建筑师	1	林乐义
	盐政总局	工程师	1	沈梅叶
	资源委员会	技正、专门委员、营缮课长、钢铁建筑股股长、水电发电勘测总队帮工程师	6	林宝泉、李鸿祺、张镛森、庄秉权、朱传芬、吕大伟
	善后救济总署苏宁分署	工程师	1	陈民三
	中央造纸厂建筑股	股长	1	陈民三
	国防工程处	科长	1	费霍
	全国经济委员会	技士、卫生实验处技佐、公路处任职	4	刘峋、唐翰章、许陶培、薛次莘
	中国农业银行建筑课	工程师	1	曹慰华
	中央银行秘书处工程科	主任	2	杨光煦、周卜颐
军事机关（41人次）	军政部兵工署	技正、设计员、副工程司、材料库技术员、技术员、工程处工程司、营建科技术员	16	常世维、陈民三、冯汝为、顾仲新、郭保君、何立蒸、林熙业、茅荣林、史起岳、王发茏、王平靖、吴旦平、吴华庆、夏茂茹、萧然、朱士圭
	军政部军属署工程处	技正、技正	2	顾仲新、郑定邦
	军政部军属署营造司	上校技正、少校技正、建筑科科长	7	陈占祥、李宗伦、沈政修、曾子泉、张家德、赵济武、郑裕峥
	军政部军务署工兵司	简任技正	1	沙允义
	参谋本部城塞局	技正、技佐、技士、简任工务科长、技术队第三组组长	5	徐中、于家祺、张峻、张振宇、费霍
	第十集团军总司令部	技正	1	刘旋天
	要塞工兵第二团	技正	1	王明达
	南京陆军炮兵学校	工程处少校技正、汤山炮兵场舍工程管理处技正	2	戴志昂、张家德
	中央军校陆军大学	国府文官处工程师	1	张谨农
	汤山弹道研究所	—	1	萧永龄
	陆军制药研究所	技士	1	史起岳

续表 2-3

机构性质	单位名称	职位	人次	具体人员
	台城工地	监工员	1	周卜颐
	南京军事工程局	建筑师、建筑工程师、工程部主任、局长	1	钱聪寿
	军政部工程总队	技士	1	王明达
省级机关（9人次）	江苏省建设厅	厅长、技正、技佐	6	董修甲（1931—1933年为厅长）、胡钊、刑本鹤、徐百揆、虞炳烈、金选青
	江苏省会建筑工程处	主任	1	唐翰章
	江苏省地政局	技士	1	刑本鹤
	江苏省公路局	工务科科长	1	徐芝田
市级机关（12人次）	南京市政府	工程师	1	唐翰章
	南京市工务局	计划科主任、设计科技术员、技正、技佐、设计股审勘股主任	8	唐璞、王发茏、王贵良、刑本鹤、朱神康、唐翰章、曹春葆、陈品善
	南京市自来水工程处	技士	1	孙宝章
	南京市自来水管理处	工程师	1	李华
	南京市卫生事务所	技士	1	刘岣
实业与工程（7人次）	中国工程公司	工程司，工务员	3	丁子梁、梁启乾、林熙业
	南京新中建筑公司	工程师	2	陆德善、王秉忱
	金陵房地产公司	设计部建筑师	1	许钟琦
	亚细亚火油公司工程处	顾问、工程师	1	陈永箴
著名建筑师事务所（不限本地时期，41人次）	华盖建筑师事务所、基泰公程司、兴业建筑师事务所	建筑师、绘图员	34	华盖建筑师事务所7人：陈植、童寯、赵深、刘敦桢、刘光华、毛梓尧、汪坦；基泰工程司17人：蔡显裕、范志恒、费芳恒、李昌运、梁衍、龙希玉、萨本远、孙增蕃、沈尔朋、杨廷宝、关颂声、叶树源、郁彦、张铸、张开济、张有龄、郑裕峥；兴业建筑师事务所12人：李惠伯、徐敬直、杨润钧、戴念慈、刘光华、汪坦、姚岑章、曾宪源、沈学优、陈黎衷、周家模、沈尔朋
	公和洋行（香港、上海、南京）	建筑师	7	陈永箴、普伦、张杏春、陈宗鳌、张开济、郑校之、范志恒

续表 2-3

南京民国时期建筑师职位（共223人次）

机构性质	单位名称	职位	人次	具体人员
营造厂（13人次）	营造厂（南京本地）	技师、工程部主任、经理	13	金星、李昌运、李宝泉、任仁瑞、沈尔朋、褚荣生、刘苏翰、陈裕华、戴令奂、费康、唐嘉衣、王道忠、殷传纶
职务特定工程项目（6人次）	国立中央大学	工程师、新校舍工程员	2	高乃聪、王虹
	中央政校	工程员	2	杨光煦、应福庆
	国立编译馆	建筑师、工程助理	2	虞炳烈、唐璞

建筑教育是近代建筑师开创的最重要的事业之一，南京作为当时国内最重要建筑教育机构——国立中央大学建筑系所在地，自然近水楼台地成为职业建筑师实现建筑教育理想的主要基地。1927—1949年在国立中央大学建筑系担任过系主任、教授、副教授等职务的建筑师有贝寿同、陈裕华、成竟志、卢树森、卢毓骏、刘敦桢、刘福泰、刘既漂、刘宝廉、刘济华、卢绳、戴志昂、谭坦、朱神康、王蕙英、汪定曾、杨廷宝、魏庆萱、徐中、叶仲玑、杨廷宝、童寯、张镛森等。尤其是刘敦桢、杨廷宝、童寯等人为中国建筑教育事业奉献一生，培养的第一批本土建筑师，成为民国后期及1949年以后中国建筑界的中坚力量。

2.3 民国南京建筑师专业团体——南京市建筑技师公会

1947年10月国民政府修正了《技师法》，根据此法内容"中华民国国民，依专业职业及技术人员考试法，经技师实验或检覆及格者，得充技师"，"建筑师"属于工业技术中的建筑科。根据《南京市建筑师管理规则》，"建筑师以曾经经济部登记并领有证书之建筑科或土木工程科技师技副为限"，因此建筑师大多数即是技师，南京市建筑技师公会应运而生。

1947年9月23日南京市建筑技师公会举行成立大会，政府方面到会的是内政部营建司司长哈雄文，他在大会上发表精彩演说。1948年第二次全体大会上选举关颂声、黄家骅、林澍民、刘敦桢、卢毓骏、邱式渶、童寯、徐中、杨廷宝、叶树源、张峻等为理事，卢于正、邱式渶、林澍民为监事。主持制定了工程委托契约，契约规定了建筑师受业主委托之后按照《南京市建筑技师公会建筑师业务规则》之规定，办理下列职务：①勘察建筑基地；②拟定建筑方略及草图；③制绘正式图样；④编订施工说明；⑤代问主管机关请领营造执照；⑥襄助业主招商投标及签订承包契约；⑦供给工程上需要之详图；⑧督察及指导工程之进行；⑨审核应付款项签发领款凭证并协助业主验收；⑩必要时得代表业主与各项专家商洽工程上一切问题；⑪解释委托工程之一切纠纷及疑问①。此外，还根据南京市建筑技师公会会员规定对建筑进行分类及划定收费标准。

建筑技师行会组织的成立促进了建筑师团队的规范化，该组织是南京本地建筑师自发组织，在政府支持下形成的第一个专业团体。运行过程中表现出强烈的行业保护的性质，例如当时"中央信托局"也曾涉足建筑设计业务，并采用降低设计费的做法获取项目，这就和南京建筑技师公会的会员形成竞争关系，1948年在南京市建筑技师公会第二届全体大会上，全体会员对这一行为予以强烈抨击。此外，对于南京市工务局未能贯彻《技师法》要求，与技师公会合作，强制全体建筑师加入公会，予以批评，并指出了工务局日常管理城市建设的失误之处。

2.4 《南京市建筑规则》的相关规定

尽管地方性职业建制工作起步晚于上海、广州等地，南京对国民政府颁布的技师法规还是做出了积极回应。1935年南京市工务局出台了《南京市建筑规则》，其中第二章规定，凡市内公私建筑物之起建、添造、改造、修理或拆卸均应于事前向工务局请领执照，并按工程费额度高低及建筑物材料、技术的不同限制交由相应等级技师和技副承办："建筑或修理费估数在一千元以上者请照手续须由业主委托原设计之技师或技副办理；凡钢筋混凝土工程虽费额在千元以下，亦应委托技师或技副办理请照。"③有《技师登记法》作为支撑，《南京市建筑规则》避免了"技师"、"建筑师"、"工程师"定义不明的情况，同时对技师和技副的工程承接范围进一步规定，相对更完善。

从1935年的《南京市建筑规则》可以看出，南京市对工程请照制度和营造手续加以详细规定外，关于城市面貌问题，于第五章"退缩"也提到建筑在临路、临河及截角三种情况下的退让办法。在建筑单体上，为建筑高度、面积、门窗、墙及防火墙、地板楼板及屋顶等方面做出相应规定，为民国首都建筑单体的外观形象做了"通则式"的规定。另外城市中出现的公共建筑，规则也予以关注，如第九章"公众建筑"，将公共建筑分为"戏院、影戏院、游戏场、礼堂、演讲厅"，"医院、校舍、旅馆、茶园、浴室"和"工厂、货栈、商场"三个部分。能够对建筑物按功能进行分类，并制定相应规范是城市建设近代化的表现。同时建筑制度在不断修正中完善，1941年《南京市建筑规则》又进行了修订，加入了市民参与和监督机制，如新增第 11 章罚则第 292 条要求："营造业及业主有违反本规则规定者，准许市民检举，或经查觉者所有罚金提六成充奖检举人应得之奖，拨给经办人员以资鼓励，其余四成解库。"

1948 年 6 月，工务局又颁布了《南京市建筑管理规则》，越来越清晰地将建筑工程管理和建筑师的职责之间予以明确挂钩。要求除了居住或商店用的普通私人平房，且面积在 50 m² 以下的不需要由建筑师向工务局请领执照外，其他如："一、平房面积超过 50 m² 或结构复杂者；二、二层楼房或以上的房屋；三、公共建筑及特种建筑；四、钢筋混凝土工程或钢铁工程。"在建筑图样说明书和计算书上要求署"设计建筑师之姓名及本市开业证书号数并签名"④，并需要"本市登记开业之建筑师"向工务局申领开工执照。

注释

① 李海清. 中国建筑现代转型 [M]. 南京：东南大学出版社，2004：75, 253, 303.
② 季秋. 中国早期现代建筑师群体——职业建筑师的出现和对现代性的态度转变（1842—1949）以南京为例 [D]:[博士学位论文]. 南京：东南大学，2014.
③ 1935 年《南京市建筑规则》共 12 章，294 条。包括第一章总则，第二章请照手续，第三章营造手续，第四章取缔，第五章退缩（退让），第六章建筑通则，第七章设计准则，第八章防火设备，第九章公众建筑，第十章杂项建筑，第十一章罚则，第十二章附则。
④ 1948 年《南京市建筑管理规则》，南京市图书馆馆藏，馆藏号 TU202。

图片来源

图 2-1、图 2-2 源自：《南京百年风云》.
图 2-3 源自：《南京民国建筑艺术》.
图 2-4 源自：东南大学建筑学院周琦工作室季秋博士.

表格来源

表 2-1、表 2-2 源自：笔者根据 1932 年《建筑月刊》创刊号整理绘制.
表 2-3 源自：东南大学建筑学院周琦工作室季秋博士.

3

民国时期南京职业建筑师的工作状况

南京历史悠久，文化底蕴丰厚，民国国都地位以及经济状况、近代化历程构成了南京民国建筑发展的大环境，为南京近代建筑转型打上了独特的烙印。民国南京建筑师的执业环境及工作状况正是南京近代建筑转型的重要反映。南京地区职业建筑师的工作状况是近代中国建筑行业状况的一个缩影，建筑师们遭遇了民国初期（1912—1927年的北洋政府时期）的时局变动，民国中期（1927—1937年，南京国民政府时期）的大规模建设以及抗日战争以后（1945—1949年）的经济萧条，在复杂的社会环境中南京的职业建筑师表现出顽强的适应性和能动性。

建筑项目的推进往往结合了业主的设想、建筑师的理念、经济条件、营造商的技术和管理水平等各方面因素，又和社会背景、官方的意识形态关联，因此在南京执业的建筑师的工作进程往往受多方面牵制，殊为不易，建筑师需从中协调多方利益。

本章将以建筑工程项目的一般流程为线索，梳理和展示出民国时代在南京执业的建筑师的工作环境、工作机制和工作特点，他们所面临的机遇、困惑，以及面对复杂的社会环境和各方利益冲突时的应对措施，从中亦可一窥那个时代的社会环境和政治生态（图3-1）。

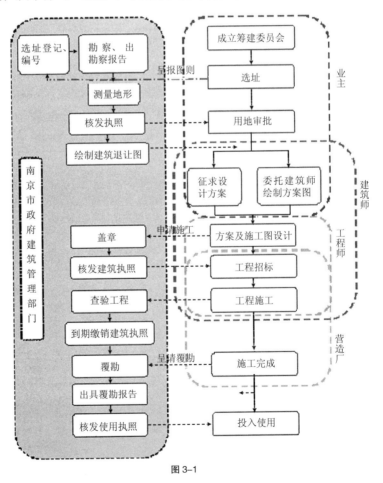

图3-1 民国时期建筑工程项目一般流程图

图3-1

3.1 项目启动阶段

3.1.1 项目筹备

一般较大型或重要的民国建筑项目会牵涉业主、建筑师、工程师、营造厂以及政府管理部门等多个方面,头绪众多,关系复杂。项目实施需要资金、方案和技术支持,项目上马更须经过业主的重重决策。

由国民政府部门牵头兴建的大型建筑特别是国家工程通常具有较严密的筹建计划、论证过程及实施流程。以下案例可反映此类项目启动时的特点,方式上包括公开竞赛、邀请招标和委托设计三类。

1)中山陵

南京中山陵被公认为中国近代史上最优秀的建筑作品,它的设计方案也是从中国首次举办的国际性建筑设计竞赛上遴选出来的。1925年3月12日孙中山在北京去世,随后《申报》上刊登出孙中山先生的遗嘱:"一、致力革命四十年,目的在求中国自由平等,唤起民众,联合世界,以平等待我民族,共同奋斗,现革命尚未成功,同志须依建国大纲、三民主义、开国民会议及废除不平等条约,于最短期间实现。二、余尽瘁国事……"① 中山陵为孙中山先生的墓葬,自然需要秉承他的遗愿和精神,从遗嘱中可见,中山陵方案设计竞赛从内容到形式必然需要秉承自由、平等的原则,建筑格局须能体现出三民主义和自由平等的精神内涵。1925年4月,国民党中央成立"总理葬事筹备委员会",负责陵墓工程和奉安大典事宜,随后在上海成立了葬事筹备处。1925年5月2日,筹备处筹备会决议决定面向中外建筑师和美术家征求陵墓建筑图案、建筑格式、材料及金额等。遵循孙中山先生的遗愿,宋庆龄、孙科及葬事筹备委员会代表多次上紫金山勘察,宋庆龄建议将墓址选在

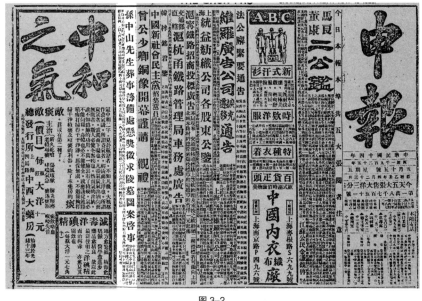

图3-2 孙中山先生葬事筹备处悬奖征求陵墓图案启示

图3-2

南坡平阳处。最后葬事筹备委员会选定紫金山中茅山南坡为建陵地点。

1925年5月13日，葬事筹备处在上海召开第五次葬事筹备会议，会议决议公开刊登陵墓图案征求启示，进行国际性建筑图案竞赛（图3-2）。5月15日，葬事筹备委员会公布《孙中山先生陵墓建筑悬奖征求图案条例》，由家属代表孙科及主持陵墓筹建的常务委员宋子文负责起草。该条例共计15项，其中要求祭堂须采用中国古式而含有特殊与纪念之性质，并应采用坚固石料及钢筋混凝土建成，不用易碎的传统砖木。对于应征者，除了建筑师外，美术家也可交表现图、概念图参加。竞标形式则"一切应征图案须注明应征者之暗号，另以信封藏应征者之姓名、通讯地址与暗号"。截至时间为1925年8月31日，后因海外应征者的要求，延期至9月15日。至截至之日共收到中外建筑师应征方案40多个。评判顾问团中除了葬事筹备委员会成员及家属代表外，还包括南洋大学校长、土木工程师凌鸿勋，著名雕刻家李金发，中国画家王一亭和德国建筑师埃米尔·朴士（Emil Busch）。这是一个兼顾专业和家属意见的阵容，最大限度地保证陵墓方案遴选工作公平公正，以及与实际期待的匹配。1925年9月20日召开孙中山家属和葬事筹备委员会联席会议，会上一致推举吕彦直的方案为首奖，范文照的方案为二奖，杨锡宗的方案为三奖，此外还包括七个荣誉奖（图3-3）。同年9月22—26日在上海大洲公司三楼举办征求方案的公开展览，并在上海登载广告，期间每日来观展人数超过千人，可谓盛况空前。同年9月27日葬事筹备处第12次会议决定，陵墓实施将采用首奖方案，聘任方案建筑师吕彦直为技术设计和监造的建筑师。

纵观整个筹备和设计方案遴选的流程，丝丝相扣，可谓民国建筑界中操作最规范，程序最严谨的项目，过程公开透明，是多方紧密合作的杰出成果。

2）国立中央博物院

1933年4月，应蔡元培为首的知识界人士的呼吁，为建造一座国家级展陈建筑，国立中央博物院筹备处成立。同年7月成立国立中央博物院建筑委员会，成员有包括梁思成在内的九人，行使保管建筑基金、选择建筑地址、审定建筑计划、监察建筑工作等责任。1934年7月26日，中央博物馆建筑委员会召开第一次会议，商讨征地与选址问题，并呈请南京市政府征收中山门内路北旧旗地为院址。1935年4月，市政府批复半山园旗地一百亩为院址。项目经费由中央研究院补助5万元，管理中英庚款董事会补助150万元。作为"工程顾问"的梁思成审议起草了相关章程和契约。1935年6月5日发布《国立中央博物院建筑委员会征选建筑图案章程》，该章程规定方案竞赛组织机构、邀请建筑师、奖项设置、联系方式、评委组成、评审程序、基地状况、建筑投资、预算方法、图纸要求、合同签订、专门委员职责、营造商投标及管理、设备工程、建筑师费、建筑形式、建筑面积分配等诸项内容，

图 3-3 中山陵国际设计竞赛中的获奖作品

一等奖：吕彦直方案

二等奖：范文照方案

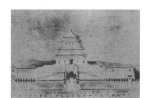

三等奖：杨锡宗方案

"名誉奖"第一名：浮开洋行方案

"名誉奖"第二名：赵深方案

"名誉奖"第三名：开而思方案

"名誉奖"第四名：恩那与弗雷方案

"名誉奖"第五名：戈登士达方案

"名誉奖"第六名：士达打样建筑公司方案一

"名誉奖"第七名：士达打样建筑公司方案二

图 3-3

并要求建筑采取"中国式"，细致详尽，充分反映出建立与国际接轨的竞赛体系的意图②。成立的建筑图案审查委员会委员包括张道藩、杭立武、梁思成、刘敦桢和李济。方案的征选工作选择了邀请招标的方式，邀请具有中华民国国籍的13位建筑师参加，包括杨廷宝、童寯、李宗侃、徐敬直、过元熙、陆谦受等，皆为当时国内公认的建筑名家，实际收到12份方案。尽管未有一份方案达到全部征选标准，最后仍评出总图关系较好，由兴业建筑师事务所徐敬直、李惠伯设计的方案为一等奖方案，并在刘敦桢、梁思成指导下进行修改后实施。

3 民国时期南京职业建筑师的工作状况 / 049

3）紫金山天文台

1915 年，中央观象台台长高鲁向政府当局请示建设中国自己的天文台，并选址北京西山打鹰岩附近，经过多次实地勘察，勘定台址，绘制建筑蓝图，并已做出经费预算。当时民国政府成立不久，政局动荡，因没有建设经费而不了了之。1927 年国民政府迁都南京，蔡元培应邀组建大学院，任命高鲁为大学院观象台筹备委员会主任。同年 11 月 20 日，国民政府召开"国立中央研究院筹备大会"，高鲁向筹备大会提交议案《建国立第一天文台在紫金山第一峰》，获得通过。不久国民政府向中央研究院下达 293 号训令，指示立即筹建紫金山天文台。不过在台址选择上，仍经历了诸多周折。当时紫金山属于总理陵园管理委员会管辖范围，由于紫金山第一峰过于靠近中山陵，在山南坡开盘山公路露出黄土"有碍国际观瞻"，总理陵园管理委员会又要求以"中国固有式"设计天文台建筑方案，与陵园保持一致。第一峰北麓陡峭，建设花费巨大，而"中国固有式"与天文台圆形球顶建筑形式又不符，且面临着经费困难，因此继任天文台台长余青松另外勘测地形，重新绘制盘山公路，最后将台址选在紫金山第三峰。由此才得以开展招标道路营造公司，由于前期耗时过长，因此天文台一方只能直接委托基泰工程司建筑师杨廷宝设计建筑单体。

与以上的政府性或国家重要工程相比，一般中小型民用建筑筹划过程则相对简单，要求宽松，时间较短，但规划或单体建造过程常因经费、时局等原因拖延较长时间。

3.1.2 项目承接

20 世纪 20 年代开始，随着首都大规模建设的推进，南京一时汇集了众多中外建筑师各显神通，业主选择建筑师和建筑师事务所的方式主要有委托和竞标两种。

1）委托是建筑项目承接的重要形式之一

建筑师业务水平和设计理念是民国建筑师能否承接到项目的主要因素。1919 年金陵女子大学筹建初期，学校计划建设新校区。校董德本康夫人聘请当时在中国国内已有良好声誉，设计过长沙雅礼大学的美国建筑师茂飞。茂飞对于商业效率的重视，赢得了那些时刻关注自己财务状况的传教士们的青睐，同时他在设计中体现中国传统特色的强烈意识，又让那些追求"本土化"传教理念的传教士们很是满意。据称德本康夫人选择茂飞也与其曾合作过的司徒雷登的大力推荐有一定关系[①]。

当然，与业主的良好关系也是直接获得大型且利润丰厚项目的因素之一，这里往往牵涉建筑师的个人出生和家庭背景因素。如民国时期国内最大设计机构之一的基泰工程司的老板是建筑师关颂声，他的家世不凡（图 3-4），其父曾是 1879 年创立的北洋西医学堂第一届毕业生，光绪帝御医，其夫人是宋美龄在美国韦尔斯利女子学院同班同学。他与国民党高官私交甚好，有"先靠东北，后靠四大家族"之说，因此事务所的社交活动、项目承接皆由他负责。基泰工程司能在南京承接不少大中型行政和公共建筑项目多少与其强大的人脉关系和活动能力有关，如由蒋介石倡议建设首都中央体育场为全国运动会举办场地，业主方就直接约聘基泰工程司负责绘图设计、监造工作，利源建筑公司承建。同样，当时国内另一大建筑师事务所上海华盖建筑师事务所的主要合伙人陈植因出身于江苏、浙江阀族，与社会上层交往甚密，因此能承揽到不少金融和商业建筑的委托。与关颂声略有不同的是他还常常直接参与设计事务。

图 3-4　基泰工程司老板关颂声

此外，南京的很多建筑师被政府部门聘为技师，为接触政府工程提供直接便利。如 1930 年国民政府考试院起建时，由于政府人才选拔迫在眉睫，苦于没有考试场地，为及时满足 1931 年第一届高等文官考试考场需要，没有采用竞赛方式而由当时南京特别市市政府工务局技正科员、建筑课课长卢毓骏进行了第一期建筑设计，并配合《首都计划》要求，建成中国民族样式的政府建筑。又如中山陵小红山主席官邸的建设亦可见到相似情形。1929 年 6 月，宋美龄随蒋介石参加孙中山的奉安大典，见明孝陵四方城东小红山一带林海浩瀚，环境清幽，就要求蒋介石在此建造别墅，供谒陵途中休息。1930 年蒋介石向总理陵园管理委员会提出"拟借陵园小红山建筑别墅"，陵园管理委员会召开第 24 次会议，由孙科主持，议决"照办"。这道犹如"圣旨"的提议受到南京市政府高度重视，从 1931 年春开始，由南京市政府工务局局长赵志游亲自操刀设计，技正陈品善负责主办。所有工程计划、预算及招标订约等事，均由陈品善会商工务局局长办理，新金记康号营造厂承造，造价为 26 万余元。整座建筑，因过于富丽堂皇，建造过程中经费大大超支，受到舆论的非议，以致一度停建，直至 1934 年才告竣工（图 3-5）。

采取委托设计方式在南京的私人住宅建造中最为常见。1927 年大批政府官员随国民政府迁往南京，一时间建造私人住宅蔚然成风。一些著名建筑师因良好口碑，会收到频频委托，形成了多米诺效应。如上海华盖建筑师事务所在南京得到私宅的委托数量众多，占其在南京项目总数的 60%，一半为兰园合作社、颐和路新住宅区和陵园新村等处的高级别墅，委托人包括政界郝更生、何键、何应钦、黄仁霖、李迪俊、林苑文、凌士芬、邵力子、沈克非、沈士华、吴保丰、肖同兹、徐廷瑚、张治中、朱一成，还有来自建筑界卢树森的委托，商界人士中有程觉民、戴自牧、陆法曾、王恩东，文教界有常宗会、陈俊时、程孝刚、傅汝霖、顾毓珠、李熙谋、伍叔镜、吴震修、许继廉、赵士卿、邹树文等④，业主的名单可谓洋洋大观。如此集中委托自然是因为华盖建筑师事务所中的建筑师童寯、赵深等人在以往住宅项目设计中表现

图 3-5 南京小红山主席官邸

出色而得到追捧。

2）投标征求图样来遴选建筑师是政府建筑较常用的办法

投标方式是以公平竞争为立足点选择建筑师，以促进建筑行业健康发展为目的。民国环境下，一些政府项目及大型公共建筑在选用建筑师时，业主有时会公开征求图样或者展开设计竞赛，能有效防止"请托之嫌"，这也是中国社会学习西方制度后走向近代化、科学性的结果。1925年中山陵设计方案的国际竞赛中，吕彦直的方案在中外40多份设计方案中脱颖而出，得到葬事筹备委员会一致认可获得第一，此竞赛组织程序和运行过程被视为民国此类操作的榜样。1933年国民政府筹备建设国民大会会场，1935年公开征集设计方案和营造商，随后国民大会筹备委员会评定公利工程司建筑师奚福泉的方案为第一，关颂声第二，赵深第三。1934年国立中央博物院筹建工作中，建筑委员会举行邀请竞标，徐敬直、李惠伯的方案以其合理的总图布置，以及最具修改可能性获得竞标第一名。而其余建筑师照章应征，无论是否得到设计工程，都有一定的酬劳。

当然执行过程中也时有弊端，首先举行公开竞标需要的时间、经费均比其他工程多，尤其在国民政府刚迁都南京时，建设需求大，且南京财政收入年年倒挂，因此只有大型重要工程才采用这种方式。同时招投标审查制度不健全，也导致有"善于营运者，能以他人所绘之图，冒充而得标"的现象。如此为建筑师提供公平展示平台的投标制度，也有建筑师不为所动，民国著名建筑师范文照就曾说过："用投标式征求图样为选任建筑师之法，最为不智。"他认为建筑师选用应像选律师、医生一样要选有所专长的，专门设计银行工程的建筑师就不愿承接乡村住宅类的项目，大工程应该选用著名建筑师，小建筑师力量有限而幼稚[5]。建筑师以专长承接业务有一定合理性，但在中国近代历史条件下，职业建筑师成长的初期阶段，就要求建筑师有更细致分工只是一种理想化追求，即使如今的建筑行业也无法真正实现。

3.1.3 建筑文件的契约化和合法化

近代以后，建筑业日新月异，工程项目数量大增，西方建筑制度逐步渗透促进了该阶段建设活动中当事人关系逐渐走向契约化，工程合作逐步合同化。各类建筑文件的规范化可避免承建工程中"减料自肥"的现象，也可为业主、建筑师和营造厂提供保障，从法律层面规范建筑业。起初受到西方建筑师事务所体制的影响，中国建筑师自发在各自事务所试用建筑文件，却造成格式、内容不统一。建筑说明和合同订立"各自为政，向无定式，以致中文者有之，用英文者亦有之，格式既不一挂漏及难免"。因此业内开始致力于建筑文件统一，中国建筑师学会曾专门成立章程表式委员会，拟定项目合同和说明书的标准格式文本，使其成为公平合作的前提和具有法律效力的文件。

1）建筑文件的相关内容

建筑文件涵盖了建筑合同、建筑章程、图样及说明书。

建筑合同的内容包括项目基本情况，如工程期限、造价、付款方式与步骤，工程承建过程中如遇到问题（工程拖延，灾害发生等）时双方权利责任等。建筑合同由业主与承包商在建筑师主持下签订，建筑师职业范围包括与业主商量初步审查、绘制图样、说明书、详细图样、草订合同、出具付款、证明书、管理账目、普通事务、监督工作。

建筑章程规定了工程中更细致的责任明细，大到工程师、承包商、建筑师的责任，工程师与业主的关系，承包商与业主的关系；小到图样的大小、数量、水电暖通各设备的归属等。

建筑图样即建筑师与工程师所绘制的方案设计和施工图设计的图纸文件，图样附带说明书（即今施工说明），这就完成了整套方案的绘制。新结构、新技术、新材料的出现使得近代施工方法越来越复杂，与以往的土木体系差异很大。口口相传的木作、砖作、瓦作等技术以及传统建造模式已经无法适应日新月异的建筑发展，以说明书的形式加以详述，可避免承建者对图纸的误读。以杨锡镠建筑师事务所"建造山西路南京饭店的工程说明书"为例，共包括九章，第一章底脚椿头，第二章钢骨凝土，第三章墙垣木料，第四章木料装修，第五章粉刷装饰，第六章铜铁五金，第七章门窗五金，第八章油漆玻璃，第九章沟渠杂项与补遗。杨锡镠建筑师系当时中国建筑师学会编制章程表式委员会成员之一，其建筑师事务所制定的建筑文件具有一定代表性和示范性（图3-6）。

根据1933年《中国建筑》第1卷第1—4期所刊登杨锡镠建筑师所拟的建筑文件以及中国建筑师学会公布的建筑章程来看，合同订立的双方是业主与承包商，两方愿意遵守建筑师所绘制的图样、章程及说明书，并对人工、物料等事宜一一进行规定，可见建筑师在业主和营造商之间所起的桥梁作用（图3-7）。南京市建筑技师公会于1948年公布了《工程委托契约》，契约主体则是业主与建筑师事务所，如图3-8所示。其制定是出于对建筑师行业内部成员经济利益的保护，致力于规范地方建筑文件，力求完善建筑制度。

2）建筑设计收费

华资建筑设计机构的收费标准存在三种情况：政府法规规定、建筑师行业组织的规定和实际操作中的常规做法。

图 3-6

图 3-7

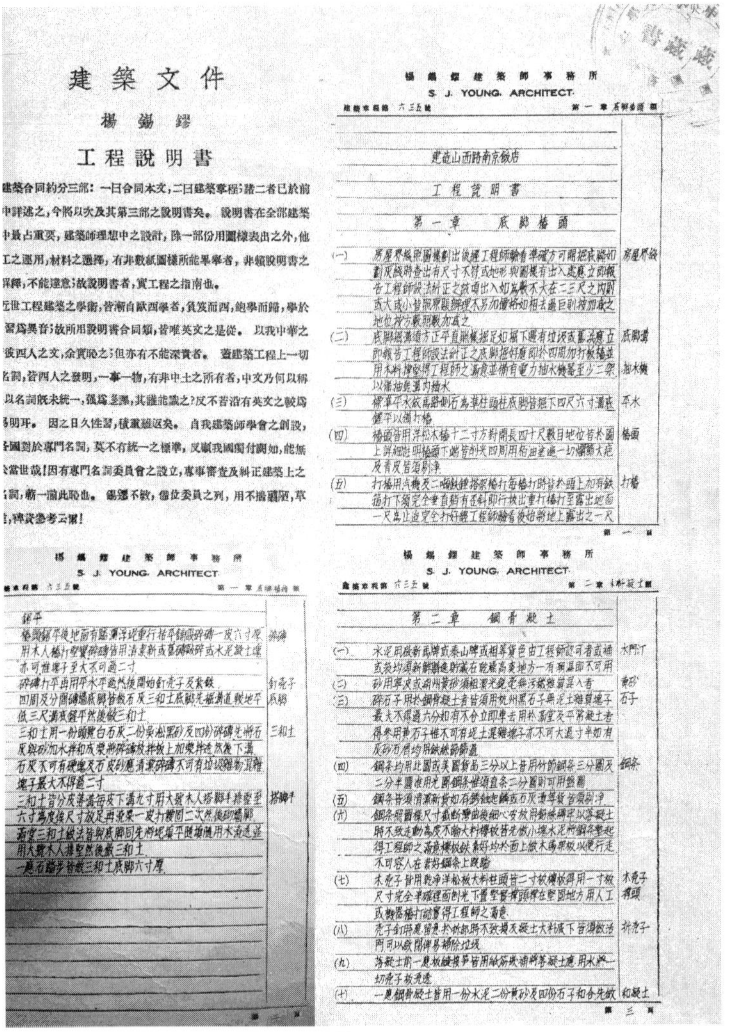

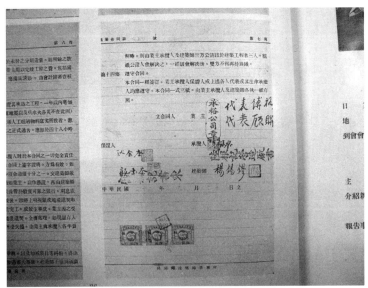

图 3-6　杨锡镠建筑师事务所拟定的工程说明书
图 3-7　杨锡镠建筑师事务所拟定的工程合同

工程委托契约 （民国三十七年七月初版）

本契约由_____（以下称业主）与_____（以下称建筑师）
同意于中华民国_____年____月____日订立
兹因业主拟在_____建造下列建筑物_____特行
委托建筑师担任设计及监造事宜并共同遵守下列条文规定
第一条　建筑师受业主之委托后应按照南京市建筑技师公会《建筑师业务规则》之规定，办理下列业务
（一）查勘建筑基地
（二）拟定建筑方略及草图
（三）制绘正式图样
（四）编订施工说明
（五）代向主管机关请领营造执照
（六）襄助业主招商投标及签订承包契约
（七）供给工程上需要之详图
（八）督察及指导工程之进行
（九）审核应付款项签发领款凭证及协助业主验收
（十）必要时得代表业主与各项专家商洽工程上一切问题
（十一）解释委托工程之一切纠纷及疑问
第二条　业主应付给建筑师之公费为总造价（包括全部工料增减工程及调整工资）之百分之一并按照下列期限分期付给之
第一期　　草图拟就　　　　　　　　付公费20%（根据全部工程之预算核计之）
第二期　　正式图样及说明书完成　　付公费40%（同上）
第三期　　业主与营造商签订营造契约时　付公费30%（同上）
第四期　　工程半数完竣　　　　　　付公费5%（同上）
第五期　　工程完竣　　　　　　　　全部结算
第三条　如所委托之工程只建筑一部分或分期先后实施则业主应按照建筑师所执行之业务程序依上列付款为法分别计算公费付给之
第四条　本且契约条文有未详尽处悉依南京市建筑技师公会建筑师业务规则办理之
第五条　本契约一式两份业主与建筑师各执一份存照

业主
印花
建筑师

图 3-8

图 3-8　南京市建筑技师公会于1948年公布的《工程委托契约》格式

1930年中国建筑师学会公布《建筑师业务规则》，当时的收费标准如表 3-1 所示即多数建筑物最低按工程总价格的 6% 收取，相对来说分类还比较粗略。范文照建筑师在《时事新报》第 67 期《建筑地产附刊》中提到除了特别工程外一般按照工程全部价格的 6% 收费（表 3-2）[⑦]。

国民政府对建筑设计收费的管理规定出现在 1944 年 12 月 27 日由内政部公布实施的《建筑师管理规则》，第三章"执业与取费"第 23 条规定"建筑师受委托办理时，得与委托人约定收取百分之四至百分之九之公费，但仅设计绘图而不监工时，其取费率应减百分之二"。

表 3-1　1930 年中国建筑师学会《建筑师业务规则》收费标准

项目	建筑物种类	收费标准（不得低于6%）
一	住宅费用在二万两（银元）以内者	8%
二	住宅旧屋暨装修门面	10%
三	内部美术装修	15%
四	园艺建筑	10%
五	纪念建筑物	10%

表 3-2　范文照建筑师收费标准

项目	建筑物种类	收费标准 造价五万元（及以上）	其他
一	城市房屋	8%	6%
二	乡村房屋，马厩及附房	10%	10%
三	代制家具、装修、电灯、木器及装饰品图样等	15%	
四	纪念碑塔、特别内部装修及布置	10%	

此管理规则的出台本意是规范统一各地不同的收费标准，但全国各地经济状况及建筑行业发展差异很大，统一收费标准实为一刀切，执行中出入极大。上海、广州等地建筑市场发达，建筑师收费普遍比国民政府制定的标准高。中国建筑师学会对内政部规则规定的收费标准颇有异议，会长陆谦受曾召集会员讨论并致函内政部，要求修改收费相关款项。于是，1946年10月5日中国建筑师学会通过决议并实施了新的《建筑师业务规则》（表3-3），相比较1930年版本，收费已有所下降，但仍高于国民政府标准，但分类更明确、更具操作性。

南京地区的设计收费标准出现较晚。1948年，南京市技师公会颁布了南京建筑师行业内部的收费准则（表3-4），参考1946年中国建筑师学会颁布的《建筑师业务规则》，南京的收费标准普遍低于上海等地，室内装修一项甚至低近1/3。再对比内政部颁布的管理办法，可以说南京市建筑技师公会制定的收费基本参照国家标准执行。

当然在实际操作过程中，收费情况并不乐观，一般工程设计收费取5%（包括监工在内），如南京国立中央博物院、南京外交部大楼等项目收费皆是这个标准。如遇到设计市场萧条或建筑师急于承揽项目，费率更可能降至3%。而外资设计机构的收费就相对较高，例如英资建筑师事务所会按照英国皇家建筑师学会的规定收费，造价超过2000磅收6%，低于2000磅收10%。

表 3-3　1946 年 10 月中国建筑师学会《建筑师业务规则》收费标准

项目	建筑物种类	收费标准
一	工厂、仓库、营房、市场、里弄	5%—6%
二	银行、戏院、公寓、学校、医院等公共建筑	6%—7%
三	住宅	7%—8%
四	纪念建筑物及旧房改造	8%—10%
五	内部装修及木器设计	10%—12%

表 3-4　南京市建筑技师公会会员公费表

项目	建筑物种类	取费（公费之百分率由本会会员于规定建筑物之种类后决定之）
一	修理门面	至少不低于 4%
二	工厂、仓库、营房、市房、里弄等	5%—6%
三	住宅、银行、戏院、公寓、学校、医院等及其他公共建筑物	6%—7%
四	旧屋改造内部装潢及木器设计	8%—9%
五	纪念建筑物及古建筑物修理	视工程之繁简由双方协议，但不得低于 9%

3.2　设计图样阶段

民国时期，建筑设计过程包括方案设计、施工图设计、室内设计等主要阶段。这些设计过程可以充分反映出建筑师的职业技能水平、业主与建筑师的沟通，建筑师与工程师间协调关系等多方面状况。

3.2.1　建筑师的工作方法

随着专业教育课程设置日趋完善，建筑方案设计逐渐成为近代建筑教育中一门单独的主干课程。20 世纪 20 年代以来多次重大建筑方案的征集、征选活动说明方案设计已相对独立，成为建筑师赢得项目并获得社会关注的重要环节。方案设计过程中，建筑师利用所学将想法绘制成建筑图，并在传统设计方法的基础上利用各种辅助手段（透视图、速写、分析图、渲染图、模型等）来清晰地表达构思（图 3-9、图 3-10）。

对待设计的态度、建筑师的习惯及学习经历等因素决定了建筑师个人的设计方法，以曾在南京执业的孙支厦、童寯、杨廷宝三人为例，

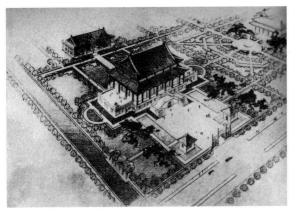

图 3-9　　图 3-10

图 3-9　国民党中央党史史料陈列馆鸟瞰渲染图
图 3-10　南京小红山主席官邸模型

他们的设计方法贯穿其职业生涯，深刻影响了建筑师的作品风格。近代建筑师先驱孙支厦因为早期修习土木工程专业，并在通州师范学校学习了所有测绘课程，两门专业都没有涉及建筑设计核心问题，对创造性的培养欠缺，但为他后来模仿型的建筑设计路线奠定了良好基础。观察他的设计会发现都有一个相对的模仿对象，如江苏省咨议局模仿的是日本帝国议院；南通钟楼则仿照的是英国伦敦大钟楼。童寯在华盖建筑师事务所时主要做方案设计，并亲手绘制渲染图，南京的原国民政府办公楼设计方案效果图也是他即兴完成。童寯对速写、水彩等技巧非常娴熟，即使做施工图设计，也常用速写画法描绘，就近标注尺寸、书写说明，用曲线、箭头引注[8]。利用模型辅助设计是童寯、陈植两位建筑师鼓励采用的方式，甚至积极尝试雕刻。童寯自己就常做胶泥模型，他认为，运用模型从各个角度推敲设计非常重要。童寯还时常携带绘图工具深入工地，虚心向老工人请教，及时发现问题并在现场修改设计[9]。杨廷宝则习惯于严谨的工作作风，从方案到施工图设计都全面参与，自己摸索出细致的工作方法传授给绘图人员。当然，建筑设计并非集一人之力就能全部完成，需要建筑师相互分工、合作。大型建筑师事务所内建筑师分工明确，"总建筑师—执行建筑师—普通建筑师或绘图员—监工员"四级管理系统也反映出建筑设计从业人员间的合作关系。例如1932年，华盖建筑师事务所接手国民政府外交部设计，赵深、童寯、陈植三人通力合作，共同讨论建筑风格，在不断与业主磋商过程中，赵深确定了最后的平面，立面渲染图由童寯即兴完成，刘致平、沈仲山等完成图样绘制，童寯校对，赵深核准。

建筑师都相当重视结构安全，吕彦直在中山陵主体建筑设计中聘请了当时国内土木结构权威——南洋大学校长凌鸿勋亲自主持结构设计，施工中经常进行模型实验并根据结果调整方案。基泰工程司设计中央体育场看台，竣工验收前专门请设计机构进行了简易的荷载试验，确保安全无虞。

此外，建筑师的设计工作还会受到社会生态乃至政治因素的影响。

南京自迁都后官方建筑的建设量大增，1927—1937年中国第一代建筑师在官方建筑领域大量探索了中国建筑的民族形式。官方建筑是一种以行政命令为主导的类型，深受意识形态、国家意志或领导者好恶的影响，项目的其他特征皆由此派生。造价往往不计成本，超支现象比较普遍，以中山陵工程为例，最后竟超出预算八倍。国民政府的倡导一方面造就了中国古典建筑复兴的流行，另一方面也严重制约了建筑师的创造力。童寯就曾这样说过："以前还有几座宫殿式的公共建筑，是由业主指定式样而造成的。"② 建筑师的创作受到了官方直接引导，也造就了南京不同于上海、天津的近代城市建筑风貌。

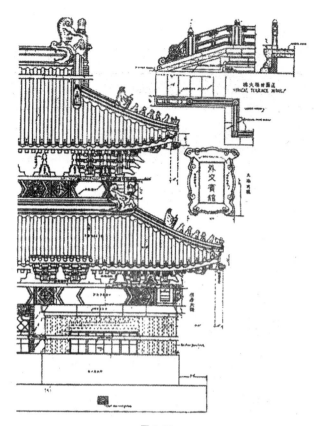

图 3-11

图 3-11 外交宾馆施工图

近代的建筑施工图设计包括"地盘图"、"正视图"、"侧视图"、"平面图"、"剖面图"、"基础图"、"屋架图"等，早期施工图的制图格式和符号没有统一，各建筑师事务所自行其是，随着内政部全国公私建筑制式图案规定的出台而逐步走向规范化。施工图侧重具体实施手段、施工工艺、造价控制、选用设备等方面的表达，其绘制深度直接关系工程质量，因此，重大项目的施工图绘制通常很精细。由于民国第一代职业建筑师多数曾留学欧美，当时画施工图多以美国标准为主，图纸标注等很多情况下也是英文，而有经验的大营造厂都懂（图3-11）。

室内设计也是建筑设计的一部分，有时建筑师会专门为此绘制图样，并拟定详细的施工说明书。如杨廷宝设计的中山陵孙科住宅（延晖馆）和北极阁宋子文公馆，对壁炉、门窗框、窗帘盒等都进行了精心考虑，线脚、纹样、材质对比等都颇具匠心，确保了建筑风格和品质从整体到细部的高度统一。陆谦受建筑师在设计南京新住宅区的某中式风格外观的住宅时，室内装修和家具陈设等一应采用中国古典式样（图3-12、图3-13）。

民国时期建筑设计中使用的绘图工具已有所改进，施工图普遍使用透明纸绘制，大多数设计机构用铅笔绘图，或用墨水绘在蜡布上以保存重要图样。民国后期可升降、可调节角度的绘图桌的使用，晒图机器的出现等，证明建筑设计工具和技术手段在朝着现代化方向改善。

图 3-12　　　　　　　　　　　　　　　图 3-13

图 3-12　南京某私人住宅（陆谦受、李扬安设计）

图 3-13　南京某私人住宅室内（陆谦受、李扬安设计）

3.2.2　建筑师与业主的关系

建筑方案从构思到实施需要设计师与业主相互合作、互相沟通、共同努力来推进，好的作品往往是双方良性互动的结果。南京民国时期一些代表性作品为我们展示了这一互动过程。

原国立中央博物院方案甄选工作开始后，博物院建筑审查委员会（代表业主）邀请的13位建筑师中有12位提交了参评方案，但有的超出预算，有的面积不符，尽管没有出现能够和建筑委员会制定章程完全符合的方案，审查委员会还是评选出有修改可能性的方案，徐敬直、李惠伯作品为第一，陆谦受第二，杨廷宝第三，奚福泉第四，童寯第五（图3-14），并决定聘请徐敬直、李惠伯为项目建筑师，随后在梁思成、刘敦桢的亲自把关之下，徐敬直、李惠伯将方案从仿清式宫殿建筑形式改成仿辽代样式，并且绘制施工图，编制工程预算和招标文件（具体参见第4章"徐敬直"一节）。这个案例中，正是由于审查委员会中有梁思成和刘敦桢这样的中国古建筑专家及他们对建筑师的督促才促成了业主弘扬中华民族传统文化精神意愿的最终实现。作为南京民国时期代表性的官式建筑，原国立中央博物院对民族风格的探索水平达到了巅峰，应是那个时代优秀建筑师智慧的集中体现。

金陵女子大学建校过程中，建筑师茂飞与校董德本康夫人间良好的沟通是中国民族形式方案最终得以实施的基础。1918年9月，茂飞陪同德本康夫人一起视察大学新校址，勘察地形。此后，对大学建筑采用的风格和希望达到的质量，德本康夫人与茂飞不断通过书信进行了密切交流。德本康夫人希望看到除了中式大屋顶外更中国化的建筑形式。1918年7月25日，她写信给茂飞说："就我个人来说，我希望它们在屋顶之下的东西也是中国化的，只要我们全力以赴去追求它的话。我认为你为雅礼大学所做的设计草图，就比其他所有我见过的建筑更接近真正的中国式样。"同年8月3日，茂飞对此回复："您认

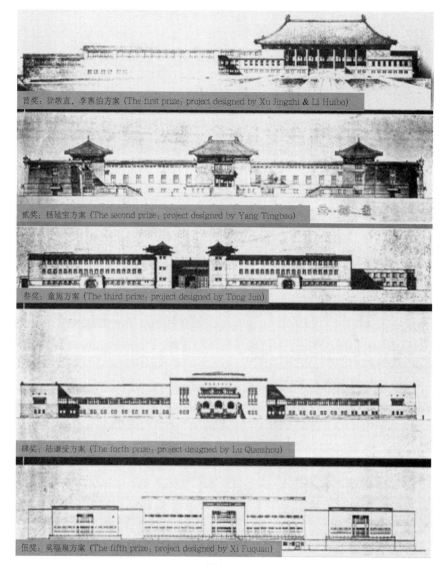

图 3-14 原国立中央博物院前五名方案

为建筑在屋顶以下的部分也应该保持中国式样,我亦深有同感。的确,屋顶是整个中国建筑中最显著的特征,但是中国建筑的特色是贯穿整个建筑的,它的开窗、实体与虚体的关系、整体表现与细部处理,等等,都是一个完整的整体。我们想在现代建筑上获得这些精彩的中国建筑特征,是一点也不可能的,除非我们能在模仿屋顶之外再做点什么。"⑩

两人观点的契合保证了整个工程的顺利推进。茂飞与德本康夫人在上海、南京两地(茂飞的建筑师事务所设在上海)间保持联系,茂飞建筑师事务所在纽约的合伙人达纳(Richard Henry Dana)则与纽约的金陵女子大学建筑委员会持续沟通,商讨关于筹措建筑经费的问题。上海和纽约的建筑师事务所展开合作,茂飞将方案设计图纸寄回美国,达纳安排人员进行细化。1919 年 3 月,茂飞基本完成了大学规划意向回到美国，4月10日与建筑委员会成员召开会议，会上协商讨论了六大问题，包括建筑风格、钢筋混凝土结构的合理性、造价升高带来经费来源问题、分期建设问题和相应的工作计划，以及工程监理的问题。最后茂飞说服建筑委员会同意采用彻底的中国风格，带来的造价增加10%的问题通过分期建设以及美金兑换成当时汇率较好的墨西哥币的方式解决。茂飞为此安排了详细的计划表①，项目于1922年开工建设，由南京陈明记营造厂承建，1923年完工，这一过程充分反映出建筑师高效专业的职业素养。

3.2.3 建筑师与工程师的关系

民国时期，建筑方案设计与施工图设计业已分开，成为完整独立又紧密联系的两个阶段，建筑施工图包括总图、各层平面图、立面图、剖面图、节点详图等，而涉及结构施工图中专业化、复杂程度高的结构部分计算、钢筋混凝土结构做法、大跨屋架等是多数职业建筑师无法独立完成的工作，因此常需要结构工程师进行配合，同时一些复杂的设备（如水暖电配置）也需要设备工程师的辅助。

结构工程师的来源主要是早期的留洋工程师和国内近代教育下的土木工程师。据统计，1854—1953年，中国留美学生总数达3143人，其中学习土木工程专业者777人，占总数的24.72%，居第一位②，茅以升、杨宽麟、朱兆雪等是其中的佼佼者。近代建筑工程领域，土木工程师及土木工程专业出身的建筑师始终是技术人员中的多数，并曾在早期占据绝对优势。1933年中国建筑师学会会员只有55人，而早在1924年中华工程师学会时期即有土建方面的会员387人③。土木工程师分布广泛，主要从事勘察测绘、建筑设计、结构设计、设备设计及施工监理等工作。有些独立开业自营建筑师事务所从事建筑设计活动，有些则成立顾问事务所与建筑师事务所合作。例如1930—1935年上海299名注册建筑师中有113名是土木工程师，占总数的37.8%④，尤其是黄元吉、杨锡镠、过养默、薛次莘等皆为当时著名建筑师，活跃在建筑设计的第一线，并在南京留下过作品。

建筑师自营设计机构与其他工程师合作的方式包括三类。第一类，大型建筑设计机构自行配备相对完备的部门，如基泰工程司早期就拥有结构工种，杨宽麟为主任结构工程师，其他成员包括北洋大学的郑瀚西和初毓梅，都是实践经验丰富的土木工程师。后期，基泰工程司甚至还成立了设备、机电、预算工种，门类齐全。这类机构中建筑师可以较早与其他工种进行配合，有利于设计思想的深化和贯彻。第二类，建筑设计机构本身不配置其他工种，但有较固定合作的结构、水电工程顾问，如华盖建筑事务所的主要合作对象是华启顾问工程师事务所，南京的首都饭店等作品就是两个事务所合作的成果。值得一提的是华启顾问工程师事务所的主持人为著名结构工程师杨宽麟，他虽为基泰工程司的合伙人之一，但也自营工程师事务所，为其他设计机构提供工程咨询和设计服务，兼营建筑材料。华盖建筑师事务所后期还与蔡显裕顾问工程师事务所合作设计有南京美军顾问团公寓等。第三类，中小型设计机构采用的随机委托工程师合作的方式，背后是一种自由选择和契约雇佣关系。后两类方式，有利于建筑师事务所控制成本。但无论哪种合作关系，建筑师相对而言都处在领导位置，起着引导和控制项目进度和质量的作用。

3.3 施工建设阶段

3.3.1 工程招标

近代营造业的高速发展加大了行业的竞争，为保证竞争的公平和公正，业主们乐于通过招投标的方式选择承建人。招标信息获得及时与否对营造厂至关重要。营造厂一般通过报刊公示，或由设计方推荐，或由自身社会关系得知工程招标信息。之后，前往领取图样说明书，随后交手续费。营造厂领取招标文件和设计详图之后，进行造价估算，按招标文件要求将各项指标封袋交给招标单位，同时交纳数额不等的押标费。投标评判分为"硬标"和"软标"。"硬标"即选择报价最低者为承包商，如此做法有利于控制造价，也容易形成营造厂盲目压低造价，工程质量无法得到保证；"软标"即在比较项目估价的基础上，业主对营造厂的信誉、业绩、技术等综合评估后再决定得标人，此种做法一定程度上避免了"开烂帐"，但可能助长暗箱操作（图3-15）。等开标之后，报价合适者中标，不得标则由业主或银行退回押标费。民国期间使用"软标"方式选择营造厂的做法为多。

南京国民政府期间，无论规模大地位高的大型公共建筑，还是中小型项目，几乎都采用工程招标方式。1936年3月原国立中央博物院建筑委员会通过招标决议，对第一期工程（行政办公楼和人文馆）进行登报招标，共收到包括北京、上海等地的22家营造厂报名。同年4月10日开标，11日建筑委员会第六次会议将提出标价最少的陶馥记、江裕记、余洪记、张裕泰、新金记五家营造厂列为候选人，最后确定江裕记营造厂为承建人，新金记营造厂和余洪记营造厂为候补得标人，15日与江裕记营造厂签订合同，6月初动工兴建。原国民政府外交部办公楼工程招标中，任昌营造厂以报价最低得标，但其报价仍然超过业主预期，经过协商，江裕记、利源两家营造厂同意大幅调价，遂江裕记营造厂成为最后承建者。

图3-15 营造厂的广告（其中业绩是招标时的重要依据）

图3-15

作为工程项目流程中"受方"(即下家)的营造厂在民国时期生存环境不佳。首先是经营负担沉重。营造商出身的上海市建筑协会创办人之一杜彦耿曾在《建筑月刊》杂志上发表《营造厂之自觉》一文,详细交代了民国营造厂的艰难处境。他曾计算过营造厂的投标成本:手续费从20元至100元不等,无论是否得标概不发还。押标费从300元、500元到1000元甚至10000元以上不等,开标后不得标的营造厂凭收据领回。比如一座二三十万元的普通建筑工程,手续费最少为20元,押标费3000元,时限约两个月。除去得标者外,没有中标的营造厂直接经济损失包括两个月内的利息(按当时的利息两个月为60元),以及计入建筑成本中的勘察费、往来沟通花费的时间及车马住宿等费用,至少超过百元[①]。这对民国时期从传统工匠业转型过来的脆弱的营造厂来说无疑是一笔沉重负担,这也是杜彦耿经历多次变故之后决定不再从事营造业的外部环境因素之一。

技术力量不足也成为制约民国营造厂投标竞争成果的因素之一。1929年紫金山天文台筹措建设,因为天文台建筑的特殊性必须建设在山顶,经过一系列考察比较,几次修改,确定紫金山第三峰为台址。1929年,国立天文研究所在北京、上海两地报纸刊登筑路招标广告,建设通往山顶的盘山公路。七天后共有三家营造公司前来应征,孙和祥营造公司以造价低,有修筑南京至汤山公路的经验而得标。1930年,台长余青松与基泰工程司杨廷宝建筑师绘制了天文台建筑蓝图,并获得当时的中央研究院和总理陵园管理委员会的批准。有了上次招标的经验,1930年夏天,天文所在南京《中央日报》和上海《申报》上刊登建台招标广告。然而,广告登载七天之后又屡次延期,上海方面却始终没有一家营造厂应征,南京方面只有两家,且开标时营造公司的开价又远远超出了天文所的承受能力。多数营造厂没有建设天文台经验,在高山上施工难度大,小营造厂无力承担,大营造商又不屑承担薄利建造,此次招标最后失败告终[②]。

业主的主导地位决定了营造厂往往处于被动位置。业主与营造厂之间的合作关系从中标之后开始,双方签订合同,业主将部分工程款交给营造厂,然后由营造厂寻找可靠的信用担保人。担保人担保营造厂领取造价定金之后不至于发生变故,造成业主损失。更普遍的现象是业主向营造厂收取现金担保,也有嫌现金担保不够再加上信用担保。营造厂垫付工程款将工程建设到一定程度时,再经建筑师审查勘测认为符合图纸要求、质量合格,才签发领款证书,向业主收取当批次的造价。实际上一旦在工程建造过程中业主发生变动或解散,并没有类似业主担保人的一方来支付工程款项,合同中出现"霸王条款"使得营造厂苦不堪言。例如杜彦耿曾记载:某业主在上海闹市区租房屋委托建筑师将此房屋设计改造成食堂,然而在进行内部改造过程中,内部完全拆除后,业主公司解散,不仅营造厂损失建筑费用,连建筑师设计费也没有追讨成功[13]。有时业主资金不足，让营造厂垫资开工，而终因财政窘迫或人事变动无法支付余款，导致营造厂做赔本生意，甚至倾家荡产，这类情况也甚为多见。

3.3.2 民国时期南京营造业的状况及与建筑师的关系

1）南京营造业的大发展

国民政府迁都南京后，上海等地各大营造商争先恐后抢滩南京，据称数量多达数百家。有些营造厂并没有固定的施工队伍，一般只有经理、技师、翻译、监工、账房等，且均是老板的朋友和亲戚。营造厂厂主层层外包，由大包、二包一直到小包工头，小包手下施工人员主要从事粗重体力活，且多为临时召集的员工。工程招工一般都在茶馆进行，夫子庙的奇芳阁等南京著名茶馆是工程信息发布和营造厂招工主要场所。工程结束后，工资立刻结算，绝不拖欠。管理方式也很简单，即老板把监工、包工头召集起来共进晚餐汇报，交流一天的工作及安排工程推进任务。

活跃于民国建造市场的大小营造厂很多，各营造厂之间资金实力、施工水平、施工经验大不相同，大型营造厂有姚新记、陶馥记等，小型的则不可胜数，遍布各大中城市。其中在南京从事承建活动的营造厂以陈明记、新金记、陶馥记、陆根记最有实力，被称为"民国营造业的四大金刚"，它们在南京留下了众多建筑作品，不少至今屹立，堪称经典。

陈明记营造厂。由浙江鄞县人陈烈明创办于1897年，是南京本地最早的一家营造厂。营造厂址位于南京莫愁路87号，1933年起由陈明烈之子陈裕华、陈裕康经营。1927年前，陈明记是南京最大的营造厂，由于和南京地区的基督教会关系密切，因此近代期间建设的当地教会学校、教堂、教会医院等建筑，大都出自陈明记营造厂之手。例如汉中路礼拜堂、金陵大学、金陵女子大学、金陵神学院、明德女子中学、中华女子中学和马林医院以及宝兴、宝庆银楼等。陈明记营造厂对建造质量的控制相当严格，这和厂主执着认真的态度不无关系。

新金记营造厂。由厂主康金宝1919年创办于上海。康金宝原是上海姚新记营造厂的一个小包头，在上海开业。1927年10月中山陵二期工程在上海招标，他以最低造价中标。工程于1927年11月开工，康金宝是泥水匠出身，凭借施工经验丰富在姚新记承包第一期工程亏损的情况下进展顺利还赚了两万元。初战告捷不但使新金记（康号）在全国营造界名声大振，并由此也在南京站住脚跟。此后新金记在南京承建了诸如原国立中央大学礼堂、小红山主席官邸（美龄宫）、杨公井国民大戏院、原中央研究院社会研究所和一批官僚住宅等有名的建筑工程。

陶馥记（又称：馥记）营造厂。成立于上海的陶馥记营造厂是民

图3-16　　　　　　　　　　　　　　　　　图3-17

图3-16　陶馥记营造厂创始人陶桂林和公司广告

图3-17　陆根记营造厂厂主陆根泉

图3-18　陆根记营造厂承建的上海百乐门舞厅

国时期国内最大的建筑企业，在广州、汉口、贵阳、昆明、南京等地皆设有分支。陶馥记营造厂先后承建广州中山纪念堂和南京中山陵（三期）这两项具有重大意义的工程，奠定了在中国建筑业的领导地位。创办人陶桂林还是上海市建筑协会创办者之一，全国营造业同业公会理事长。他出资承担民国重要建筑期刊——《建筑月刊》的出版发行，并担任正基建筑工业补习学校校董，为推动中国建筑业的现代转型做出重要贡献（图3-16）。由于技术实力雄厚，业内口碑佳，因此馥记营造厂在宁承担了不少行政、纪念性、办公类大型工程，其中著名建筑有：灵谷寺原国民革命军阵亡将士公墓、中山陵音乐台、谭延闿墓、励志社、国民党党史陈列馆、考试院、监察院、中山陵园内孙科公馆（延晖馆）、北极阁宋子文公馆、福昌饭店、美军顾问团公寓、西康路美国驻华大使馆等。南京是馥记营造厂施工项目分布的重点城市，因此还特地在南京中山东路20号建造了高级职员宿舍，在中山北路20号建造了馥记大厦作为办公地点。

陆根记营造厂。厂主陆根泉，上海浦东人，泥水匠出身。1932年，时年29岁的陆根泉在舞女帮助下承建百乐门舞厅（图3-17、图3-18），从此陆根记营造厂在上海立足。1934年，他结识了当时担任行政院秘书长的褚民谊，在其帮助下，于翌年8月来南京承建中央美术陈列馆、国民大会堂。两项工程总造价为76万余元，外加赶工奖金3万元，这在当时是一笔不小的数字，而他在工程完工捞足油水后，又登报声明破产。此举坑害了不少建筑材料商。善于钻营的陆根泉，来宁后不但不惜赔工亏料为褚民谊建造了住宅，而且先后为汪精卫、张学良、吴稚晖、钱大钧、戴笠等人精心营造公馆、别墅，为此得到国民党上层赏识。日本投降后，他作为接收大员乘军用飞机

图3-18

飞回南京，接受上海、南京等地的敌伪财产。此后军统在南京建造的工程如洪公祠军统总部办公大楼（今南京市公安局），丰富路、灵隐路等处的军统办公处，和平门军统局无线电台，都由他一手包揽。他还为郑介民在武夷路建造了一幢十分豪华的公馆。国民政府批准用7亿元建造戴笠墓，他花掉了27亿元，超支部分全由自己掏腰包，以此表示对戴笠感恩戴德。10余年间，他从一个泥水匠爬到军统少将宝座，1949年5月逃离大陆。

2) 建筑师与营造厂的关系

民国建筑工程中，建筑师凭专业知识及对建筑制度、工程相关运作方式的了解可以负责起草招标文件、评估投标项目估价，为业主提供选择应征投标营造厂的专业意见。因此建筑师对营造厂的看法可能直接决定营造商的工程得标与否。尤其在工程投标实行"软标"时，建筑师的意见就极为重要。南京中山陵一期工程，吕彦直建筑师对上海姚新记营造厂情有独钟，该营造厂简历丰富，曾建造上海电话大厦、外白渡桥和南京南洋劝业会等著名建筑。但该营造厂却对中山陵的招标没有兴趣，并未在投标截至日期送来标书。吕彦直一方面将招标期限延长四天，一面派人以自己的名义写信请姚新记营造厂来投标。最后姚新记营造厂标价48.3万元在八家投标单位中排名第二，吕彦直又请筹备委员会说服姚新记营造厂降价，以44.3万元造价交由姚新记营造厂承包⑮。

受雇于业主又能影响或决定工程施工的招标结果，处于双重身份中的设计师有更多机会接触到所谓的"灰色收入"。民国著名建筑师范文照主持工程招标时更直接表达"你为建筑师准备好10%的好处了吗"（范用的是英语）⑯？建筑师还可以通过在施工说明中规定选用定型产品从材料商、供销商处获利，收受回扣的现象屡见不鲜。但也有不为利诱的建筑师，例如童寯之子童诗白曾回忆到："他们（营造厂老板）出于各种原因，希望能和父亲搞好关系，于是逢年过节就带着一批礼物到我家。父亲给我的任务就是一律不收，而且申明如果下次再送反而对他们更不利。不过他们并不死心，试图变换手段。有人按了门铃，看人出来，放下礼物就走。这下子，我可倒霉了，父亲责成我马上退回原主。我只能恳求他们体谅我的辛苦，千万不要再送。经过大约两年的拉锯战，他们终于不再来了。大家都知道父亲是有名的'憨大'。"⑰

民国时代的建造活动中，建筑师的责任和权限较今天的建筑师似乎更大一些，责任心也更强一些。营造厂在建筑师直接领导或指示下去施工。建筑师对建筑材料选用有自主权："业主既雇佣建筑师为顾问，即应将理想中之房屋需要，详细告之，由其估算并核断造价多少，材料贵贱，房屋大小，但不能强定房屋需要如何造，材料如何好，而造价则须如何廉。"⑱营造厂须按照建筑师的要求和监督进行施工，工程一切材料都须经过建筑师审查，并随时配合检查工程进度和施工质量。如有必要还须进行材料试验。在中山陵建造过程中，吕彦直主持施工管理十分严格，为了确保工程质量，对用料和施工程序都一一过问，材料不合适宁可返工。1926年11月，因祭堂用砖质量不好，吕彦直临时决定拆除改用钢筋混凝土。砂石混凝土的强度试验和钢筋混凝土中竹钢的拉力试验，他要求委托南洋大学校长、著名土木工程师凌鸿勋和中国工程师学会会长徐佩璜等亲自主持。他的严格要求与一丝不苟的态度，不免引起承包商姚新记营造厂发出"工程在宁、取决于沪"和"吕建筑师欲成其千载一时艺术之名，处处以试验出之"的怨言[11]。

此外，建筑师还承担着在业主、营造厂之间沟通协调的身份。中国建筑师学会章程中明言："为业主之纯粹专家顾问，对于房屋取材之优劣，造价之丰薄，一以固定的计划，从中维护其实现……遇与包工人发生任何纠纷时，建筑师又能于法律上秉公裁制。"[18]1936年南京金城银行以"硬标"方式选择营造商，结果中标的并非报价较低的前七名营造厂，而是报价最高的申泰营造厂，起因就是申泰营造厂与金融界人士关系密切。此事在当时引起轩然大波，舆论纷纷谴责金城银行违反行规，暗箱操作，并引起了营造业主联合抗议，致函南京金城银行抗议。业主方为平息公愤，不得不请著名建筑师陆谦受出面调停[12]。

3.3.3 多种形式工程监理的做法

近代以后，为保证施工质量，工程监督制度兴起，监理人员在建筑施工过程中监督建筑材料使用、建造技术运用等问题。工程监理人员来源可分为三类。第一类由业主方聘请、委派，一般称为"工程顾问"、"顾问工程师"或"工厂事务员"。这类监督人员主要职能是负责审核设计和监理工程，对设计图纸进行技术审核，同时对施工进行监督与指导。他们由业主直接聘请、委派，代表业主利益，对施工质量严加督促。第二类由设计方委派，一般称为"监工"、"监造"。这类工程监督人员有的属于设计机构内部相对固定的工程技术人员，有些是由设计方临时按需要聘请的，或者在工程开工之际临时聘请土木系或建筑系在校高年级学生做监工员。这类监工收费往往已包含在设计费用中，例如5%的设计费中，有2%为监工费。他们对工程施工质量加以监督，代表设计方的利益，确保设计意图圆满完成。第三类由营造厂商委派，早期多称"看工"、"看工先生"，后期多称"监工"。他们相当于现代的工地技术员、工程师，负责看施工图纸，交代和监督各分包工头及各工序的作业状况，代表营造厂的利益，在工程技术、进度控制方面指导、监督工人，同时兼顾节省工料、成本控制问题，保证工程按施工图样完成情况下获取利润。

工程监理专业的分化为建筑工程按时交付及提高质量提供了保障。在南京，代表业主方的国立中央博物院建筑委员会委派了工厂事务员常驻工地，协助设计方、施工方对工程进行技术监督，此为业主方聘请的工程监督人员。上海华盖建筑师事务所在南京外交部办公处施工期间，派技术员陈瑞棠为现场监工员。兴业建筑师事务所亦同时向南京国立中央博物院工地派员工常驻现场等，以上两例皆为设计方委派的工程监督人员的方式[12]。

当然，各方对监工制度以及施工监督人员的权利和义务有不同理解。1948年6月南京市工务局颁布的《南京市建筑管理规则》中认定监工是建筑师的责任。第四章"使用与取缔"中第32条规定："建筑师承包商及业主各应负工程之责任如下：①建筑师之责任，应负设计监工之责；②承包商责任，应负施工上关于人工材料做法及其他之一切责任；③业主之责任。"[13]如果建筑师事务所在承接建筑工程时同时执行监工一职，则设计费用也将提高2%。中国建筑师学会则认为业主应"自聘监工员常驻工厂监督及指挥工作之进行"，而建筑师则负有"监督工程之进行，核准各项材料之是否合用，审查各项工作之是否合法之责任"[14]，但对工程本身的优劣仍由承包商负责。业主聘请的监工员需要受建筑师指挥，薪金由业主支付。中国建筑师学会会员杨锡镠建筑师在其事务所承接"江苏上海第一特区地方法院新法院"时，就将业主聘请监工员的责任写入合同文件：第六章"承揽人与工程师之关系"第28条："承揽人如不能自身常驻工厂时，则应派富有工程经验之监工者每日驻场全权代表承揽人一切责任。不得擅离。以便工程师之随时询问关于工程上之情形。该监工者如工程师以为不能满意时。得令承揽人撤换之。"[15]

抗日战争爆发，国民政府迁往重庆，1941年5月《重庆市建筑规则》出台，其中有对监工资格的规定，即监工人员是技师的一种，称为监工技师或技副，监工人员职称的评定促进了工程监理行业的规范化。他们除了负责监督营造厂（或业主所聘请）工人施工中是否遵照核准图纸的执行以外，还须在工程完工之后在政府颁发的建筑物使用执照申请单上为营造厂签字证明，如此责任到人的做法，使得监工员一职实质上发挥了为建筑工程质量把关的作用。

注释

① 上海《申报》，1925年3月16日。
② 国立中央博物院筹务处. 国立中央博物馆建筑委员会建筑图案审查委员会报告[Z]. 南京图书馆馆藏，馆藏号TU206/21.
③ 德本康夫人和她丈夫劳伦斯·瑟斯顿(Lawrence Thurston)曾于1903年辅助过长沙雅礼大学的选址，对茂飞的建筑造诣有较高评价。同时茂飞在设计燕京大学时与司徒雷登的弟子爱德华·L. 史密斯(Edward L. Smith)交往密切，司徒雷登又是金陵

女子大学建设的出资人之一。
④ 蒋春倩. 华盖建筑事务所研究 (1931—1952) [D]. [硕士学位论文]. 上海：同济大学，2008.
⑤ 范文照《建筑师应有之认识》刊载于《时事新报》的《建筑地产附刊》第 68 期。
⑥ 杨锡镠. 建筑合同 [J]. 中国建筑，1933, 1(1)：1–3.
⑦ 范文照所指的特殊项目包括：住宅工程、改造现成房屋、纪念碑、家具装饰、布景工程等应收较高的费用；建筑师所经手购置的物品，即使不是由建筑师出图样，也需要收取酬劳金；顾问费，向建筑师征求意见即使未被雇佣，也应根据重要程度收据顾问费；另外期间因工程出差另需支付建筑师出差费用。《时事新报》，《建筑地产附刊》第 67 期 , 1932 年 5 月。
⑧ 根据李海清 2000 年 9 月于北京拜访毛梓尧先生所做笔录。
⑨ 童寯在"文化大革命"中的思想汇报，1968 年 1 月至 1969 年 5 月（未刊）。
⑩ 德本康夫人与茂飞建筑师的往来书信，转引自郭伟杰. 谱写一首和谐的乐章——外国传教士和"中国风格"的建筑，1911—1949 年 [J]. 中国学术，2003 (1)：23–27.
⑪ 竞标图准备 (1919 年 4 月 15 日至 6 月 1 日)；在纽约进行的施工图准备 (1919 年 6 月 1 日至 9 月 1 日)；中国收到施工图截至日期 (1919 年 10 月 1 日)；在茂飞和达纳的上海工作室完成施工图，与德本康女士协商以及设计说明书准备 (1919 年 10 月 1 日至 12 月 1 日)；茂飞和达纳上海工作室送出最终的图纸和说明书，给承包商制作工程预算 (1919 年 12 月 1 日)；预算完成接收 (1920 年 1 月 1 日)；签订合同 (1920 年 2 月 1 日)；工程开工 (1920 年 3 月 1 日)；第一批工程竣工 (1921 年 9 月 1 日)。
⑫ 李海清. 中国建筑现代转型 [M]. 南京：东南大学出版社，2004：79, 134, 136, 248, 278.
⑬ 杜彦耿. 营造厂之自觉 [J]. 建筑月刊，1936, 4(4)：3–4.
⑭ 卢海鸣，杨新华. 南京民国建筑 [M]. 南京：南京大学出版社，2001:114–121, 434.
⑮ 刘凡. 吕彦直及中山陵建造经过 [M] // 汪坦. 第三次中国近代建筑师研究讨论会论文集. 北京：中国建筑工业出版社，1991:138.
⑯ 张镈. 我的建筑创作道路 [M]. 北京：中国建筑工业出版社，1994：52.
⑰ 杨永生，等. 建筑五宗师 [M]. 天津：百花文艺出版社，2005：78.
⑱ 中国建筑师学会. 中国建筑师学会建筑章程 [J]. 中国建筑，1935.
⑲ 1948 年《南京市建筑管理规则》，南京市图书馆馆藏，馆藏号 TU202。

图片来源

图 3-1 源自：笔者绘制.

图 3-2 源自：《申报》，1925 年（民国十四年）5 月 13 日.

图 3-3 源自：《中山纪念建筑》.

图 3-4 源自：http://news.cqnews.net.

图 3-5 至图 3-7 源自：《中国建筑》，1933 年 7 月，第 1 卷第 1 期.

图 3-8 源自：南京市建筑技师公会.

图 3-9 源自：《杨廷宝建筑设计作品选》.

图 3-10 源自：《建筑月刊》，1934 年 5 月，第 2 卷第 5 期.

图 3-11 源自：《中国建筑》，1934 年 2 月.

图 3-12、图 3-13 源自：《中国建筑》，1936 年 7 月，第 26 期.

图 3-14 源自：http://bbs.artron.net.

图 3-15 源自：《中国建筑》，1933 年 7 月，第 1 卷第 1 期.

图 3-16 源自：《中国建筑现代转型》.

图 3-17 源自：http://orientaldaily.on.cc.

图 3-18 源自：《上海百年建筑史：1840—1949》.

表格来源

表 3-1 至表 3-4 源自：笔者绘制.

4 民国时期南京代表性职业建筑师及其作品

民国南京时期建设的高潮出现在20世纪二三十年代,也是集中反映职业建筑师工作状况的典型时期。在工程启动时,优秀的设计水准、良好的信誉以及多方的社会关系是建筑师事务所获取业务的主要因素,同时建筑师们利用首都优势与政府部门密切联系寻求项目合作也是业务来源的重要途径。民国时代建筑业逐步尝试建立起一定的职业规范和制度,一个重要标志就是建设各方合作关系契约化、合法化,各级专业团体在建筑师职业制度建设中功不可没。此外,正如南京市建筑技师公会所做的那样,行业公会为争取建筑师的权益也是不遗余力,这就为提高建筑师这一职业的社会认知度和地位,实现行业自治奠定了基础。项目设计过程中,鉴于南京的特殊地位,国民政府对南京一地项目的风格进行了一定程度的干预,使得"中国固有式"风格成为20世纪二三十年代南京建设中官方建筑的主流,深刻影响了近代南京的城市面貌,并进而在全国掀起了民族复兴样式的高潮。民国时期的南京兴建了众多国家工程或重要项目,因此建筑营造过程中比较重视管理和建筑师与业主、工程师、营造商的通力合作,这也是南京依然现存不少高质量民国建筑的原因之一。施工过程中,建筑师们职能范围除了拟定工程招标合同,提出选用营造厂的意见,监督营造商用料使用及施工程序等,同时建筑师也担任起调解营造厂和业主纠纷的职能。

由此可见,民国建筑师所面临的执业环境相当复杂,职业工作的内容丰富,一方面不仅在专业上要面对近代建筑体系转型所带来的职业观念转变,创作中的功能、技术、风格等的新要求,更需在社会和市场上积极主动,长袖善舞,以应对业主、营造厂和公众等的需求。而在近代思想文化剧烈变革,政局动荡不安,经济力量薄弱的条件下,建筑师能够真正实现自己的职业理想是多么艰难的一件事。

本章将重点介绍27位中外职业建筑师或设计机构在南京执业的经历、代表性作品。他们的出身和教育背景各异,人生际遇也不尽相同,既有负笈归来,踌躇满志的翩翩少年;也有出身贫寒,自学成才的技术精英;还有信仰虔诚,敬业如一的基督徒。他们都通过自己的奋斗成为民国南京职业建筑师群体中的佼佼者。他们在南京的执业过程中所面临的问题和困难是相似的,但即使如此,这些建筑师依然是有社会责任感的一群人,他们以满腔的报国热情、出众的才华,投身南京的建设,竭尽所能地将主观能动性和被动适应性结合起来应对时代条件和要求,用作品为南京这座古都打上鲜明的烙印,为这座城市留下最可宝贵的建筑遗产,他们是那个时代的精英。

4.1 陈裕华（图4-1-1）

生卒：1901—1962年

籍贯：浙江鄞县（今浙江宁波）

教育背景：

（南京）金陵大学理科毕业，1924年夏

（美）伊利诺伊大学建筑系毕业，学士，1928年6月

（美）康乃尔大学土木工程系毕业，硕士，1931年6月

图4-1-1 陈裕华

陈裕华（Chen Yuhua，字蕴辉），祖籍浙江鄞县，其父为南京近代最大的华人建筑营造厂主陈烈明①（图4-1-2）。陈裕华在金陵大学理科毕业后赴美国留学，取得土木与建筑两个专业的学位，并于课余在美国波士顿一家土木工程设计公司（Stone & Webster Engineering Co., Boston, MA）担任工程师两年，1931年回国。回国后，陈裕华协助父亲陈烈明经营陈明记营造厂，任职总经理和技术工程师，并一度担任营造厂厂主。他于1933年在实业部建筑科技师登记注册，是中国工程师学会正会员。1930—1936年陈裕华还曾任教于国立中央大学和上海私立之江大学建筑工程系，并一度开业自营建筑师事务所。抗日战争期间他没有离开南京，当时没什么项目，他遂就任南京新华银行分行经理。1949年后的1953—1960年，陈裕华担任南京工学院（现东南大学）建筑系教授，讲授构造课。在多次的政治运动中因其基督教家庭背景而遭受冲击，1962年去世。

陈裕华的教育背景和职业经历有着比较浓厚的家庭影响。一方面

图4-1-2

图4-1-2 陈明记营造厂创始人一家合影
陈烈明为前排坐（右二）；
陈裕华为后排站（右四）

4 民国时期南京代表性职业建筑师及其作品

因家庭和教会间密切的联系而持续获得来自教会的项目，另一方面在职业实践中陈裕华秉承了父亲严谨认真的工作态度，并自觉地将之和自己虔诚的信仰联系起来，因此工程的设计质量和完成度都十分精良。据陈家人回忆，作为建筑师的陈裕华曾有多处建筑设计作品建成，但可惜的是，现今唯一能够明确并完整保留的只有南京的莫愁路基督教教堂。

据统计，1937年之前，南京几乎所有的基督教会建筑项目均由陈明记营造厂所完成，其中一些较重要的项目包括：金陵女子神学院（1921年1月），明德女子中学（1917年），金陵大学附属医院（1917年），金陵大学（1910—1925年），金陵女子大学（1922—1923年），基督教太平南路圣保罗堂（1922—1923年），莫愁路基督教堂（1936—1942年）等。作为虔诚的信徒和南京地区教会重要的赞助者，陈明记营造厂同基督教会的特殊关系显然已经超越了营造厂与业主的普通关系。陈明记营造厂把建造教会项目当成另一种意义上的奉献，因而对建造质量的控制相当严格，遇到任何问题，无论大小都会立即主动返工重做，决不会因利益问题有丝毫犹豫②。据说陈明记营造厂还有一个对业主负责的举措，那就是在建设施工过程中，会将该建筑的图纸资料等，用金属盒密封后埋在所造建筑地下，以防散失，同时便于后人维修或改造。正是陈明记营造厂与基督教会之间如此亲密的关系，帮助陈明记营造厂获得大量教会建筑项目，并较其他营造厂更快速和直接地掌握到西式建造技术经验。这种来自教会的特权最终造就了陈明记营造厂在南京营造业市场的特殊成功。当然陈烈明和陈裕华父子执着和认真的精神也是营造厂成功的另一内在动因。

在宁职业经历和主要作品

南京莫愁路基督教教堂 [图4-1-3（1）至（6）]

教堂位于今天南京的莫愁路390号。19世纪80年代，南京基督教会在四根杆子（今江苏省中医院临莫愁路一带）建基督教自立会汉中堂，是南京地区第一座由华人捐资建造的西式礼拜堂。1934年底，因当时

图4-1-3(1) 南京莫愁路基督教堂沿街外观
图4-1-3(2) 冯玉祥所题奠基石

图4-1-3(1)　　　　　　　　　　　　　图4-1-3(2)

图4-1-3(3)　　　　　　　　　　　　图4-1-3(4)

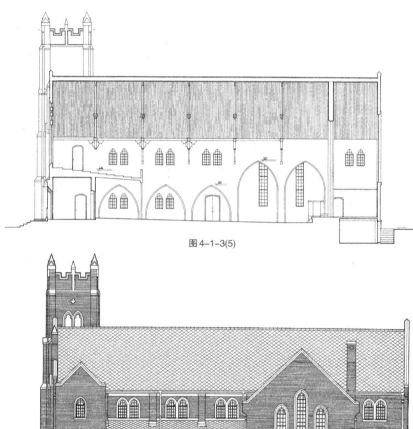

图4-1-3(3) 南京莫愁路基督教堂室内

图4-1-3(4) 南京莫愁路基督教堂入口（见彩页图1）

图4-1-3(5) 南京莫愁路基督教堂剖面

图4-1-3(6) 南京莫愁路基督教堂南立面

图4-1-3(5)

图4-1-3(6)

的南京市政府修建莫愁路，将汉中堂拆除，南京基督教会决定择址该处重建教堂。新教堂由陈裕华设计，陈明记营造厂捐资并承建，牧师孙希圣主持建造。1936年5月19日举行破土动工典礼，8月4日举办奠基典礼，冯玉祥将军在奠基石上题词道："因为那立好了根基的就是耶稣基督。"开工不久就爆发了抗日战争，在日寇侵犯南京时，因为俯瞰具有明显的十字形教堂平面形制，莫愁路基督教教堂免遭了日军飞机的狂轰滥炸。南京沦陷后，莫愁路基督教教堂办起了难民收容所，掩护了不少难民免遭日寇的杀戮。此后，担任设计施工的陈裕华和陈明记营造厂，在日寇统治下克服重重困难，于1938年10月将莫愁路基督教堂主体建筑建成，1942年才完成全部工程，同年10月16日举行献堂典礼。目前，该堂有五位宗教教职人员，可容纳1000名基督教徒在该场所进行宗教活动，该地目前亦为南京基督教三自爱国委员会总部所在地。

教堂坐东朝西，陈裕华的设计采用了典型的英国乡村"都铎风格"建筑样式。建筑面积约为746 m^2，平面呈十字架形，砖木结构，内部采用一种简化的西式木桁架屋架[英国教堂常用的名为"锤式屋架"(Hammer Beam)]，屋顶上覆以灰白色鱼鳞水泥平瓦。外墙用打磨的青砖，光滑如砥，清水勾缝，入口、建筑转角、门窗、墙体和扶壁中部环箍、檐口等部位用取自镇江附近高资山上的白石镶嵌。西部主入口由券门和哥特式长尖券窗组合而成，高达17 m，尖券顶部为星际和十字架组合成的玫瑰窗图案，既别致又充满教化意义。教堂西南侧墙角镶嵌一正方形花岗岩石碑，上有冯玉祥将军于1936年为教堂落成而题写的楷体竖书碑文。

室内沿用欧洲哥特式教堂高中厅和低侧廊做法，中厅聚众，侧廊通路。两侧墙体上的尖券窗上明下暗，以显示宗教的暗喻。圣坛位于东端，处理得非常简洁，以竖向三列长窗作为视觉焦点。教堂内读经台、讲经台、洗礼池、圣坛、栏杆柱，也是用白石磨光精雕细刻而成。环箍、拱座内侧石面上，镌刻了经文，并贴了金箔。陈裕华的设计实用简练同时又保持着纯正的欧美教堂风格，此外这座基督教堂有着很高的建造质量，使得现状依旧完好，稍加修缮就能满足使用需求，这和设计师和营造者的努力分不开。

注释
① 陈烈明(1866—1957年)，祖籍浙江鄞县，1897年创办了南京首家华人营造厂——陈明记营造厂，该营造厂作为南京基督教会的专职营造厂，承担了大量与教会相关的项目，其中颇有影响的包括金陵大学、金陵女子大学、太平南路圣保罗教堂、莫愁路基督教堂和金陵协和神学院、明德女子中学等。厂主先后为陈烈明、陈裕华、陈裕康，并发展成为南京最大的本土营造厂，被誉为南京近代营造业的"四大金刚"之首。
② 冷天．得失之间——从陈明记营造厂看中国近代建筑工业体系之发展[J]．世界建筑，2009，11：124-127．

图片来源
图4-1-1 源自：《近代哲匠录》．
图4-1-2 源自：南京大学档案馆．
图4-1-3 (1)至(4)源自：笔者拍摄．
图4-1-3 (5)、(6)源自：东南大学建筑学院．

4.2 董大酉（图 4-2-1）

生卒：1899—1973 年

籍贯：浙江杭州

教育背景：

（北京）清华学堂肄业，1921 年

（美）明尼苏达大学，建筑学士，1922—1924 年；建筑与城市设计硕士，1925 年

（美）哥伦比亚大学研究院美术与考古系，博士，1926—1927 年

图 4-2-1 董大酉

民国著名建筑师董大酉（Doon Dayu）1899 年生于杭州，童年时的海外生活经历使他有机会观览世界著名建筑，并决定最终投身其中。1921 年他进入北京清华学堂就读，并于 1922 年赴美国求学，先后就读于美国名校明尼苏达大学和哥伦比亚大学，攻读建筑学、城市设计和考古专业，因而拥有良好的设计能力与艺术修养。他在攻读硕士学位的同时开始半工半读地在建筑师事务所担任实习绘图员。1927 年，取得了美国哥伦比亚大学美术考古博士学位的董大酉就职于纽约茂飞和达纳建筑师事务所(Murphy & Dana Architects)。此时茂飞受到南京国民政府的赏识，正担任建筑顾问，主持南京首都规划制定工作，并设计了不少官方建筑，这类建筑皆属于大屋顶式的中华古典风格。董大酉在茂飞和达纳建筑师事务所任职期间，学习和吸收了这类建筑风格的设计及操作手法，并运用在日后他为"大上海计划"所设计的公共建筑上。

1928 年董大酉回国，一度加入庄俊建筑师事务所工作。由于庄俊早年曾在清华校园规划设计中担任茂飞助手，师出同门的两人在工作中配合相当默契。1928 年底他经庄俊、李锦沛介绍加入中国建筑师学会。1929 年董大酉和美国同学菲利普斯（E. S. J. Phillips）合办上海苏生洋行（E. Suenson & Co., Ltd），并参加南京中央政治区图案竞赛获佳作奖。此时他已渐渐崭露头角，还于 1930 年在上海成立了自营建筑师事务所，这期间他与茂飞合作完成了南京的国民革命军阵亡将士纪念公墓中的部分建筑设计。

董大酉的建筑师职业实践和上海有着密不可分的关系，是上海成就了他辉煌的人生业绩。当年董大酉从美国归来后，鉴于他与茂飞的师徒关系，而茂飞又与南京国民政府交好，时任上海特别市市长的张群便将"大上海计划"交给董大酉实施。1929 年 8 月成立上海市市中心区域建设委员会，聘请董大酉为顾问兼主任建筑师，负责拟定上海市行政区规划和组织设计众多大型项目。这对于一位毕业不久的建筑师而言是难得的机遇，也为他的职业生涯奠定了很高的起点。"大上海计划"工程庞大，因时局动荡，政府腐败和经济拮据诸多问题，计

划内容大部分均未实现。但董大酉以他的专长才智，在江湾五角场地区，主导规划设计了一批驰名中外的重要行政和公共建筑，包括1933—1935年先后落成的上海市政府、上海图书馆、上海市博物馆、上海体育场、国立音乐专科学校等，使得上海中心区域规划建设初见成效。大部分建筑图案均由董大酉及助理王华彬设计。上海市政府、上海博物馆和上海图书馆三大建筑均属于中国传统建筑风格，歇山屋面，琉璃瓦顶，有着华丽的檐部和石栏杆、朱红色圆柱，雕梁画栋，装饰富丽，但大面积人造石材外墙贴面、水电设备和电梯等新技术手段的使用，又显现并发挥了现代建筑的特色（图4-2-2至图4-2-5）。而规模最大的上海体育场项目，占地为300余亩（1亩≈666.7 m²），包括可容6万观众的运动场、5000观众的露天游泳池和3500座体育馆，设计中西合璧，重点部位以中国传统小构件和线脚装饰，新颖别致，被誉为"远东殆无其匹"[1]。

董大酉还主持了上海中心区建设中一批重要的卫生科技建筑设计，如现代化的上海市立医院及卫生试验所，作为全市医学中心，兼有治疗、研究、教育三项功能。1936年设计建成的中国航空协会和陈列馆，则大胆冲破传统束缚，抓住主题，将建筑设计成由机首、机身和机尾体块组合而成的飞机楼造型，简洁轻巧，弧线转角，屋顶建成天坛式样

图4-2-2 "大上海计划"中的核心建筑区鸟瞰
图4-2-3 原江湾上海特别市市政府
图4-2-4 原江湾上海博物馆（现为长海医院影像楼）
图4-2-5 原江湾上海博物馆室内

图4-2-2

图4-2-3

图4-2-4

图4-2-5

的三层祭台，形式上中西合璧，十分前卫（图4-2-6）。

"大上海计划"有着鲜明的振兴华界、抗衡租界的企图，可以将它看成中国民族主义者对开埠以来西方人在上海趾高气扬情况的一次反驳。鉴于此，采用醒目的中国复古形式就不足为奇，但即使在市政府、图书馆这样极其"中国化"的外表下，董大酉设计的空间内却决然不是古典建

图 4-2-6

图 4-2-6 原中国航空协会飞机楼

筑的木结构，而是完全西化的钢筋混凝土结构，加上电梯，考究的盥洗、消防设备等，如此这般的中西合璧，使得董大酉不仅强调了上海市特别政府鼓吹的民族主义精神，更将海派文化"包容与交融"这个最大特征发挥得淋漓尽致。董大酉如此，其他民族建筑设计师亦同样，庄俊、范文照、陆谦受等，都以十分自觉的态度和精神，践行了近代海派文化中的"可塑性"与"国际性"。

董大酉因主持设计"大上海计划"中的三大建筑而闻名，这三大建筑都采用了中国传统宫殿式造型，再加上早期与茂飞合作设计民族风格的南京国民革命军阵亡将士公墓建筑群，因此很多人将他视为坚持中国固有式建筑风格的保守派。其实，了解其创作经历后会发现，他是根据建筑物的性质来决定设计风格，行政机构、文化项目和纪念性建筑需要表达特定的国家意志和民族情绪。而上海市立医院、中国航空协会和陈列馆等现代实用性建筑就完全摆脱传统之束缚，努力净化风格，展现新建筑理念和手法，同时局部仍留有民族装饰的痕迹。在上海铁路局（1935年）和自主性更强的私人住宅[如上海震旦东路自宅（1935年）、吴兴路花园住宅（1940年）等]建筑设计中，他又能很快地接收和完全消化西方流行的建筑风格，有流畅的线条、几何体块、大玻璃、无装饰、讲究功效等，呈现时髦的现代主义，因此他也被视为中国现代主义建筑的代表人物之一。

董大酉的著作有《中国艺术》、《建筑记事》、《大上海发展计划》等。20世纪30年代，其声名日隆，分别在1933年和1937年被推选为中国建筑师学会会长。1949年后，董大酉先后任职西北、北京、天津、杭州等地的设计院，为新中国建设事业耕作不懈。"文化大革命"中，他被诬为"反动学术权威"，横遭迫害。1973年的某一天，无限落寞的董大酉，决然地选择了离开这个世界，他选择的方式，堪称是心灵与情感忍无可忍的一次彻底爆发。作为悲剧主角，他的灵魂无声无息地进入了我们不能感知的那个世界，然而幸运的是，他的精神却通过自己的作品得以留存下来。

在宁职业经历和主要作品

严格意义上,南京并不是董大酉创作的主战场,但他作为民国时期代表性建筑师曾多次参与国民政府在南京组织的一些重要项目竞赛,并与茂飞合作设计国民革命军阵亡将士纪念公墓建筑群。抗日战争结束后的1947年他还曾到南京任职都市计划委员会兼计划处处长,利用自己在"大上海计划"制定中的经验为战后南京城市的复兴出力,但限于时局因素,最终未能发挥明显作用。董大酉在宁作品可考的包括:

——首都中央政治区图案竞赛佳作奖(1929年8月,与菲利普斯合作)。

——中山陵纪念塔(未实现)图案竞赛第五奖(1930年11月)。

——国民革命军阵亡将士公墓建筑群(与茂飞合作,1929—1935年,馥记营造厂建造)。

——国立中央博物院图案设计竞赛(1935年)。

——原中央警官学校(1936年)。

这些作品中,董大酉主要采用传统建筑的形式语言去创作,可能是项目多为行政机构和纪念性质,政府对中华古典复兴风格的青睐加上茂飞的影响等诸多因素的结果。

原国民革命军阵亡将士公墓纪念塔[图4-2-7(1)至(6)]

1928年11月,北伐胜利,大局初定后,为纪念北伐战争中牺牲的将士,国民政府决定在中山陵区内的原灵谷寺旧址兴建国民革命军阵亡将士公墓。这是蒋介石最看重的工程,深受民国政府青睐的美国建筑师茂飞规划设计了方案,并在1931年3月由蒋介石亲笔批准。其中董大酉参与了该公墓纪念塔的设计和绘图工作,采用中国传统形式以示纪念意义。

原国民革命军阵亡将士公墓纪念塔,现名灵谷塔,俗称九层塔,是国民革命军阵亡将士公墓建筑群重要的组成部分和标志性建筑,仿照明代大报恩寺琉璃宝塔形制,由上海陶馥记营造厂承建。塔基为直径30.4 m的大平台,平面为八角形,外侧围以雕花石栏杆。塔的正面石阶是一幅长为5.8 m、宽2.8 m的白色花岗石雕"日照山河图",由国立中央大学建筑系教授刘福泰等设计。塔高为66 m,九层八面,底层直径14 m,向上逐层收缩,顶层直径9 m,用钢筋混凝土及苏州金山花岗石建造。塔内有螺旋式扶梯绕中心石柱而上,总计252级。每层均以绿色琉璃瓦披檐,塔外是一圈走廊,廊沿有石栏围护,供游人凭栏远眺。塔的外壁四周,是蒋介石题写的"精忠报国"四个大字。塔内第二层到第四层的墙壁上,嵌有12块石碑,上面刻于右任草书的孙中山《北上时告别词》。第五层到第八层的墙壁上,嵌16块石碑,上面刻吴稚晖书写的孙中山《黄埔军校开学词》。塔的第九层没有碑刻,

图4-2-7(1) 原国民革命军阵亡将士公墓纪念塔(见彩页图2)

图4-2-7(1)

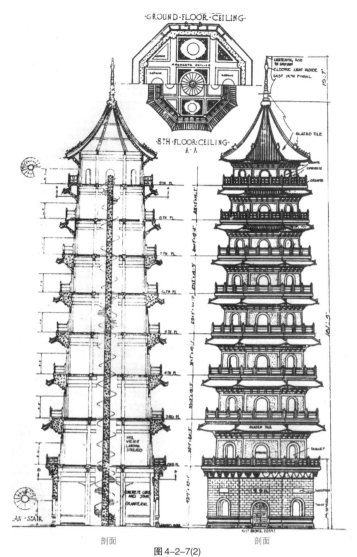

剖面　　　　　　　　剖面
图 4-2-7(2)

图 4-2-7(3)

图 4-2-7(4)

图 4-2-7(5)　　　　　　　　图 4-2-7(6)

图 4-2-7(2)　原国民革命军阵亡将士公墓纪念塔图纸
图 4-2-7(3)　原国民革命军阵亡将士公墓纪念塔室内楼梯
图 4-2-7(4)　原国民革命军阵亡将士公墓纪念塔近景
图 4-2-7(5)　蒋介石和幕僚在国民革命军阵亡将士公墓纪念塔前留影
图 4-2-7(6)　民国钞票上的国民革命军阵亡将士公墓纪念塔

4　民国时期南京代表性职业建筑师及其作品 / 081

供游人登临环顾钟山风光及绿浪涛涛的林海。建成之后的纪念塔造型优美，典雅庄重，具有鲜明的民族风格和特色，是目前南京地区现存最高最美的传统楼阁式塔。

注释

① 娄承浩，薛顺生. 上海百年建筑师和营造师[M]. 上海：同济大学出版社，2011：55.

图片来源

图 4-2-1 源自：《上海百年建筑史：1840—1949》.

图 4-2-2 源自：http://weibo.com.

图 4-2-3 至图 4-2-5 源自：笔者拍摄.

图 4-2-6 源自：http://mygg365.blog.163.com.

图 4-2-7（1）源自：笔者拍摄.

图 4-2-7（2）源自：《南京民国建筑》.

图 4-2-7（3）、（4）源自：笔者拍摄.

图 4-2-7（5）、（6）源自：http://blog.sina.com.cn.

4.3 范文照（图4-3-1）

生卒：1893—1979年
籍贯：广东顺德（生于上海）
教育背景：
（上海）私立圣约翰大学土木工程系毕业，学士，1917年
（美）宾夕法尼亚大学建筑系，学士，1919—1921年

图4-3-1 范文照

范文照（Robert Fan）是中国近代著名建筑师，无论其作品和建筑思想都颇具影响力。尽管他的职业活动地点主要集中于上海，但在民国南京也留下几件堪称优秀的建筑作品。范文照在获得上海圣约翰大学的理学学士后，1917—1919年他一度担任圣约翰大学测量教授，后赴美国宾夕法尼亚大学建筑系学习。留学美国期间他接触了大量古典建筑，特别学习了学院派设计的方法，熟悉柱式、比例、尺度、韵律、对称等设计语言，受这些专业训练的影响，范文照在其早期设计中探索了一条参照西方古典比例形式，并将其运用到中华复兴风格建筑上的现代性实验道路。至今宾夕法尼亚大学建筑系依然保留着这位杰出校友当年赠送给母校的设计模型。回国后的1922—1927年，范文照任上海允元公司（Lam Glines & Company）建筑部工程师，这期间他参加了几次国内重大的设计竞赛并获得上佳成绩，包括1925年获南京中山陵图案竞赛第二奖，1926年广州中山纪念堂设计竞赛第三奖，从而在国内声名鹊起，成为颇受关注的中国建筑师。范文照早期作品亦为"全然复古"，并喜欢以折中主义的思路在西式建筑结构中融入中国传统建筑造型。他的中山陵方案是一个采用了中国传统重檐攒尖顶的复古方案（图4-3-2），这一作品差点代替后来实施的吕彦直的中山陵设计。据说，当时评委之一的德国建筑师朴士对范文照的方案颇为心仪，认为最能反映孙中山先生融合中西文化的厚望，而评委之一的雕塑家李金发则评范文照的方案第一，可见范文照设计的水准①。

1927年范文照在上海开设自营的建筑师事务所，招纳了如赵深、徐敬直、李惠伯、吴景奇、伍子昂等一批才华横溢的海归青年建筑师，成为上海滩颇具影响力的华人建筑师事务所。借着日益提升的职业声望，范文照在1927年10月与庄俊、吕彦直、巫振英等发起组织中国建筑师学会（初名上海建筑师学会）并任首届副会长，会长为庄俊。1928年12月他受聘为中山陵陵园计划专门委员，1929年任南京

图4-3-2 中山陵竞赛图案第二奖方案

图4-3-2

图 4-3-3

图 4-3-4

图 4-3-3 上海八仙桥青年会大楼
图 4-3-4 鲁迅与青年谈话（1936年10月8日，摄于上海八仙桥青年会）

首都设计委员会评议员，并兼任（上海）私立沪江大学商学院建筑科教师，1930年11月与赵深合作获南京中山陵纪念塔（未实现）图案竞赛首奖，1932年又担任南京中山陵园顾问。1932年任铁道部技术专员、全国道路协会名誉顾问，1935年代表中华民国出席在罗马举行的建筑师大会，并被蒋介石委任为国家顾问。1949年离开内地赴香港设立建筑师事务所并从事职业实践直至去世。

范文照在大陆期间的建筑创作思路基本可以以1933年为界分为两个阶段：20世纪20年代—30年代初，在起步时期他与中国当时年轻知识分子一样，努力试图发展出类似西方的社会职业分工模式，并很自然地将民族主义作为其首要的政治价值取向。在这种心态下的知识分子，其典型责任便表现为"复兴中国文化于当代"；而落实到建筑师层面，则是"复兴中国建筑文化于当代"，开始展开对中国传统式建筑的探索，集中体现在民国政府时期一些被定义为"中国固有形式"的建筑上。范文照早期的代表作品大多遵循了这条路径，如1927年上海八仙桥青年会大楼（与赵深、李锦沛合作），钢筋混凝土结构，高10层，建筑立面做三段处理，顶部采用重檐琉璃瓦屋顶，外观似北京前门城楼造型，是中国建筑师设计的最早采用民族形式的高层建筑（图4-3-3、图4-3-4）。此后的国民政府铁道部（1930年），南京华侨招待所、励志社（1931年），广东省政府合署图案竞赛首奖（1933年，未实施）等皆应用西式钢筋混凝土框架结构与大屋顶形式相结合的方式。此外，受美国学院派教育的范文照亦能熟练地设计出西洋古典风貌的建筑来，上海南京大戏院（1928年，今上海音乐厅）就是标准的西方复古主义建筑（图4-3-5），他也成为第一位在上海设计建造欧式建筑的华人建筑师。

如果说在起步时期范文照的设计思想没有走出复古与折中的历史局限，但当20世纪30年代初现代主义思潮在上海刮起之时，范文照立刻领悟到其先进性并进而转向积极提倡现代主义和国际式。

1933年初，范文照建筑师事务所加入了一位美籍瑞典裔建筑师林朋（Carl Lindbohm），他曾受教于现代主义建筑大师柯布西耶、格罗皮乌斯及赖特等人，竭力倡行"国际式"建筑新法，范文照专门开记者招待会将他介绍给上海建筑界，当时上海《时事新报》、《申报》对林朋和"国际式"主张以及范文照与林朋的工程设计进行了连续报道。1934年，范文照撰文对自己早年在中山陵设计竞赛方案中"掺杂中国格式"的复古手法表示了强烈反省，呼吁"大家来纠正这种错误"，并提倡与"全然守古"彻底决裂的"全然推新"的现代建筑，他甚至提出了"一座房屋应该从内部做到外部来，切不可从外部做到内部去"这一由内而外的现代主义设计思想，赞成"首先科学化而后美化"②。1935年下半年，范文照周游欧洲，更加强了他对欧洲现代主义建筑的认识，促使他完成了从思想到手法的现代主义转变，其设计水平上升到一个全新的境界。据范文照的孙女、《华盛顿邮报》记者范莫林（Maureen Fan）说，在上海时，范文照在家中说英语，有很多外国朋友，房间里面一直保留着那把现代主义风格的经典家具——密斯·凡·德·罗设计的巴塞罗那椅③。这一时期他创作出的现代风格作品包括：国民政府卫生部（1933年）（图4-3-6），协发公寓（1933年），广州中华书局（1934年），上海集雅公寓（1936年）等，其中上海美琪大戏院（1941年）（图4-3-7）注重各部分使用功能和观众厅的声、光、暖效果，造型简洁，表现出全新的现代建筑面貌。范文照的这些创作对现代主义思想在近代中国的传播起到重要推动作用。

图4-3-5

图4-3-6

图4-3-7

图4-3-5 上海南京大戏院
图4-3-6 20世纪30年代的国民政府卫生部
图4-3-7 美琪大戏院

1949年后范文照移居香港继续从事建筑创作，例如他为香港崇基学院设计校园建筑，1956年第一批建筑完成时，被评价为优美和谐，不过今日多被拆除。

在宁职业经历和主要作品

作为民国时期建筑界的大人物，范文照在南京参与和建成的作品包括：

——南京中山陵图案竞赛第二奖（1925年9月）。

——南京中山陵纪念塔(未实现)图案竞赛第二奖(1930年,即首奖,与赵深合作)。

——国民政府铁道部（1930年5月，与赵深合作）。

——南京华侨招待所（1931年，与赵深合作，新锡记营造厂承建）（见本章"赵深"一节）。

——励志社（1931年，与赵深合作，陆根记营造厂承建）。

——国民政府卫生部（1933年）。

——国立中央大学石子岗新校区竞赛第三名（1934年）。

——南京中华麻风病疗养院（1936年）。

基于南京特殊的政治地位，范文照的这些作品多数为中国复古式样，仅国民政府卫生部采取了实用及简洁庄重的现代主义风格，1949年后在原建筑上加盖一层，将平顶改为坡顶。1936年范文照为8000亩的国立中央大学扩建校区竞赛所设计的方案，并不人为地强调几何对称，而是完全利用山地起伏在高地上安排几个组团，再用几条道路连成一体，保留了自然风貌，也节约建设资金，即使在今天也是出色的构思。

1）原国民政府铁道部 [图4-3-8（1）至（5）]

原国民政府铁道部位于今南京中山北路254号，现为解放军南京政治学院校区。国民政府铁道部建于1930年，是1929年《首都计划》制定后第一批迎合其中规定的"中国固有形式"建筑（"……总之国都建筑，其应采用中国款式，可无疑义"），这种风格充分体现了业主的文化认同。当时刚刚建立政权的国民政府，需要借助南京建筑风格来塑造自己的合法性和"训政"时期的威权。出于对建筑象征性的考虑，民族主义要求被体现在公共建筑上。该建筑由首任铁道部部长孙科亲自督建，作为负责《首都计划》制定的最高行政长官，孙科的思路被深刻贯彻到了国民政府铁道部办公大楼所使用的中国传统宫殿形式上。

国民政府铁道部建筑方案由范文照和赵深合作设计，1929年方案的模型被公开发表，作为新民国首都建设的样板而得到广泛关注。建筑物在同年9月10日奠基，1930年5月竣工。占地面积约为7万m^2，总建筑面积2.25万m^2，建造费用96.938万元。整个建筑群由办公大楼、部长官邸和职员住宅三部分组成。办公大楼采用中国传统大屋顶的宫殿式样，钢筋混凝土结构，面朝西北，平面呈长条形，建筑面积为3604 m^2。中央高三层，两侧附楼高两层，另一层地下室。屋顶为重檐庑殿顶，琉璃瓦屋面，正脊兽吻俱全。斗栱、梁枋、门楣等处均施以彩绘。建成后，媒体报道称之"美轮美奂，魁峨奇巍……南京公署建设之壮丽，

图4-3-8(1)

图4-3-8(2)

图4-3-8(3)

图4-3-8(4)

当推铁道部之新屋"④。

办公大楼后面，有数幢二层砖混结构楼房，均为高级职员宿舍，中西合璧建筑风格，单檐卷棚悬山式屋顶，线条柔顺，造型优美。另有面积为529 m²、红砖砌筑的花园式别墅一幢，系孙科担任铁道部长期间的官邸。1932年后汪精卫担任行政院院长期间，曾居住于此。1937年以后，日本驻中国派遣军总司令西尾寿造亦在此居住过。

图4-3-8(5)

范文照在铁道部大楼设计中表现出的高超设计水平，以及与孙科结下的良好人际关系，为他日后出任铁道部技术专员和全国道路协会名誉顾问铺垫了基础。

1938年1月，国民政府公布《调整中央行政机构令》，将铁道部、全国经济委员会管辖之公路处、军委会所辖之水陆运输联合办事处统一归并于了交通部，铁道部部长张嘉璈担任交通部长。此后，民国时期没有再单独设立过铁道部。1946年抗日战争胜利后国府还都，国民政府行政院迁至原铁道部大楼办公。2001年原国民政府铁道部大楼被国务院列为全国重点文物保护单位。

图4-3-8(1) 原国民政府铁道部鸟瞰
图4-3-8(2) 日据时期的铁道部大楼
图4-3-8(3) 原铁道部大楼现状
图4-3-8(4) 原铁道部宿舍
图4-3-8(5) 上海《申报》对铁道部大楼的报道

4 民国时期南京代表性职业建筑师及其作品 / 087

图 4-3-9(1) 20世纪30年代的励志社和操场上的中小学运动会表演

图 4-3-9(1)

2）原励志社［图 4-3-9（1）至（7）］

位于古城南京中山东路 307 号钟山宾馆院落里，有三幢宫殿式建筑，古朴崇宏，高大的雪松拔地而起，苍翠欲滴，这里曾经是国民党励志社所在地。

励志社正式创立于 1929 年初，其前身是黄埔同学会励志社，社长为蒋介石，实际负责人为总干事黄仁霖，社址设在南京黄埔路（现解放路）中央陆军军官学校内。励志社是蒋介石模仿日本军队里"偕行社"的组织亲手创办，和美国军队里的陆军青年会、海军青年会一样，是具有联勤和军官俱乐部性质的机构。

作为国民政府内廷供奉机构及上层交游场所，这里曾经风云际会。

图4-3-9(2)

图4-3-9(3)

图4-3-9(4)

图4-3-9(5)

图4-3-9(6)

图4-3-9(7)

沿着一号楼的汉白玉台阶拾级而上，推开雕花木门，依照其原来风貌涂饰一新的内厅天花板和墙壁，宛然有着昔日金碧辉煌的气质，却又透着一丝历史的沧桑。四面的展板，讲述着这里的过去：蒋介石会见美国太平洋舰队总司令白吉尔，1946年国防部审判日本战犯，梅兰芳等艺术大师的演出，1935年举办民国历史上第一次集体婚礼……

励志社建造于1929—1931年，这是著名建筑师范文照和赵深继国民政府铁道部大楼后在南京设计完成的中国传统宫殿形式的又一大型公共建筑，上海陆根记营造厂承建，造价为15万元。建筑群功能设施齐全，有多功能礼堂、剧院、办公室、餐厅、浴室、宾馆式客房和理

图4-3-9(2) 1935年在励志社举办的集体婚礼
图4-3-9(3) 原励志社大礼堂（见彩页图3）
图4-3-9(4) 原励志社大礼堂室内（见彩页图4）
图4-3-9(5) 原励志社一号楼
图4-3-9(6) 原励志社一号楼室内
图4-3-9(7) 原励志社三号楼

发室等，还有网球场、手球场、排球场、田径运动场、跑马场等，常举办公共性质的体育、文化表演等活动。

励志社的三幢大屋顶清代宫殿式建筑呈"品"字形分布，均坐北朝南，由西向东分别是大礼堂、一号楼和三号楼。大礼堂建于1931年，主体为钢筋混凝土结构，而梁、椽、挑檐则是木结构。高三层，重檐攒尖顶，平面为方形，建筑面积为1360 m^2，可容500人就座。内部按照现代剧院模式布置，设有门厅、休息室、观众厅及其他服务设施，在其四周还建有附属用房。

一号楼为砖木结构，建筑面积为2050 m^2，中间高三层，庑殿顶；两翼高二层，歇山顶，东西对称，烟色筒瓦屋面，绿色屋脊。大楼入口处建有门廊，红漆廊柱。大楼底层墙面为水泥斩假石饰面，第二层以上为清水红砖勾缝。大楼东南墙角，镶嵌有一块正方形石碑，上刻"励志社　民国十八年志　立人立己革命革心　蒋中正与励志社同仁共勉"字样。蒋介石办公室，就设在一号楼二层东端，经常接待那些不属于公务交往的来宾和少数高级官员。1947年蒋经国从苏联归国后曾居住在该楼三层的301房间达一年之久。

三号楼，砖木结构，建筑面积为1846 m^2。屋顶结构与一号楼相反，中间高三层，歇山顶；两翼高三层，庑殿顶。东西对称。烟色筒瓦屋面，脊檐饰有瑞兽，檐口梁枋施以彩绘。屋顶建有壁炉烟囱，烟囱上部亦做成宫殿式屋顶。一号楼和三号楼内部均呈中廊式布局，两边为带有独立卫生间的客房，是接待贵宾住宿之处。2001年原励志社旧址被国务院列为全国重点文物保护单位。

以励志社、国民政府铁道部等为代表的这种规模宏大，用中国传统式样包裹现代功能的创作，既显示出设计者娴熟的职业技能，另一方面也真实地投射出当时社会所流行的复归中华文化，树立民族信心的思潮。尽管这种形式因造价太高而后被其他建筑方法取代，设计师范文照本人后来也对这种形式与内容充满着矛盾的建造思路有所反思，并走上了现代主义道路，但作为留下众多优秀作品的建筑思潮，一种从传统营造向现代内容过渡的阶段，一个时代的印记，"中国固有形式"的创作方法注定会在历史中找到它的价值所在。

注释

① 中山陵的建造也是近代建筑界操作最规范，程序最严谨的项目之一。1925年5—9月举行国际性建筑图案竞赛，共收到中外建筑师应征方案40多个。评判顾问团包括"葬事筹备委员会及家属代表为当然委员"，另外包括土木工程师凌鸿勋、雕刻家李金发、画家王一亭、德国建筑师朴士，其中朴士是唯一的建筑专家，他是上海宝昌洋行的建筑师和土木工程师，据称选择这样一位名声并不显赫的国外建筑师，首先是出于国际信誉的关系。

② 范文照. 中国的建筑[J]. 文化建设，1934,1(1)：135.
③ 刘涤宇. 流光铄金：与上海音乐厅有关的记忆[J]. 生活，2011(7)：32—35.
④ 可参见1930年的《申报》。

图片来源

图 4-3-1 源自：《上海百年建筑史：1840—1949》，第 2 版.
图 4-3-2 源自：《中山纪念建筑》.
图 4-3-3 源自：http://www.aibaohu.com.
图 4-3-4 源自：http://www.chnmuseum.cn.
图 4-3-5 源自：《上海百年建筑史：1840—1949》，第 2 版.
图 4-3-6 源自：《南京民国建筑》.
图 4-3-7、图 4-3-8（1）源自：《南京民国建筑》.
图 4-3-8（2）源自：《老明信片·南京旧影》.
图 4-3-8（3）、（4）源自：笔者拍摄.
图 4-3-8（5）源自：《申报》，1930年.
图 4-3-9（1）源自：《老照片·南京旧影》.
图 4-3-9（2）源自：《南京民国建筑》.
图 4-3-9（3）至（7）源自：笔者拍摄.

4.4 过养默（图 4-4-1）

图 4-4-1 过养默

生卒：1895—1966 年
籍贯：江苏无锡
教育背景：
（唐山）交通部唐山工业专门学校土木工程科，学士，1913—1917 年
（美）康乃尔大学土木工程系
（美）哈佛大学学习
（美）麻省理工学院土木工程系毕业，硕士，1919 年

中国建筑走向近代化的历程中，土木工程专业出身的建筑师曾经发挥过重要作用，如中国最早的本土建筑师之一的孙支厦即为土木背景。而1930—1935 年上海 299 名注册建筑师中有 113 名是土木工程师，占总数的 37.8%[①]，过养默（Kuo Yangmo，字嗣侨）就是其中的佼佼者。1913年他进入交通部唐山工业专门学校接受土木工程方面的教育（著名土木工程学家茅以升早一年从该校毕业），后赴美国康乃尔大学、哈佛大学以及麻省理工学院等名校继续深造（图 4-4-2），1919 年在获得土木工程硕士后，随即进入波士顿石威（Stone & Webster）电器工程建筑工厂工作，一年后辞职回国发展。很快他便在南洋公学（上海交通大学前身）土木工程系任副教授，1921 年 3 月与吕彦直和黄锡霖一同创办了上海东南建筑公司并任总工程师，1937 年开始担任经理，并参与部分设计工作。

过养默等人创办的东南建筑公司是中国近代最早由华人开办的建筑设计、打样和监理公司之一，在 20 世纪 20 年代外国洋行建筑师主导中国建筑市场的局面下，东南建筑公司以良好的专业素养和工程质量逐步站稳脚跟，终于发展成为国内知名的设计机构，从业人员先后有吕彦直、黄锡霖、黄元吉、杨锡镠等近代著名建筑师。过养默的家世不凡，过家是无锡名门望族，父亲过惕生是明朝末年驰骋围棋界传奇人物过百龄先生的后人，岳母与宋庆龄的母亲倪桂珍是亲姐妹，他本人与胡适、张治中等名流交好，有较高的社会地位和影响力，在技

图 4-4-2 1917 年康乃尔大学中国同学会合影[后排右四为过养默，马寅初（Y.C. Ma，前排左起第一人），杨锡宗（S.C. Yeung，前排左起第二人）]

图 4-4-2

术工作之外，过养默自然还承担着公司经营和业务拓展方面的事务性工作，因此他实际经手设计的项目并不多。

过养默的代表作品有南京东南大学科学馆（1923年），与吕彦直合作的上海银行公会（1925年），上海南洋公学（1925年），南京国民政府高等法院（1933年），苏州圣光中学（1948年），梧州广西大学等。20世纪20年代职业起步阶段的过养默在公共和商业建筑设计中多采用他熟悉的西方古典建筑式样，如上海银行公会正立面就以醒目的希腊柯林斯柱廊和装饰性女儿墙面营造出上海金融枢纽的雍容气派（图4-4-3）。同时期的东南大学科学馆、上海南洋公学等皆是如此。20世纪30年代是中国建筑创作思想中现代理念初步战胜折中主义的时期，开始追求造型简洁新颖，造价经济实惠，讲求形式与功能结合，运用新材料、新结构等现代建筑特性，这种设计倾向在商业与公共建筑中很快得到发展，并逐步形成一种潮流。过养默和同仁们在该阶段的创作已经逐步体现出这一倾向，典型案例就是他所设计的南京国民政府高等法院。这一建筑造型简洁单纯，竖向垂直处理集聚成形体，趋少的装饰性语汇，令人印象深刻。过养默以这种简化的过渡方式摸索出一条新建筑的道路[②]，在当时的中国建筑界可谓突出。

1924—1925年过养默还曾担任北洋政府航空署总工程师，负责建造上海、南京、徐州、济南等地机场。1937—1940年他担任上海私立圣约翰大学土木工程系兼职教授，是中国工程师学会会员。1948年后离开大陆定居英国直至去世。

在宁职业经历和主要作品

过养默在民国南京留下的作品不多，明确可考的仅有两座：
——国立东南大学科学馆（1927年，三合兴营造厂承建）。
——国民政府最高法院（1933年，黄秀记营造厂承建）。

图4-4-3

图4-4-4(1)

图4-4-3 上海香港路银行公会大楼
图4-4-4(1) 20世纪30年代的国民政府最高法院入口

图 4-4-4(3)

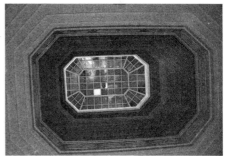

图 4-4-4(4)

图 4-4-4(2)

图 4-4-4(5)

1）原国民政府最高法院 [图 4-4-4（1）至（5）]

国民政府最高法院位于南京市中山北路 101 号（原 251 号），现为江苏省粮食局、省地方志办公室等单位办公地。

最高法院是国民政府的最高审判机关，成立于 1928 年 11 月，在行政上，最高法院隶属于国民政府司法院。成立之初的国民政府最高法院先在汉中路附近一所教会学校旧址办公。1932 年，国民政府最高法院以房屋陈旧、工作不便为由，向司法院呈请择地兴建办公大楼，于是在中山北路西侧购地 28 亩多。同年，国民政府最高法院办公大楼由上海东南建筑公司过养默建筑师设计，黄秀记营造厂施工，1933 年 5 月落成。过养默在 20 世纪 30 年代直接经手的项目不多，国民政府最高法院堪称其代表性作品，这时设计师已经开始抛弃原本熟悉的西方古典建筑手法，转向追求一种更为现代性的创作语言。

国民政府最高法院面朝中山北路，门楼高大，中开一拱形门洞。主楼为三层钢筋混凝土结构，建筑体量庞大，总建筑面积约为 8300 m²，

图 4-4-4(2) 原民国最高法院旧影
图 4-4-4(3) 原国民政府最高法院（见彩页图 5）
图 4-4-4(4) 原国民政府最高法院鸟瞰
图 4-4-4(5) 原国民政府最高法院室内中庭采光塔

平面呈横向工字形格局，共276间办公用房。左右侧各有一部楼梯，平面中心设有一挑空天井，四层的回廊环绕周边，天井上空为一方玻璃天窗，光线直泻如瀑，有"明镜高悬"的含义。主立面中部设有高起的塔状入口，并以利落的竖线条装饰，明黄色粉刷基调，仿似"装饰艺术风格"（Art-Deco）的竖向处理手法③，建筑体型明显简洁，装饰已趋少，突出实用、美观的特点，表现出向纯净的现代建筑过渡的设计特征。主楼无论正看还是俯视均呈"山"字形状，有说寓意执法如山。

沿大门两侧原各有一道"山"字墙，与主楼相呼应，可惜在20世纪90年代初被拆除。在大门与主楼之间，有一座平面呈圆形的巨型喷水池，水池中间喷水口呈圆柱莲花碗，据称从四周射出的喷泉可准确无误地落入碗内，象征"一碗水端平"，规模和形制皆为当时少见。整体而言，国民政府最高法院外观并不豪华，却别具一格。

国民政府最高法院不仅是近代建筑史上的杰作，也是中国近代历史风云的重要见证物，陈独秀、汪伪政权高官陈公博、梁鸿志、褚民谊、王揖唐等案件皆曾在此审理。2001年7月，该建筑被列为全国重点文物保护单位。

2）原国立东南大学科学馆 [图4-4-5（1）至（4）]

1922年，美国洛克菲勒基金会拟在中国科学力量最强的大学建造一座科学馆，请美国国际教育会东方部主任孟禄博士为代表，会同协和医院韦尔逊教授到有关大学调查。调查结果认为当时的国立东南大学（1928年后改名"国立中央大学"）科研力量居全国之首。恰逢1923年国立东南大学主楼口字房遭火灾，经学校董事会、洛克菲勒基金会等几方面协商，决定在口字房旧址建造科学馆。该建筑于1924年奠基开工，但因江浙战争及校长易人风波影响，1927年方始建成，洛克菲勒基金会又捐助仪器设备费5万美元。

科学馆由上海东南建筑公司设计，三合兴营造厂承建。当时，过养默等人创立的东南建筑公司起步不久，三位合伙人各自负责不同的设计工作，吕彦直主要投入中山陵和广州中山纪念堂项目，而过养默则负责部分银行建筑与大学校舍设计工作，国立东南大学科学馆就是此类代表作品之一。过养默还曾接手当时国立东南大学的校园总体规划，而科学馆参加设计人员还包括著名建筑师杨锡镠。科学馆面积为5234 m^2，平面呈工字形，中廊式对称格局，砖木结构，中部四层，两翼三层，地下室一层。除常规的办公、实验用房外，一层还设一扇形大阶梯教室。建筑物主体外观为简化的西方古典式样，四根爱奥尼柱式门廊前伸，无山花，拱形入口三个，铁铸镂花门窗。东西两侧外墙用古典方壁柱做贴壁的垂直划分，二三楼楼层相交处做压檐处理，檐下有精致的浮雕纹样。红瓦坡屋顶，设老虎窗，立面开窗规矩排列，

图 4-4-5(1)

图 4-4-5(2)

图 4-4-5(3)

图 4-4-5(4)

图 4-4-5(1) 原国立东南大学科学馆
图 4-4-5(2) 原国立东南大学科学馆立面细部
图 4-4-5(3) 原国立东南大学科学馆门廊
图 4-4-5(4) 原国立东南大学科学馆室内

局部墙面少许装饰，有理性的意味。

国立东南大学科学馆是近代科学大师云集之地，在此楼学习工作过的师生中包括著名科学家竺可桢、吴健雄、严济慈、李四光、童第周等，现为东南大学信息科学与工程学院。

注释

① 李海清. 中国建筑现代转型 [M]. 南京：东南大学出版社，2004：134.
② 黄元炤. 过养默：简化的过渡——一股时代的潮流与趋势 [J]. 世界建筑导报，2012(6)：35-37.
③ 装饰艺术风格是一种"中间状态"的现代建筑类型，起源于1925年法国巴黎的"艺术装饰与现代工业国际博览会"，20年代末流传到美国形成一种流行的建筑风格，同时也传播到中国，成为迈向现代建筑的一种过渡风格。这一风格的建筑继承了意大利未来主义和立体主义的某些特征，追求挺直的几何图案装饰效果，建筑中常用阶梯形的体量组合、横竖线条的立面构图、圆形的舷窗、圆弧形转角、浮雕装饰等手法，具有简洁明快的时代特征。

图片来源

图 4-4-1、图 4-4-2 源自:《近代哲匠录》.
图 4-4-3 源自:http://blog.sina.com.cn.
图 4-4-4（1）源自:《南京民国建筑》.
图 4-4-4（2）源自:《老照片·南京旧影》.
图 4-4-4（3）至（5）源自:笔者拍摄.
图 4-4-5（1）至（4）源自:笔者拍摄.

4.5 李惠伯（图 4-5-1）

生卒：1909—1950 年
籍贯：广东新会
教育背景：
（广州）岭南大学化学系
（美）密歇根大学建筑系毕业，学士，1932 年

图 4-5-1 李惠伯

民国时代活跃在建筑舞台上最有光彩的一批建筑师中，李惠伯（Lei Wai Paak）因才华出众，创作能力强，与杨廷宝、童寯和陆谦受一起被誉为建筑界"四大名旦"。由于他较早赴美国，后英年早逝，因此名气不如杨廷宝、童寯等人，但其留下的作品和方案，今天看依然堪称中国现代建筑的杰作。李惠伯 1932 年从美国密歇根大学毕业后，曾在美国乔治·哈斯（George J. Haas）建筑师事务所实习。同年回国后，先加入范文照建筑师事务所，1932 年 12 月经吴景奇、徐敬直介绍加入中国建筑师学会。

1933 年 3 月他与密歇根大学校友徐敬直、杨润钧合办了兴业建筑师事务所，因背景和业绩出色，事务所成立之初就颇为注目，上海《申报》特地撰文："……徐李杨三君，为建筑界杰出奇才，行见其开业后之一鸣惊人，后来居上也。"[①] 兴业建筑师事务所日后的发展也颇为迅速，先后在上海、重庆、南京和香港开设分支机构，并成为近代中国最重要的建筑事务所之一。事务所的核心是徐敬直，所有项目都由他拉来。而作为合伙人，李惠伯并没有自己的专用房间，坐在所有同事前面绘图，一点没有老板的架子。他上班时绘建筑图，回家后设计家具，是位专心一意完全投入的建筑师。

李惠伯的设计才能在学生时代就已相当突出，据称，当年一次系展中，他的作品就占了 13 份，可见其受到何等赏识[②]。回国后次年，他与范文照建筑师合作的广东省政府合署图案竞赛就斩获首奖。1933 年他主持了南京的中央农业实验所设计，以灵活组合的体量，实用的功能配置，和简洁朴素的造型，大获好评，李惠伯在业内也声名鹊起，梁思成先生评价道："现代式建筑方面，如李惠伯之南京农业试验所，童寯之上海大戏院，梁思成之北京大学学生宿舍，均平素去雕饰，而纯于立体及表面之比例、布置之权衡上发挥其图案效果……"[③] 李惠伯一贯主张设计从功能出发，要及时掌握和使用新技术。而于形式问题，应从环境出发，因时因地考虑最合适的方案，而非囿于形式。本质上他偏向的还是从功能出发的现代主义。李惠伯创作时构思迅速，勾草图画透视的能力极强，喜用视觉效果来判断设计好坏。当年他所读书的密歇根大学在土木工程领域素有盛名，因此李惠伯的结构能力也好，中央农业实验所等建筑的结构就是自己计算。1935 年他与徐敬直合作应邀参加南京国立中央博物院图案设计竞赛,获得首奖,这是民国时期一项重大工程,也是中国古典建筑式样复兴的代表作品。此次得奖极大提升了徐敬直、李惠伯两位的业界声望,李惠伯的职业生涯也由此达到巅峰,此时李惠伯年仅26岁。1936年国立中央大学聘请徐敬直、李惠伯为新校区建筑设备委员会专任工程师,进行勘察、设计、招标等准备工作,后因日军入侵而搁置。

抗日战争期间李惠伯迁往重庆继续执业,1940年被沙坪坝国立中央大学建筑工程系主任鲍鼎聘为兼职教授,而同时期杨廷宝、哈雄文、陆谦受等一批著名建筑师的加入,更开创了1949年以前国立中央大学建筑系办学的黄金时期,多位1949年以后的大师如戴念慈、吴良镛、汪坦等人皆出自门下。作为赫赫有名的建筑师,李惠伯注重实际,在改图时反应敏捷,手头功夫了得,深受学生欢迎,学生毕业后都以去他的事务所工作为第一优先,包括历届成绩最优秀的戴念慈(后任新中国建工部部长和中国建筑学会理事长)甚至为此放弃留学机会。他的学生曾回忆:"李老师的教学是现代式的,教我们用马粪纸做模型推敲基地和建筑的关系","他的透视图绘在颜色纸上,篇幅较小,喜用白粉使雨披、檐部出挑出来,一张透视图从起稿到完成不会超过半小时,用色极有变化,但配料极准,一幅画完成时调色盘上挤出的颜色刚好用完,所以他的调色盘总是干干净净,用不着清洗,是一绝"。②重庆时期,李惠伯除教学外,创作也很勤奋,陆续设计有重庆美国顾问团招待所(莲青楼)(图4-5-2)、昆明中国银行职员宿舍、贵阳林雅桓洋房、云南保山富滇银行新屋等,这些建筑多延续他一贯的现代风格,因地制宜,充分发挥地方材料的造型特质,布局灵活自由。1940年重庆大学建筑系成立后李惠伯还曾任过系主任。

抗日战争结束后不久李惠伯即赴美国,创作量减少,但仍设计出南京馥记大厦这样的经典现代派作品,然而不出数年竟溘然长逝。李惠伯才华横溢,专注事业,可惜时代所限,天才无处发挥,英年早逝,的确是民国建筑界一件憾事。

在宁职业经历和主要作品

作为民国时期著名建筑师,李惠伯在南京参与设计和修建的建筑类型较为丰富,其中不少可视为近代建筑的经典案例。目前可考的包括:
——国民政府实业部中央农业实验所(1934年,泰来营造厂承建)。
——国立中央博物院(1935—1948年,与徐敬直合作,陆根记营造厂承建)。
——南京玄武门方柱荫住宅(1936年,张银记营造厂承建)。
——南京中山东路国立中央博物院宿舍(1947年,达记营造厂承建)。
——南京丁家桥国立中央大学附属医院门诊楼(1947年,张振泰

图4-5-2

图4-5-3

图4-5-2 重庆美国顾问团招待所（莲青楼）

图4-5-3 原国立中央博物院

营造厂承建）。

——南京馥记营造厂办公楼（1948年，与汪坦合作，馥记营造厂承建）。

1）原国立中央博物院（图4-5-3）

此项目乃民国时期兴业建筑师事务所的代表作品，由徐敬直、李惠伯合作设计，在中国近代建筑史上曾书写下光辉一页，具体详见"徐敬直"一节。

2）原国民政府实业部中央农业实验所[图4-5-4(1)至(4)]

20世纪30年代初，南京国民政府实业部在南京郊区孝陵卫筹建中央农业实验所（简称中农所），这是一所全国性的现代农业科学技术综合研究机构，也是中国现代农业建设的重要基地。计划建成稻作、麦作、蚕桑、病虫害、兽医等实验大楼5座，行政大楼1座，宿舍楼10余座，以及温室、暗室、冷藏室等一批建筑。1934年落成的第一座实验大楼由李惠伯主持设计，当时他年仅24岁，初出茅庐，但才能出众。建筑物以二层为主，局部三层，李惠伯娴熟地运用新颖的现代设计语言，从大环境入手，分析基地和周边交通状况，以及空间需求，将其划分成若干功能区，并以简练的体块组合，形成一个多轴线、多入口、配置合理的有机体，这种设计方法完全是现代主义式的。建筑外观朴素，以坡屋面为主，高低错落，外观横向延展的体形通过竖向的塔楼统一构图，达到一种动态平衡和变化的调和。这一设计过程和结果颇得美国建筑大师赖特"有机建筑"的精髓。李惠伯凭此作品一鸣惊人，而精彩的渲染图纸发表于国内多家报纸和专业期刊上，更进一步扩大了作品的影响力。

南京中央农业实验所虽是李惠伯早期的作品，但却完整展示了他对现代建筑语言的理解，在处理建筑与环境关系，功能配置合理性以及体型、立面构图的均衡上面，李惠伯的设计达到很高的水平，充分反映出民国第一代海外留学建筑师对中国建筑现代转型的追求。

图 4-5-4(1)

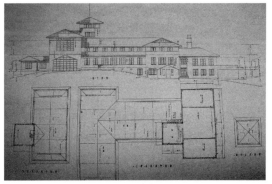

图 4-5-4(2)

图 4-5-4(3)

图 4-5-4(4)

图 4-5-4(1) 原南京中央农业实验所效果图
图 4-5-4(2) 原南京中央农业实验所设计图纸
图 4-5-4(3) 当时上海报纸的报道
图 4-5-4(4) 原南京中央农业实验所旧址

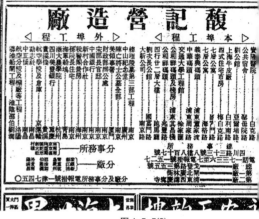

图 4-5-5(1)

图 4-5-5(2)

图 4-5-5(1) 馥记大厦
图 4-5-5(2) 馥记营造厂广告

原中央农业实验所旧址位于今天南京农业大学卫岗校区内,地面建筑已经残损不全,几乎难以辨识昔日旧貌。

3）南京馥记营造厂办公楼（馥记大厦）[图 4-5-5（1）、（2）]

南京鼓楼广场的北角,也就是今天紫峰大厦所在地的附近,即原中山北路 20 号,曾经有一座临街的大楼,2005 年拆除前为鼓楼饭店和鼓楼百货商店。1948 年建成时名为"馥记大厦",在此办公的"白领"们,是中国建筑史上赫赫有名的馥记营造厂的员工。馥记营造厂是近代中国最大的建筑施工企业。创始人陶桂林起初承接一些分包的小工程,后来聘请了一批留学生作为技术人员,逐步壮大起来。1927 年冬,他承接广州中山纪念堂后,在香港、澳门及南洋名声大振。1929 年陶桂林进入南京市场,承建中山陵第三期工程,历时六年,耗资 220 万元,后又承建国民革命军阵亡将士纪念塔（今灵谷寺塔）等,成为全国屈指可数的大营造厂。

馥记大厦建筑楼高三层,局部四层,底层原是馥记营造厂的营业用房,上面二层供出租作写字间,钢筋混凝土结构。平面为一长条形,建筑正立面由于偏西,外表应用了连续的竖向混凝土遮阳板,并有横线条间隔,在两个主入口处将体形加高,并将竖板贯通,造成有强烈的重点和节奏感,是典型的西方现代派手法,也是 20 世纪 40 年代有代表性的新建筑造型。整体造型简洁,通过墙与窗的虚实对比效果来塑造视觉美感,具有高度的抽象性,宣告了一种彻底的现代精神,达到当时的国际先进水平。

李惠伯设计此幢建筑时,正在美国,因此施工图纸交由南京兴业建筑事务所的助手汪坦完成,仅用时一周。有意思的是,当时画施工图用的是美国标准,图纸标注等也是英文,馥记营造厂的技术员都懂。据汪坦回忆：兴业建筑师事务所与馥记营造厂关系较好,得到陶桂林的支持。兴业建筑师事务所在南京开办分社，经济力量尚弱，租用的办公室就在馥记大厦内④。

注释

① 参见上海《申报》1933 年 3 月 21 日的报道。
② 林建业. 沧海月明珠有泪 [M] // 潘谷西. 东南大学建筑系成立 70 周年纪念专集. 北京：中国建筑工业出版社，1997：72.
③ 梁思成. 中国建筑史 [M]. 天津：百花文艺出版社，1998：354.
④ 赖德霖. 近代哲匠录 [M]. 北京：中国水利水电出版社 / 知识产权出版社，2006：249.

图片来源

图 4-5-1 源自：《近代哲匠录》.
图 4-5-2 源自：http://dcbbs.zol.com.cn.
图 4-5-3 源自：笔者拍摄.
图 4-5-4（1）、(2) 源自：《建筑月刊》，第 2 卷第 4 期，1934 年 5 月.
图 4-5-4（3）源自：《申报》，1933 年 7 月 18 日.
图 4-5-4（4）源自：笔者拍摄.
图 4-5-5（1）源自：《雅砌》，1991 年第 5 期.
图 4-5-5（2）源自：《申报》，1935 年 2 月 24 日.

图 4-6-1　李锦沛

4.6　李锦沛（图 4-6-1）

生卒：1900—1968 年

籍贯：广东台山（生于美国纽约）

教育背景：

（美）纽约普瑞特艺术学院建筑系毕业，1920 年

（美）麻省理工学院，1921 年夏

（美）哥伦比亚大学建筑系，1922—1923 年

（美）纽约州立大学进修获建筑师证书，1923 年

李锦沛（Lee Gum Poy，字世楼）是近代一位才华横溢且多产的建筑师，他出生于纽约富裕的华人家庭，其父李奕洽创办了纽约广盛源号。李锦沛在美国受过良好的建筑学专业教育，后曾在芝加哥和纽约的建筑师事务所任职，参加过燕京大学、新泽西城基督教青年会、纽约时报馆等项目设计。1923 年受美国基督教青年会派遣去上海接手八仙桥青年会的筹建工作，李锦沛在青年会任职期间，为长沙、保定、宁波、济南、厦门、南昌、南京、武昌等地设计过青年会会堂，成为基督教青年会的专职建筑师。因上海八仙桥青年会筹建暂时受阻，1927 年 4 月李锦沛在上海开始自营建筑师事务所（从业人员李扬安、张克斌等）。1928 年李锦沛加入老友吕彦直开设的彦记建筑师事务所[在美国期间两人同在纽约的茂飞建筑师事务所（Murphy & McGill & Hamlin）当绘图员]，同年 12 月加入中国建筑师学会。1929 年 3 月吕彦直病逝后，获总理葬事筹备委员会第 66 次会议批准，以彦沛记建筑师事务所名义，李锦沛接手挚友的南京中山陵、广州中山纪念堂等工程设计和督造工作，直至 1933 年 7 月。20 世纪三四十年代是李锦沛建筑创作的高峰，作品众多，主要作品详见表 4-6-1。

李锦沛是一位勤奋的建筑师，从其作品数量即可见一斑，同时门类也很广，风格多变。对于近代中国建筑师纠结的传统与现代关系，即采用复古、折中还是现代派建筑语言，李锦沛更倾向于一种实用的态度，这可能和他的背景相关。与其他中国留学生不同，作为出生和成长于美国的华侨子弟，他的文化背景和思维方式与其他美国人没有不同。他擅长根据项目的具体情况和业主要求灵活的创作，因此作品风格比较混杂，没有特别明显的个人风格：既可见中外各种传统样式的模仿，如上海八仙桥青年会大楼（参见"范文照"一节）、上海国富门路刘公馆；也有基于经济原则，抽象简化的国际式，如上海武定路严公馆、浙江建业银行、上海广东银行、南京粤语浸信会堂等（图 4-6-2，图 4-6-3）。但数量最多的还是选择了一种从折中走向现代的过渡道路，即采用简化的西方复古式样或装饰艺术风格，并喜爱将

表 4-6-1 李锦沛设计作品简表

年份	主要作品
1927—1929	上海八仙桥青年会、清心女子中学
1930	上海特别市市政府新屋图案竞赛佳作一等奖、南京夫子庙首都大戏院、上海愚园路俭德路张惠长三层洋房
1931	上海白利南路蔡增基住宅
1932	上海长春路三安地产公司住宅
1933	上海宝昌路圣保罗堂校舍、旅沪广东浸信会堂、上海中华基督教女青年会全国总会、常州武进医院、上海清心女子学校宿舍等
1934	南京新都大戏院、聚兴诚银行、粤语浸信会堂；杭州浙江建业银行；上海华业公寓、江湾岭南学校、武定路严公馆、江湾麻露小姐住宅、宁波路广东银行大楼、江湾国立中央大学商学院、吴淞海港检疫所、康怡大厦、广肇公学、国富门路刘公馆、盲童学校
1935	上海安和寺路法华镇唐伯畲住宅
1936	上海闸北路宝通路宝华坊叶守彦石库门房 12 间
1937	上海静安寺路 806 号周纯卿住宅
1939	上海湖南路积善堂花园住宅、兴国路 350 弄陈康健住宅
1940	上海麦尼尼路 96 号徐佩玲住宅
1941	上海居尔典路 10 号派尼克先生（Mr. Peniquel）住宅、上海赫德路起斯林咖啡馆
1942	无锡振华面粉厂、上海南园饭店重建
1944	上海宁波路泰山地产公司门面工程、西藏路 377 号时懋饭店扩建和内部修缮、静安寺路 456 号康乐酒楼加建

中国传统建筑纹样融于其间，如上海清心女子中学、华业公寓、江湾岭南学校，南京新都大戏院等（图 4-6-4、图 4-6-5）。

事实上 20 世纪 30 年代开始，现代主义在国际建筑界立稳脚跟，并逐步占据主流，受此影响，中国建筑师中相当多部分在感情上倾向于中国传统文化的同时，在理性上则开始向现代主义偏转。不过，对于大多数中国建筑师而言，他们在现代与复古之间并不急于做出非此即彼的选择，这种折中的态度造就了一种将现代造型与中国式复古纹样相结合的新折中主义，或称为"新民族形式"①。

李锦沛算得上是中国近代较早摆脱折中和复古，走上简化和现代化道路的建筑师之一。在这类作品中他的手法多样，在简洁的立体造型上，细节处理相当细致优雅，令其作品耐看且有品位。例如上海中华基督教女青年会就是他由折中主义走向装饰风格的代表作品之一，建筑坐西朝东，八层钢筋混凝土结构，占地面积为 890 m²，建筑面积

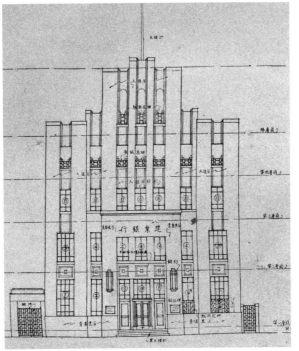

图 4-6-2

图 4-6-3

图 4-6-4

图 4-6-5

图 4-6-2 浙江杭州建业银行主立面
图 4-6-3 上海广东银行
图 4-6-4 上海清心女子中学
图 4-6-5 上海华业公寓

为 5834 m²。大楼外貌带有明显的装饰艺术派风格的影响，立体体量，竖线条占据视觉主体，而装饰纹样具有中国传统特色：大门仿明清宫殿屋顶及色彩，立面勒脚为石刻莲瓣须弥座，窗裙和压顶装饰以假石回纹，入口门楣为石刻勾头滴水；室内藻井式天花及仿和玺彩画，十分精致（图 4-6-6、图 4-6-7）。

态度勤勉和专业素养深厚为李锦沛赢得了良好声誉，中国近代两本最重要的建筑期刊《中国建筑》和《建筑月刊》经常登载他的作品，其中《中国建筑》于 1936 年 5 月发行的第 25 期更以专刊形式介绍了李锦沛的七件设计作品，产生了广泛影响。他连续于 1929 年、1930 年、

图 4-6-6

图 4-6-7

图 4-6-8

1931年和1936年当选为中国建筑师学会会长，李锦沛已逐步成长为中国建筑界领袖人物（图4-6-8）。1936年4月，中国近代第一次规模空前的建筑展览在上海市博物馆举办，展览会由中国营造学社、上海市建筑协会和中国建筑师学会联合举办，上海市长吴铁城为筹备委员会名誉会长，李锦沛则担任副会长，具体主持和筹划展览，展品来自国内52个设计机构和个人，总计1500多件，包括建筑模型、设计图样、建筑书刊、建筑摄影、建筑材料和建筑工具六大类，参观者十分踊跃，超过4万人，在社会上引起很大反响，达到了"表扬中国建筑演化之象征与伟大，并引起社会上对中国建筑之认识和研究"的目的[②]。

图4-6-6 上海基督教女青年会
图4-6-7 上海基督教女青年会入口
图4-6-8 1931年中国建筑师学会年会合影（前排正中为会长李锦沛）

4 民国时期南京代表性职业建筑师及其作品 / 107

在繁忙的设计和社会事务之外，李锦沛还担任上海圣约翰大学工学院、沪江大学商学院建筑系和国立中央大学建筑工程系的兼职教师，为中国新一代建筑师的培养做出了贡献。

20世纪40年代后期，李锦沛离开上海返回美国并加入美国籍，1968年病逝。

在宁职业经历和主要作品

虽然以上海为基地开展职业工作，但通过1929—1933年的中山陵后续建设工作，李锦沛之后在南京又陆续参与多项竞赛及建设工程。1930年9月他担任了中山陵纪念塔（未实现）图案评判顾问，1935年6月作为国内顶尖建筑师应邀参加南京国立中央博物院图案设计竞赛。而实施项目可考的包括：

——南京基督教青年会中华路总会（年份不详，毁于1937年日军战火，1945年修复）。

——南京夫子庙首都大戏院（1931年，信实营造厂承建）。

——南京聚兴诚银行（1934年，与李扬安合作）。

——南京新街口新都大戏院（1936年，费新记营造厂承建）。

——南京粤语浸信会教堂（1934年，毁于1937年日军战火，福星营造厂承建）。

李锦沛的这些南京项目全部出现在他职业盛期的20世纪30年代，这个时期他对于建筑创作的思考已经比较成熟，大多讲究功能实用，经济性好，造型趋向简洁明朗的现代风格。

民国时期首都南京有四大戏院：大华大戏院、世界大戏院、新都大戏院和首都大戏院。其中，后两个戏院设计皆出自李锦沛之手。

1）原首都大戏院 [图4-6-9(1)至（3）]

位于今天南京夫子庙贡院街84号的首都大戏院，竣工于1931年，是将电影从室外引到室内放映的中国第一批影院之一。其建筑时间之早、投资规模之大，在当时全国数一数二。该建筑面积为2200 m² 左右，内部分前厅、剧场、表演台三部分，剧场部分设在建筑物的中央，楼上楼下共设有1400个观众席。建筑物立面横向划作三段，左右对称，中间突出，入口处门厅外有巨大的雨篷，伸展到人行道上。雨篷上横书繁体字"首都大戏院"五字。外观三层，平顶，整体属于简化的西方古典式样，局部点缀简化的西式古典柱式和简约而精美的花饰。建筑采用钢筋混凝土结构，时髦的水磨石地面。

首都大戏院开业之时，曾在当时的《中央日报》上刊发广告，上面写着"首都最堂皇的剧场，东方最富丽的天国"广告语。这则广告还介绍了戏院的十大特色，如"建筑伟大，时代之光"、"精心擘划，执世所长"、"设备妥善，科学之倡"等。民国年间，这里经常放映国

图 4-6-9(1)

图 4-6-9(2)

图 4-6-9(3)

产大片和好莱坞新片，吸引了上至国民政府的军政要员、社会名流，下至平民百姓的社会各阶层人士频频光临。首都大戏院作为李锦沛在南京的第一件作品，获得大众好评，并为其日后承担设计新都大戏院奠定了基础。

图 4-6-9(1) 1941 年的贡院街和首都大戏院（图左侧中间建筑物）
图 4-6-9(2) 原首都大戏院（现为解放电影院）
图 4-6-9(3) 原首都大戏院观众厅现状

2）原新都大戏院[图 4-6-10(1) 至（6）]

建于 1935 年的新都大戏院是李锦沛在南京设计建造的第二座戏院，也是李锦沛个人的代表作之一，在中国近代建筑史上也具有重要价值。作为民国首都市中心新街口地区的一家豪华影戏院，这座建筑采用当时先进的钢筋混凝土框架和钢结构屋架，共四层，楼上楼下座位数超过 1400 个。除观众大厅之外，还设有高级包厢、酒吧、休息厅等，

4 民国时期南京代表性职业建筑师及其作品

109

图 4-6-10(1)

图 4-6-10(2)

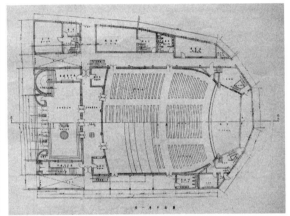

图 4-6-10(3)

图4-6-10(1) 中山路及新都大戏院倾斜的屋顶
图4-6-10(2) 新都大戏院（见彩页图6）
图4-6-10(3) 新都大戏院一层平面

内部布置均根据"真、善、美"的原则，经过妥善精美的设计，甚至在楼座后方设置了专门的女宾休息室与化妆间，以适应较高层次的娱乐享受。戏院的放映设备、观众大厅吸音板材等，都从美国原装进口，视听效果在当时实属国内一流。戏院使用的冷气设备，是特地从美国引进的一台当时刚刚问世的最先进的"福利安"（即氟利昂）冷气机。戏院楼上及包厢的座位为上海最负盛名的毛全泰木器号承造，摩登新颖，椅腿以黄金色纯铜铸成，座椅靠背衬以弹簧，外包花绸；楼下正厅座椅则为大华铁厂承造，整个戏院内装修在国内首屈一指，堪称南京最高档的戏院。

值得关注的是，李锦沛在新都大戏院设计中，完全抛弃了折中和复古的羁绊，以抽象的几何体量组合，正立面上，深色面砖和白色粉

图 4-6-10(4)　　　　　　　图 4-6-10(5)　　　　　　　图 4-6-10(6)

刷间隔，仅用几根竖横线条装饰，形成简洁实用的立面，整体上朝着装饰弱化和减少的方向努力。夜间，入口门设置的高度超过 10 m 的灯柱辉煌灿烂，映得建筑物十分壮观。李锦沛的设计立足功能实用性和技术的先进性，又不失艺术表达，令人耳目一新，堪称民国建筑杰作。

图 4-6-10(4) 原新都大戏院门厅
图 4-6-10(5) 原新都大戏院观众厅
图 4-6-10(6) 2004 年拆除中的原新都大戏院（即胜利电影院）

　　新都大戏院建成后，名噪一时，成为南京地区娱乐消费的时尚之地。1949 年以后，新都大戏院更名为胜利电影院，不少南京人都记得"胜利在新街口，曙光在鼓楼"这样带有调侃意味的话，它借用了当时的热门电视剧《敌营十八年》主题歌中的"胜利在向你招手，曙光在前头"两句歌词，指的是胜利电影院在新街口，曙光电影院在鼓楼。如今，胜利电影院和曙光电影院都已不复存在。2004 年因新建德基商业广场，新都大戏院被拆，曾一度引起巨大争论。如今，这一民国时期在南京风云一时的娱乐场所只存在于记忆和图纸中。

3）粤语浸信会教堂 [图 4-6-11（1）至（3）]

　　这是一座小型教堂，位于南京游府西街，1936 年完工，建造仅花费六个月时间，福星营造厂承建。1937 年毁于日军炮火。尽管存在时间十分短暂，但通过发表于《中国建筑》1936 年第 25 期的数张图纸和照片我们依然可以一窥李锦沛建筑师独特的设计语言。

　　会堂呈长条形平面，会堂内高一层，入口两层，中间为塔楼。砖石结构，钢屋架，清水砖墙，红瓦屋顶，水泥粉刷勾勒脚，简朴实用。主立面处理十分简练和抽象，对称立面，开玻璃大窗，无多余装饰，仅以突出的薄扶壁做局部竖向划分，中部钟塔耸起，别致之处在于塔楼平面在上升中由方形转换为八边形，并于上端各边设置三角阳台和凸起处，形成钻石形外观，与当时十分时髦的西方现代艺术中立体主义造型近似。

注释

① 伍江. 上海百年建筑史：1840—1949[M].2 版. 上海：同济大学出版社，2008.

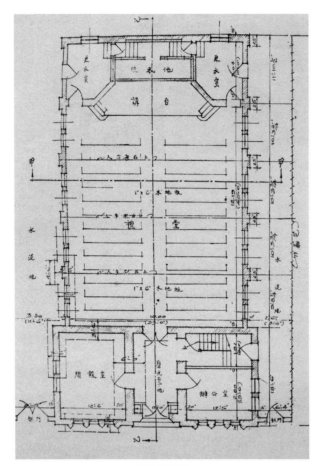

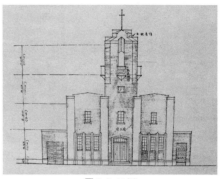

图 4-6-11(2)

图 4-6-11(3)

图 4-6-11(1)

图 4-6-11(1) 南京粤语浸信会教堂平面

图 4-6-11(2) 南京粤语浸信会教堂主立面

图 4-6-11(3) 1936年建成后的南京粤语浸信会教堂

② 娄承浩，薛顺生．上海百年建筑师和营造师[M]．上海：同济大学出版社，2011：24．

图片来源

图 4-6-1 源自：http://baike.baidu.com.

图 4-6-2 源自：《中国建筑》，第 25 期，1936 年 5 月．

图 4-6-3 源自：笔者拍摄．

图 4-6-4 源自：http://shiba.hpe.sh.cn.

图 4-6-5 源自：http://weibo.com.

图 4-6-6、图 4-6-7 源自：上海章明建筑师事务所．

图 4-6-8 源自：《申报》，1931 年第 4 期，房地产专刊．

图 4-6-9（1）源自：《老明信片·南京旧影》．

图 4-6-9（2）、（3）源自：笔者拍摄．

图 4-6-10（1）源自：《老照片·南京旧影》．

图 4-6-10（2）至（5）源自：《中国建筑》，第 25 期，1936 年 5 月．

图 4-6-10（6）源自：笔者拍摄．

图 4-6-11（1）至（3）源自：《中国建筑》，第 25 期，1936 年 5 月．

表格来源

表 4-6-1 源自：笔者根据赖德霖．近代哲匠录[M]．中国水利水电出版社／知识产权出版社，2006：73 整理绘制．

4.7 李宗侃（图 4-7-1）

生卒：1901—1972 年
籍贯：河北高阳（生于北平）
教育背景：
（北京）中国留法预备学堂，1912 年
（法）巴黎建筑专门学校建筑工程专业，1923 年

图 4-7-1 李宗侃

李宗侃（Li T.K / Li Michael Tson Cain，字叔陶）出身于名门世家，祖父李鸿藻为晚清同治年间的军机大臣，是以保守著称的清流派代表人物之一。叔叔李石曾是中国近代著名教育家，故宫博物院创建人之一，与蔡元培、吴稚晖、张静江三人合称"国民党四大元老"。早年曾发起和组织赴法勤工俭学运动，为中国和法国文化交流做出了巨大贡献。因家庭缘故，李宗侃早在1912年就成为中国留法预备学堂第一批小学员（图4-7-2），后赴法国留学，并进入巴黎建筑专门学校主修建筑工程，期间他和李金发、林凤眠、刘既漂等同期留学法国的艺术家多有交流，因此更接受了20世纪早期欧洲现代派艺术的熏陶。1925年回国，进入上海大方建筑公司担任工程师，1929年被聘为国民政府建设委员会专门委员和南京市工务局工程师，并经范文照和李锦沛介绍加入中国建筑师学会。

1928年李宗侃与留学法国的好友刘既漂①合作，承担了民国时期重要的全国性博览会——西湖博览会的部分建筑设计，在这一团队所做的设计中，或中或西，各有偏重，如博览会水上大门、博物馆大门、

图 4-7-2

图 4-7-2 中国留法预备学堂第一届学生合照

卫生馆大门等都比较"洋化"和"现代",而博览会大门、会桥等则更讲求"本土化"。其中刘既漂与李宗侃设计的博览会大门尤其引人注目,大门"适当断桥路口,系仿宫殿式",建筑主体为木构造,下设售票、警察所和中国旅行社代办处,设计十分别致,向内一侧的形制借鉴了中国传统牌坊,造型和装饰仿清宫殿式样,却不用斗栱,而是用平面图案显示,彩绘艳丽,图案则多为几何纹样,尽显现代美术抽象凝练之内涵。博览会大门向外一侧,则完全为装饰艺术风格:金字塔式层层递缩式的结构,几何体块交叠和组合,表面几何方格的排列,中心如太阳光四射的中国旅行社图案,给人扑面而来的现代感。西湖博览会大门内外中西混搭的做法是否生硬,见仁见智,但却体现出李宗侃和刘既漂两人对现代艺术和传统间思考的结果,是建筑师对中西调和的一种探索。而当时人们对西湖博览会大门设计更多的是称赞,说大门整体风格"宏伟、美观,又寓柔媚于巍峨之中,不仅与秀丽的西湖意韵相协,而且和艺术馆陈列的艺术品相调和"②(图4-7-3、图4-7-4)。

1929年由蔡元培和刘海粟等人发起,在上海新普育堂举办了"教育部第一次全国美术展览会",这次展览内容包括书画、金石、西画、雕刻、建筑、工艺美术、摄影和参考品计八个部分。其中的建筑部是中国近代史上第一次公开的建筑展览,也是第一次有建筑师参与策划的建筑展览会。建筑师范文照和李宗侃被任命为总务委员会委员,建筑部由赵深和李宗侃共同负责。参加这次展会建筑部展览的有吕彦直的中山陵园和广州中山纪念堂,庄俊的金城银行,董大酉所做的古埃及和古希腊庙宇之柱式,赵深的教堂建筑,范文照的礼堂建筑等展品34件。建筑部的展览内容以设计图样、照片和模型三种与建筑师职业最贴切的方式呈现,回避了建筑的材料、技术和施工等方面内容。将当时中国建筑师的实践和学术作品作为展览主体,与书画、雕刻等艺术类别并列放置在一起,通过建立与艺术群体的相似性,将建筑师与工程师和打样员区分开来,走出了身份认同的第一步。

李宗侃的家世和教育背景出众,相貌英俊,因此他颇受当时民国媒体关注,1929年3月他与周淑蘋女士在上海大华饭店结婚,上海杂

图4-7-3 1929年西湖博览会大门内侧
图4-7-4 1929年西湖博览会大门外侧

图4-7-3

图4-7-4

志特撰文介绍:"李君美风姿……习建筑术于法京巴黎,经验颇丰",以及"李君极注重于立体表现两派之艺术"。③

留学法国的经历使得李宗侃的思维变得十分活跃,1929年刘既漂加入李宗侃所在的大方建筑公司。两人先托友人在法国购买了当时最新颖的一辆汽车,车的左边写上公司的名称、地点和电话号码等,右边写上留学法国的建筑设计师刘既漂、李宗侃。顾客或朋友来访,都派汽车接送,因而业务十分兴隆。此后,李宗侃于1934—1937年担任大方建筑公司经理。李宗侃还曾一度在南京和广西柳州出任过中国农工商银行经理,抗日战争结束后他回到上海,1945—1946年自办李宗侃建筑师事务所。1972年病逝于台北。

在宁职业经历和主要作品

李宗侃与南京的渊源应该从其1929年左右被聘为国民政府建设委员会专门委员和南京市工务局工程师开始,那时大方建筑公司已在南京增设了分部,一方面是大方建筑公司业务拓展需要,更重要的是,在南京可以获得李宗侃和刘既漂的留学法国的朋友刘纪文、魏道明(两届南京市长)的支持和引荐。大方建筑公司先后参与国民政府行政机构、私人住宅和道路建设。1928年李宗侃受中央研究院天文所所长高鲁邀请参与设计绘就南京紫金山天文台初步图样,次年与庄俊、基泰工程司一同受邀为天文台建筑群规划和设计提供图样(最终基泰工程司入选)。此外,他还曾参与国立中央大学大礼堂,建设委员会、司法部、农矿部等行政机构大楼,中央军事学院体育馆等建筑的方案设计。1935年国立中央博物院筹建,建筑委员会特地邀请李锦沛、徐敬直、杨廷宝、李宗侃等13位知名建筑师送设计图参选,尽管李宗侃的方案最终未能入选,但毫无疑问这时他已经跻身国内一流建筑师行列。

1935年国民政府最高会议场所——南京国民大会堂招标,上海公利工程司奚福泉建筑师的方案中选,项目方委托当时兼任陶记建筑工程事务所工程师的李宗侃负责督造。奚福泉的设计将西方现代派建筑简洁明朗的造型和中国传统纹饰结合起来,是国民政府重要公共建筑中的一次大胆尝试。在施工过程中,李宗侃则根据国民政府制定的《首都计划》中提出的首都建筑"要尽量采用中国固有之形式为最宜,而公署及公共建筑尤当尽量用之"的原则,对原设计方案做了局部修改。这座会堂从开建到完工,用时仅六个月。国民大会堂被公认为中国近代新民族形式建筑的杰出案例,李宗侃的努力功不可没。

因各种原因,李宗侃留世的设计作品并不多,可考的包括:
——南京紫金山天文台初步图样设计(1929年)。
——国立中央大学生物馆(1929年,金祥记营造厂承建)。
——国立中央博物院图案设计竞赛(1935年)。
——国民大会堂方案修改和施工督造(1936年,参见"奚福泉"

图 4-7-5(1)

图 4-7-5(2)

图 4-7-5(3)

图 4-7-5(1) 20世纪30年代的国立中央大学生物馆
图 4-7-5(2) 原国立中央大学生物馆（见彩页图7）
图 4-7-5(3) 原国立中央大学生物馆入口现状

一节）。

原国立中央大学生物馆[图 4-7-5（1）至（3）]

生物馆建于1929年，由李宗侃设计，上海金祥记营造厂承建。建筑占地面积为1350 m^2，高三层，位于大礼堂东南侧，立面造型为西方古典建筑式样，与道路另一侧的学校老图书馆（1922年，帕斯卡尔设计）相似，以取得构图上呼应。建筑物呈轴线对称，构图严谨，南向正中采用希腊式神庙入口，无门廊，代以紧贴墙面的四根爱奥尼壁柱，门楣浮雕，上部山花装饰有线刻的史前恐龙图案，暗喻了建筑物的功能。作为西方复古建筑形式，李宗侃的设计中规中矩，整体并不特别出色，应是受校园环境影响所致。1958年，该建筑物更名为"中大院"，由杨廷宝设计，在东西两翼扩建教室，作为学生设计教室和图书室，使建筑总面积达到4049 m^2，目前是东南大学建筑学院所在地。

如今，原国立中央大学旧址包括生物馆在内的民国建筑都已被列入国家级文物保护单位目录。

注释

① 刘既漂（1901—1992 年）：中国近代著名美术家、美术教育家和建筑师，广东兴宁人。1920 年官费留学法国里昂大学美术系，既攻读西洋画，又选修建筑学。在 20 世纪二三十年代，因受当时欧陆"装饰艺术"运动的影响，积极从事"美术建筑"民族化的思考与探索，在中国近代设计和建筑教学领域有颇多建树，他以三项业绩奠定了在国内艺术界的地位，即：参与组建国立西湖艺术院，担任全国首届美术展览会的艺术指导，承接 1929 年西湖博览会建筑会场的设计任务，对中国近现代美术和美术教育产生了重要的影响。1992 年在英国病逝。
② 费文明. 嫁接"装饰艺术"，绽放"美术建筑"之花——设计师刘既漂的建筑设计探讨[J]. 南京艺术学院学报，2011(2)：137—141.
③ 参见《上海漫画》，第 46 期，1929 年 3 月 9 日．

图片来源

图 4-7-1 源自：《近代哲匠录》，第 70 页。
图 4-7-2 源自：http://blog.sina.com.cn.
图 4-7-3、图 4-7-4 源自：http://taste.xh-expo.com.
图 4-7-5（1）源自：《老照片·南京旧影》．
图 4-7-5（2）、(3) 源自：笔者拍摄．

图4-8-1　刘敦桢

4.8　刘敦桢（图4-8-1）

生卒：1897—1968年

籍贯：湖南新宁

教育背景：

（长沙）楚怡工业学校

（日）官费留学，1913年；东京高等工业学校，1916年入机械科，1917年转入建筑科，1921年毕业；日本池田建筑师事务所实习，1921—1922年

刘敦桢（字士能，号大壮室主人）是中国建筑史学的开拓者，中国古建筑研究领域的先驱者，中国现代建筑学的重要奠基人，中国建筑学教育的重要开创者。他与吕彦直、童寯、梁思成、杨廷宝合称"建筑五宗师"[①]。以上描述足以概括刘敦桢在中国近现代建筑史上的崇高地位。

刘敦桢身于生湖南新宁一官宦家庭，自小受开明的父母和兄长引导，树立了科学救国的志向。在东渡扶桑九年的学习和实习后，刘敦桢于1922年回国，先在上海绢丝纺织公司任建筑工程师，设计厂房。后与留学日本的同学柳士英创建了全部由国人主持的上海华海建筑师事务所。1925年他回到家乡，任湖南大学土木系教授，1926年秋应柳士英之邀去苏州工业专门学校任建筑科教授，该校创办于1923年，是中国建筑教育中第一个专科性质的学校，同时他还兼任苏州市政筹备处技师和建设股主任。1927年底，苏州工业专门学校建筑科并入国立中央大学建筑工程系，这是我国大学建筑教育的正式开端，刘敦桢成为其创建和筹备者之一。而他本人更承担了繁重的教学任务，所开课程达七八门之多。作为该系第一批教授，刘敦桢、刘福泰、卢树森、贝季眉等人筚路蓝缕，辛勤耕耘，确立了中国最早的建筑学制建设、教材编写、课程内容、讲授方法等，对于建筑学教育体系的创立和学科的现代化发展发挥了重要的历史功绩。从此刘敦桢就以国立中央大学为基地，开始了其辉煌的建筑教育和研究生涯（图4-8-2）。

1929年2月经刘福泰、卢树森介绍，刘敦桢加入了中国建筑师学会。刘敦桢素痴迷于中国古建筑的魅力，教学之余，潜心研究，1930年7月率国立中央大学建筑系师生赴山东、河北和北平参观宫殿、坛庙和陵墓古建筑，为国人最早进行的古建筑教学团体考察活动。1931年7月他应朱启钤邀请，任中国营造学社文献部主任，而梁思成则任法式部主任。为了专心研究，1932—1937年他毅然辞去教职迁居北平，和梁思成等人经年累月跋涉于华北五省的山水间，开展这一地区代表性古建筑和遗迹的调查测绘，嗜古知新，尝试用现代科学方法整理研究古建筑遗产，数年间成绩斐然，奠定了这一领域研究的基石，及其牢固的学术地位（图4-8-3）。

图4-8-2

图4-8-3

图4-8-4

抗日战争期间，寄居四川和云南的他在无比艰苦的情况下继续开展地方民居和古建筑调查，1943年他回到迁址重庆的国立中央大学任建筑系主任，从此再也没有离开这个岗位。1945年抗日战争胜利后，刘敦桢一度出任国立中央大学工学院院长和工务组组长，除了整修校舍外，还设计建造了国立中央大学文昌桥生活区的多栋教宿舍和食堂。

1949年后，刘敦桢积极投入新中国建设人才的培养，使得南京工学院建筑系成为国内培养高级建筑人才最重要的基地之一。刘敦桢做事极有计划性又十分勤奋，1949年前他就撰写出大量古建筑研究论文和报告，为中国建筑史学科奠定了扎实的基础。1949年以后，他进一步扩大研究范围，从华北到西南、江南，从宫殿、寺观到园林、民居，从个别建筑物和建筑类型研究到中国古代建筑史，使得这一学科取得了丰硕和开创性的成果，尤以《中国住宅概说》（1956年）、《苏州

图4-8-2 国立中央大学建筑系创立初期（前排坐者右三为刘敦桢）
图4-8-3 20世纪30年代考察北京天坛（左二为刘敦桢）
图4-8-4 刘敦桢学术研究成果的代表性出版物

古典园林》（1979年）、《中国古代建筑史》（1980年）三部重要的著作为代表，堪称中国建筑学术研究领域的经典文献，影响深远（图4-8-4）。刘敦桢的卓识和开拓之功也为学界所折服。

尽管一生大多数时间从事教学和科研，但刘敦桢依然十分注重理论联系实际，不仅在教学中强调实践的重要性，在繁忙的教学、研究之外，也不忘职业实践。他曾兼职于南京永宁、上海华盖等多家建筑师事务所。1934年底他还在实业部登记为开业技师，1948年又担任南京建筑技师公会理事。刘敦桢的工程项目大体分为两类，一类涉及厂房、教学楼、办公、住宅、商业等多种现代类型，如上海纱厂厂房、中央图书馆、国立中央大学校舍等，结合功能，考虑时代技术和经济性而做的简练设计；另一类就是传统建筑类型或传统式样的建筑。深厚的中国古建筑研究的学养令其在古建筑设计和修缮方面游刃有余，尤为出色。1931年他和卢树森对南京栖霞寺舍利塔的修复，是我国历史建筑修复保护的开创性工程。此后又陆续开展了北平鼓楼（1933年）、景山万春亭（1934年），河南登封汉三阙（1937年），陕西西安碑林（1937年）等一系列修缮设计或规划。同时他还设计了湖南大学教学楼（1925年）（图4-8-5）、长沙天心阁（1925年），中山陵仰止亭、光华亭（1931年）等传统形式建筑。1949年以后他主持了南京瞻园整修规划设计和苏州拙政园东园规划方案。鉴于他在中国传统建筑研究和实践领域的成就，1935年被聘为中央文物保管委员会专门委员，并担任了当时万众瞩目的南京国立中央博物院图案设计竞赛审查员。就是在他和梁思成的主导下，遴选出徐敬直和李惠伯的方案，并指导他们修改成辽代风格后实施，终成为中国近代史上一件复兴民族风格的杰作，刘敦桢、梁思成二人在此功不可没。

40余年的辛勤创业和刻苦努力使得刘敦桢终成一代学术大家，1949年后他曾任中国科学院学部委员，南京工学院建筑系主任。"文化大革命"中，对古典园林的研究，成为刘敦桢其当时最大的罪名，说他"假借整理民族文化之名，积极宣扬封建社会腐朽和没落的一面"，而因此遭受批判。其子刘叙杰撰文回忆："父亲本是一个内向的人，平时不多说话，那以后的话就更少了。从他那更多的沉默和深邃的目光里，我想他可能已经猜到了自己最终的结局。"[②] 这个结局，定格于1968年4月30日。

2007年中国建筑工业出版社编撰出版了《刘敦桢全集》10卷，计收集刘敦桢撰写的各类文章150多篇，210万余字，插图照片4300余幅，概括了他一生对中国建筑史学研究的巨大成就和贡献，令人仰止。

刘敦桢一生教学、研究和实践的重地在南京，特别是长期任教于国立中央大学和南京工学院建筑系，其学术和实践成果也多出于此。至今东南大学建筑学院门厅内树立着刘敦桢和杨廷宝、童寯三位的雕像，缅怀着他们为中国建筑学高等教育所做出的杰出贡献。

图 4-8-5

图 4-8-6

图 4-8-7

在宁职业经历和主要作品

作为职业建筑师的刘敦桢在南京的创作数量不多，但质量高。特别是他以建筑史学者的认真和严谨，确保了传统建筑修缮和设计的高品质，留下一批堪称经典的作品：中山陵光华亭的设计手法成熟，细节到位，是陵园中最精美的古典纪念亭榭；而栖霞寺舍利塔的修复理念和手法，开辟了中国建筑遗产修复工作的先河。20世纪60年代他主持了南京瞻园的整修和复建，是新中国江南古典园林研究成果指导下的一次成功实践，南假山的堆叠，宛若天成，公认为上乘之作。经考据，刘敦桢在南京创作的主要作品如下：

图 4-8-5 湖南大学教学楼
图 4-8-6 原国立中央大学文昌桥宿舍
图 4-8-7 南京瞻园扩建部分

——中山陵仰止亭（1932年，叶恭绰捐建，馥记营造厂承建）。
——中山陵光华亭（1934年，蒋源成石厂承建）。
——南京栖霞寺舍利塔修复工程（与卢树森合作，1931年）。
——国立中央大学四牌楼教师、学生宿舍和食堂（1946年）（图4-8-6）。
——成贤街中央图书馆阅览室、办公楼（1947年）。
——南京六朝陵墓和石刻保护规划（1950年）。
——南京博物院大殿琉璃瓦顶设计（1955年，辽式）。
——南京瞻园整修和扩建（1958—1964年）（图4-8-7）。

1）中山陵仰止亭 [图4-8-8（1）至（4）]

中山陵的所有纪念建筑中，仰止亭是唯一由个人捐建的建筑。仰止亭位于中山陵广场往灵谷寺方向左手路旁，流徽榭北面的小山丘上。捐建人叶恭绰1922年被孙中山聘为广东政府财政部部长和建设部部长。在任交通总长、交通大学校长时，叶恭绰写信给陵园，表示愿意捐资5000元建造一座纪念亭。该亭由刘敦桢设计，馥记营造厂承建，1930年9月开工，1932年秋落成。

仰止亭为钢筋混凝土结构，平面正方形，边长为5m，单檐四角

图4-8-8(1) 仰止亭
图4-8-8(2) 仰止亭细部
图4-8-8(3) 仰止亭内部天花彩画
图4-8-8(4) 仰止亭西侧的叶恭绰墓碑

图4-8-8(1)

图4-8-8(2)

图4-8-8(3)

图4-8-8(4)

攒尖顶，覆蓝色琉璃瓦，高6.7m，朱红色立柱，额枋、藻井、雀替均饰以彩绘，雅丽不俗。额枋上书叶恭绰所题亭名，"仰止"二字出自《诗经·小雅》"高山仰止，景行行止"，表达了捐建者对孙中山先生无限敬仰之心。"文化大革命"中叶恭绰身处逆境时，宋庆龄给予其尽可能的帮助。1968年8月，叶恭绰先生以87岁高龄病逝。在宋庆龄安排下，叶恭绰得以如愿安葬在仰止亭边，现存墓碑一座。

2）中山陵光华亭 [图4-8-9（1）至（4）]

1931—1934年，刘敦桢设计督造了中山陵园中全由石构的光华亭，作为对传统中国建筑形制研究的首次具体实践。八角形、重檐攒尖顶、通体灰白的光华亭位于中山陵东面小山阜上，掩映在苍松翠柏之中，既象征着孙中山先生高尚洁白的情操，同时也反映了设计者匠心独运的构思。

该亭款项由孙中山先生奉安大典时海外华侨捐助，福建省蒋源成石厂以6.5万元的工价承包建造。

光化亭高约为13m，宽10m，亭下筑正方形台基两层，下层台基边长22m，高约1.67m，周围筑斜坡，植草皮覆盖其上；上层平台边

图4-8-9(1)

图4-8-9(2)

图4-8-9(3)

图4-8-9(4)

图4-8-9(1) 光华亭
图4-8-9(2) 光华亭内部梁枋
图4-8-9(3) 光华亭基座细部
图4-8-9(4) 画家笔下的光华亭

图 4-8-10(1)

图 4-8-10(1) 20世纪30年代栖霞寺舍利塔修缮前后比照

长约12.67 m，四周围以石栏杆。光华亭共有12根圆柱，外围8根，内围4根，直径约为0.67 m。亭内地面高出上层平台约为0.33 m，四周筑有石台阶。亭的屋脊、屋面、斗栱、梁柱、藻井等中国传统的装饰部件均用花岗岩雕琢，共用石料850吨。整个亭子用料上乘，做工考究，图案古朴，纹饰细腻，造型优美。从细部到整体达到完美和谐的统一，可算是陵园中最精美的附属工程之一。

3）南京栖霞寺舍利塔修复工程[图4-8-10（1）至（3）]

栖霞寺舍利塔是五代南唐时建造的一座八角五层密檐式佛塔，坐落在南京市东北20 km的栖霞山上。建于隋文帝隋仁寿元年（601年），原为五层方形木塔，南唐时(937—975年)改建为石塔。

石塔五层，高约为18 m，矗立在由基座、须弥座和千叶莲座组合的华丽台座上，底座每边长5.13 m，高0.85 m，正面有石级台阶。顶部塔刹，实心不可登临。这种强调密檐和塔下设台座的做法，为现存石塔中的最早实例。底层塔身高约为3 m，角部雕出八角倚柱。柱上面置边棱浑圆、雕有飞天和伎乐的八边形石盘，以承出檐。檐口呈缓和曲线，上刻莲纹圆形瓦当和重唇滴水，戗脊端部饰以龙头。塔身第一层的八面浮雕讲述释迦牟尼出家修道的故事，第二层的八面浮雕为天王像、释迦牟尼骑象图，第三层至第五层均刻佛像，共64尊，雕刻精细，构图优美，是五代石刻的上乘之作。二层塔身仅为底层高度

图 4-8-10(2)　　　　　　　　　　　　　图 4-8-10(3)

图 4-8-11(1)　　　　　　　　　　　　　图 4-8-11(2)

1/3，再上各层高度逐层减低。塔身下有覆莲座，上有素混八角石盘。

舍利塔体量不大，整体结构紧凑，造型雄健，比例匀称，装饰华丽，为我国现存石塔中之佳品，也是研究南唐建筑的重要实例。同时它也代表了南唐时代雕刻艺术的最高水平，上承隋唐佛教艺术精神，下开宋元佛教艺术的先河，因此在中国佛教建筑史和雕刻史上占有重要地位。1988 年舍利塔被列为全国重点文物保护单位。

舍利塔近代以来曾进行过四次维修。1931 年由叶恭绰主持，刘敦桢和国立中央大学教授卢树森开展了第一次修葺工作，主要是重新设计制作塔刹（原刹已毁），并修补基座损毁部分。最早塔刹由鼓墩和莲瓣组成的相轮，此次重修刘敦桢等人仿北魏云中寺的做法进行了补建。塔底层基座外周原有勾片造石勾栏，间以莲华头望柱，大半损毁，当时修缮时用发掘出的残石加以粘补恢复。经过刘敦桢等人细致科学的工作，石塔大体恢复原样，保持了原有的南唐建筑风格。20 世纪 50 年代，复原了基座石栏杆，并安装避雷设施；20 世纪 70 年代，又增设铁栅护栏。1993 年，国家文物局再次对舍利塔进行了维修，此次将掉落在周围的八大块石构件粘接到原断口处，对塔身及塔檐的裂缝，用环氧树脂及其他化学黏接剂勾缝补平。

4）成贤街原中央图书馆阅览室、办公楼[图 4-8-11（1）、（2）]

南京鸡鸣寺附近的成贤街，自古就是教书育人之地，明代这里是

图 4-8-10(2)　栖霞寺舍利塔（见彩页图 8）
图 4-8-10(3)　栖霞寺舍利塔塔身
图 4-8-11(1)　20 世纪 40 年代的中央图书馆
图 4-8-11(2)　原中央图书馆现状

国子监，以编撰《永乐大典》闻名，国民政府时期的中央图书馆即选址于此。

原国立中央图书馆筹备于1933年，1937年迁往重庆之前，在南京成贤街购买了中央研究院房屋为筹备处办公地点，并陆续收入藏书40万册。1945年抗日战争胜利后，又陆续接受汪伪政权100万册图书，于是在1947年筹备处请刘敦桢设计新的阅览和办公楼。此时，国民政府的统治已日暮西山，经济条件恶化，因此该项目中刘敦桢并没有使用他擅长的中国传统结构和形式，而是采用一种实用简朴的方式，重视功能合理性和经济性。大楼高三层，一楼为办公室，二三楼作为阅览室，坡屋顶，钢筋混凝土结构，水泥粉刷外墙，规则排列的大玻璃窗和横竖划分的线条，勾勒出简洁明快的立面造型。

目前，这幢主楼保存尚好，作为南京图书馆的一部分继续使用。

注释

① 杨永生，等. 建筑五宗师[M]. 天津：百花文艺出版社，2005.
② 刘见华，潇湘晨报，2012年5月21日, http://news.rednet.cn.

图片来源

图 4-8-1 源自：《刘敦桢文集》（第十卷）.
图 4-8-2 源自：《东南大学建筑系成立七十周年纪念专集》.
图 4-8-3 源自：http://wws.confucianism.com.cn.
图 4-8-4 源自：笔者拍摄.
图 4-8-5 源自：湖南大学柳肃.
图 4-8-6、图 4-8-7 源自：笔者拍摄.
图 4-8-8（1）至（4）源自：笔者拍摄.
图 4-8-9（1）至（3）源自：笔者拍摄.
图 4-8-9（4）源自：http://caizhisong.blog.artron.net.
图 4-8-10（1）源自：《老明信片·南京旧影》.
图 4-8-10（2）源自：http://www.nipic.com.
图 4-8-10（3）源自：笔者拍摄.
图 4-8-11（1）源自：《老照片·南京旧影》.
图 4-8-11（2）源自：笔者拍摄.

4.9 刘福泰（图 4-9-1）

生卒：1893—1952 年
籍贯：广东宝安（生于香港）
教育背景：
（美）芝加哥依速诺工业学校，1913—1917 年
（美）俄勒冈州立大学建筑系毕业，学士，1923 年；硕士，1925 年

图 4-9-1　刘福泰

民国时期的国立中央大学建筑系是中国建筑教育的摇篮，其创办者和第一任建筑系主任刘福泰（Lau Fook-Tai）为近代建筑教育的奠基人之一，同时也是一位优秀的职业建筑师，这种不凡经历注定他要在中国近代建筑史上留下浓重的一笔。刘福泰虽家境清苦，但自幼好学。1913 年他带着 400 美元远渡重洋赴美国留学，既无富裕家境又无庚款资助，在美国 13 年间以半工半读的方式刻苦学习，最终获得了俄勒冈州立大学的建筑学硕士文凭，殊为不易。1925 年归国后他先后在天津万国工程公司和上海彦记建筑师事务所工作，在此期间参加了吕彦直主持的中山陵项目的图纸绘制（图 4-9-2）。1926 年他参加了广州中山纪念堂设计竞赛，获得了名誉第一奖[①]，1927 年参加国立北平图书馆国际设计竞赛获二等奖，1928 年经巫振英、李锦沛介绍加入中国建筑师学会。可见其职业生涯已经有了一个良好开端，但很快刘福泰的建筑人生发生了转折。

1927 年国立第四中山大学吸收了苏州工业专门学校的建筑科，在

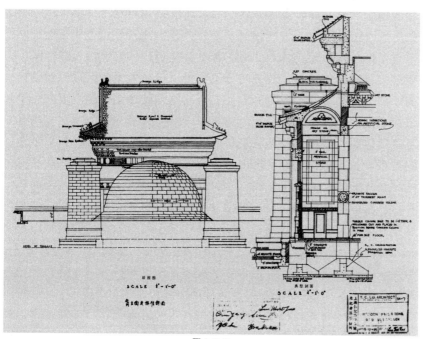

图 4-9-2

图 4-9-2　刘福泰绘制的中山陵施工图纸

4　民国时期南京代表性职业建筑师及其作品

此基础上重组形成中国高等学校中的第一个建筑科（系），1928年更名为国立中央大学建筑工程科（系），校方聘请时年30岁的刘福泰担任主任和副教授，又陆续聘了李毅士、贝寿同、卢树森、刘敦桢等多位教授与讲师（图4-9-3）。建筑工程系成立之初，不仅没有完善的教材和统一的教学体系，教师的背景也各不相同，在如此艰难复杂情况下，刘福泰率领师生们团结一致，白手起家，购置图书设备，收集建材样品和模型，并研究出国立中央大学自己的课程设置、教材和教学方法，他本人还身兼四门专业课的教学。刘福泰在办学中倡导自由、平等、合作的理念，将欧美学院派教育和现代技术、功能相结合，注重建筑与环境关系，从而奠定了国立中央大学兼收并蓄的教学特点。筚路蓝缕，终得收获，国立中央大学的教学不仅走上正轨，还不断发扬壮大，成为中国近代中国建筑教育的先驱和典范。1928年全国教育工作会议上，刘福泰与东北大学建筑系主任梁思成、基泰工程司建筑师关颂声共同起草了国内高校建筑专业统一教学科目表，从而使得国立中央大学的教育体系对全国产生直接影响，为中国高等建筑教育体系的建立和完善做出重要贡献。刘福泰的执教生涯不仅限于国立中央大学，抗日战争结束后，他于1945—1946年曾任贵州大学土木系主任和教授，1946年又创办天津北洋大学建筑工程系，1949—1951年任唐山工学院建筑工程系主任，直至1952年去世。刘福泰为中国近现代建筑事业培养了一批批人才，贡献巨大，他无愧于中国建筑教育的奠基者和开拓者的称号。

作为中国第一代建筑师，中国建筑师学会的正会员，刘福泰的建筑师职业生涯并未因其全身心投入建筑教育而荒废。除了在校期间参与多项工程外，1933年他与谭垣合办刘福泰谭垣建筑师都市计划师事务所（Lau & Tam），1940年在重庆开设刘福泰建筑师事务所，陆续进行了中山陵扩建方案（未建）（图4-9-4）、杭州六和塔修复、山东泰山日观峰气象台、浙江定海气象台、廖仲恺墓、南京板桥新村、浙江富春江严子陵钓鱼台修复、上海胡敦德纪念图书馆、重庆北碚都市计划、北碚公园扩建、澄江镇戏院等设计。从都市计划到古建修复、纪念性建筑、园林、公共建筑和住区住宅、图案设计等，刘福泰涉足的类型十分多样，充分反映出他高度的艺术修养和娴熟的职业技能。刘福泰从不过度纠结形式问题，而是主张因地制宜，讲求建筑与时代、环境、实际需求间的关系，泰山日观峰气象台就充分反映这一特色。这是中国第一座高山气象台，设计中刘福泰就地取材，使用泰山花岗石为墙基，十分坚固。考虑生产生活所需，他还在山腰处开凿两口石井。虽然采用西方建造技术，但形式又融合了中国传统元素，体量沉稳，造型朴素，以灰色为基调，与周边环境十分协调（图4-9-5）。此外，刘福泰还善于将先进技术与传统造型有机结合起来，且功能上考虑得比较细致，如南京板桥新村的户型实用性强，建筑群内设置宜人的小

图4-9-3

图4-9-4

图4-9-5

空间环境等。形式上看，他的作品大多很完整，少有琐碎纯粹的装饰，因而风格平和质朴，不矫揉造作，也没有突兀的拼接。

在宁职业经历和主要作品

刘福泰长期在国立中央大学执教，所以在南京留下作品较多，他的创作灵活适用，善于利用先进技术，不拘泥于古典形式，同时也不忘记民族传统的精髓，不少堪称优秀的近代设计作品。目前现存可考的建筑作品包括：

——中山陵设计，参与绘制图纸（1926年）。
——灵谷寺国民革命军阵亡将士纪念塔前台阶浮雕设计（1929年与李毅士、陈之佛合作）（图4-9-6）。
——原国立中央大学石子岗新校舍计划草图（1933年10月，与虞炳烈合作）（图4-9-7）。
——中山陵扩建设计方案（1933年，后因抗日战争爆发未实施）。
——昆仑路倪尚达住宅（1935年，与刘敦桢合作）。
——廖仲恺墓（1935年，吕彦直方案）。
——南京板桥新村（1936年）。

1) 廖仲恺墓 [图4-9-8（1）至（5）]

1925年8月20日廖仲恺在广州被暗杀后，国民党中央政府做出决

图4-9-3 1938年国立中央大学师生在重庆沙坪坝合影（前排左起第二人为刘福泰）
图4-9-4 刘福泰指导学生进行的中山陵扩建方案设计
图4-9-5 泰山日观峰气象台

4 民国时期南京代表性职业建筑师及其作品

定，将廖仲恺葬于南京中山陵附近，借以表彰他在国民革命和辅助孙中山所从事的革命事业中立下的丰功伟绩。廖仲恺墓设计者最初是著名建筑师吕彦直，然而因中山陵项目占据了吕彦直的大部分精力，且后期吕彦直的身体出了状况，因此廖仲恺墓事实上是由刘福泰负责设计监造的[②]。

营建工程因种种原因，拖延了10年之久，直至1935年开建。墓体主体结构与中山陵相似，采用对称布局，呈递进序列，主要建筑贯穿轴线上。

墓地前分左右两条墓道，呈弧形而上，两侧广植龙柏、青松，十分庄严肃穆。墓道尽头是一座半圆形平台，下围有一圈石椅，可供祭灵者休憩。在这个半圆形平台中间，原有一座八角形墓表亭，亭内嵌有八块花岗石碑，分别镌刻着廖仲恺的生平事迹，由胡汉民所书。1972年廖仲恺、何香凝合葬墓后，该亭已被拆除（八块花岗石碑被妥

图 4-9-6　　　　　　　　　　图 4-9-7

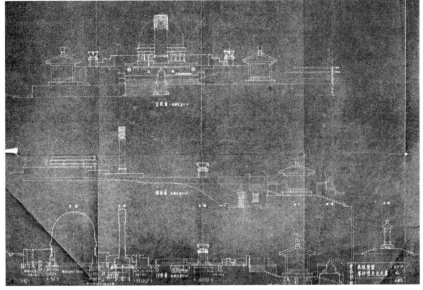

图 4-9-6　灵谷塔前浮雕

图 4-9-7　国立中央大学石子岗新校区规划图

图 4-9-8(1)　刘福泰绘制的廖仲恺墓图纸

图 4-9-8(1)

图 4-9-8(2)

图 4-9-8(3)

图 4-9-8(4)

图 4-9-8(5)

图 4-9-8(2) 廖仲恺墓
图 4-9-8(3) 廖仲恺墓入口
图 4-9-8(4) 廖仲恺墓两侧碑体
图 4-9-8(5) 1937年廖承志在墓前留影

4 民国时期南京代表性职业建筑师及其作品

善保存）。平台左右两端，立有两根仿六朝陵墓神道石柱式样的华表，顶端刻有莲花形圆盖，圆盖上各有石辟邪一只。

从两根华表中间的两堵门壁而入，即是墓区所在地。顺墓前水泥甬道而上，可直达一长方形平台，左右建有方亭一座，下设警卫室。再上几级石阶，是一个占地面积为 330 m² 的大平台，高大的墓碑和墓冢，就坐落在这上面。墓冢为钢筋混凝土建造，上半部呈圆球形，直径为 9 m，下半部为八角形，四周环绕 24 根圆形混凝土柱。

整个墓区气势恢宏，气氛肃穆沉稳，简洁有力。在中山陵的所有附葬墓中，廖仲恺墓是极有特点的。

1983 年清明节，廖仲恺之子廖承志曾在扫墓时，写下了一首五言诗："金陵无限好，来到正清明。信笔记心事，鲜花啥老亲"，充分表达了对先辈的无限思念之情。

2）南京板桥新村［图 4-9-9（1）至（3）］

20 世纪 30 年代中期，随着中西交流的日益频繁，国内建筑界开始出现了新建筑方式的探讨，而中国传统居住形态也发生着变化，里弄住宅、花园新村、集体宿舍楼、单元式公寓楼、花园洋房等已逐渐取代传统的院落式或天井式民居；平面布置趋向紧凑、实用和舒适，结构上用砖木混合结构，以砖墙代替过去的立帖式木梁架承重，设备也已现代化，一般都有水电设备和卫生间，建筑造型比较简洁。这些做法都为后来住宅建设开辟了新的设计道路。

1935 年刘福泰设计了一片以双联式和联排式两种类型混合布局的新式住宅区——板桥新村，在当时，该住宅区堪称南京城的"样板小区"。板桥新村东邻总统府，西邻国民大会堂，南靠新街口，北靠国立中央大学等行政文化机构，是个交通方便，闹中取静的好地方，居民以交通银行职员和国民政府高级公务员、中央陆军大学教官为主。新村占

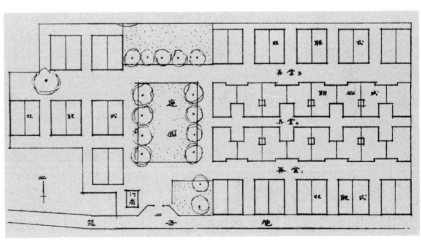

图 4-9-9(1) 板桥新村总平面

图 4-9-9(1)

图 4-9-9(2)

图 4-9-9(2) 板桥新村（见彩页图9）
图 4-9-9(3) 板桥新村住宅平面

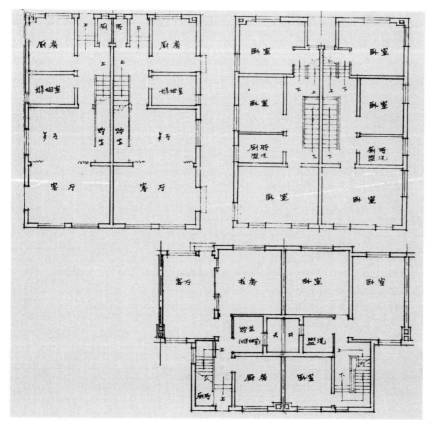

图 4-9-9(3)

4 民国时期南京代表性职业建筑师及其作品 /133

地面积为 7144 m²，总建筑面积 2881 m²。全村都是二层住宅，由 16 栋双联式和两排联排式住宅围绕一个集中的大庭院，局部形成里弄。双联式住宅为每栋两户，每户一楼一底。联排式住宅为每排由 8 户相连，每户也是一楼一底。整个新村加起来，共有 48 家住户。

板桥新村的总平面布置刘福泰是动了一番脑筋的，基于节约用地的原则，在设计中考虑了高密度，又同时注意解决通风问题，因此两排联排式住宅既不采用独户的前后院，也不采用单向院，而是采用无院落的行列式布置。并在南北两面各布置一排点式的双联式住宅，这样便可以把常见的各家私人院落用地集中起来设置一个较大的全村公共庭院，以供居民活动和儿童玩耍。

建筑主体为砖混结构，局部钢筋混凝土结构，建筑立面简洁，墙面赭石耐火砖贴面，钢窗木门坡顶。抗日战争后板桥新村成为国立中央大学教工宿舍区，一直沿用至 20 世纪 90 年代，目前这一街区已进行拆迁、改造，变成一片以餐厅和酒吧为主的时尚街区。

板桥新村是中国近代建筑师对低层高密度居住模式探索的典型范例，其户型、小尺度公共空间的设置、建筑与环境关系等处理至今仍然具有借鉴意义。

注释

① 1926 年 9 月 21 日广州《民国日报》刊登了孙中山先生纪念堂图案征求竞赛评奖结果：第一奖吕彦直君，名誉第一奖刘福泰君；第二奖杨锡宗君，名誉第二奖陈均沛君；第三奖范文照君，名誉第三奖张光圻君。
② 据刘福泰自写个人简历中有"陈树人，广东人，时任民国侨务委员会负责人，在南京介绍修建廖仲恺墓"。根据南京城建档案馆内的相关档案显示，廖仲恺墓于民国 24 年（1935 年）7 月 1 日开建，建设单位是总理陵园管理委员会，设计单位为建筑师刘福泰，同时设计图纸的会签栏中也标注有"建筑师刘福泰"。

图片来源

图 4-9-1 源自：《东南大学建筑系成立七十周年纪念专集》.

图 4-9-2 源自：《中山纪念建筑》.

图 4-9-3、图 4-9-4 源自：《东南大学建筑系成立七十周年纪念专集》.

图 4-9-5 源自：http://www.nipic.com.

图 4-9-6 源自：笔者拍摄.

图 4-9-7 源自：《中国建筑师丛书·虞炳烈》.

图 4-9-8（1）源自：《中山纪念建筑》.

图 4-9-8（2）至（4）源自：笔者拍摄.

图 4-9-8（5）源自：http://news.sinovision.net.

图 4-9-9（1）、（2）源自：《华中建筑》，1988 年 3 月.

图 4-9-9（3）源自：笔者拍摄.

4.10 卢树森（图 4-10-1）

生卒：1900—1955 年
籍贯：浙江桐乡（生于上海）
教育背景：
（美）宾夕法尼亚大学建筑系，学士，1923—1926 年

图 4-10-1　卢树森

在中国近代史上，建筑师身兼建筑教育家的现象十分普遍。位处南京的国立中央大学建筑系是中国近现代最早和最重要的高等建筑教育基地，因此在南京执业的建筑师大多有在此全职或兼职的履历，卢树森（Loo Shun-Shung Francis，字奉璋）就是其中的佼佼者。

卢树森出身于书香门第，父亲卢学溥是前清举人，也是文学家茅盾的表叔和老师，北洋政府财政部次长，并主持浙江实业银行，是近代中国金融界的重要人物。1923—1926 年卢树森进入美国宾夕法尼亚大学建筑科学习，和梁思成、杨廷宝、赵深、陈植、童寯等人同学，他学习勤奋，练就了扎实的基本功。归国后，卢树森于 1930 年进入国立中央大学建筑工程系担任副教授，肩负建筑设计课程的教学，1932 年学校易长风波时离校去北平铁道部任计正（民国时期一种技术人员的级别）[1]。1937 年 11 月重返国立中央大学任建筑工程系主任，并随校西迁至重庆沙坪坝，1938 年因不适应四川气候和生活，返回上海，续办上海永宁建筑师事务所。卢树森是第一个加入国立中央大学建筑系任教的宾夕法尼亚大学毕业生，另一位是谭垣，先是被聘为兼职教师，后转为全职。卢树森作风细腻，责任心强，对学生善于循循善诱，在中国古建筑和园林设计上有独到的实践经验。在兼任国立中央大学总务长期间，帮助建筑系购置了不少国外图书资料，如罗马大奖、巴黎大奖、巴黎歌剧院图集和各种书刊杂志，创立了独立的图书室，实为国立中央大学建筑系的开国元勋，为其创办和发展做出了重要贡献（图 4-10-2）。

作为建筑师，卢树森也卓有建树。回国后不久他经赵深、庄俊介绍加入中国建筑师学会。在国立中央大学任教期间，就曾参与多项实际工程。尽管卢树森在美国接受的是西方古典建筑训练，但他热爱中国文化，通过自己的钻研，很快在中国传统建筑设计和营造，以及园林方面颇有造诣。1930 年刘敦桢和卢树森担任南京栖霞寺舍利古塔修缮工程师，重新设计制作塔刹，并修补基座损毁部位，此为中国古建筑修缮领域的一次开创性工作。1931 卢树森加入中国营造学社，成为这个研究中国传统建筑学术团体的成员。1934 年他和赵深合作青岛湛山寺的规划设计。湛山寺是青岛市区内最大的寺院，1934 年开工至 1944 年全部竣工，先后分五期施工，寺院是一座五进布局的中国传统风格的建筑群，由山门、天王殿、大雄宝殿、三圣殿、藏经楼及配殿

图4-10-2 国立中央大学师生合影（前排坐者右二为卢树森）
图4-10-3(1) 青岛湛山寺山门
图4-10-3(2) 青岛湛山寺药师塔
图4-10-4 上海卢湾明复图书馆

图4-10-2

组成。其中院外药师塔及山门为卢树森设计［图4-10-3(1)、(2)］。1935年9月他还与梁思成、刘敦桢、夏昌世测绘苏州古建筑。1936年他与人合办南京永宁建筑师事务所，1936年成为中国建筑展览会的常务委员。

纵观20世纪30年代卢树森的建筑作品，如青岛湛山寺、中山陵园藏经楼、中央研究院北极阁气象台、南京文德里生物研究所等，大多采用地道的民族建筑形式，或佛寺，或宫殿，或民居形态，大约是中国建筑现代转型过程中出现的整体仿古模式，基本特征是：维持中国传统宫殿建筑的基本形态，包括横向展开的建筑体量，由屋顶、屋身、基座构成的横向三段式构图模式，用钢筋混凝土结构仿造的柱子、额枋、斗栱等建筑部件，以及不可或缺的大屋顶。这种模式与茂飞等外国建筑师设计的教会大学校舍建筑并无本质区别，属于"老瓶装新酒"——

图4-10-3(1)

图4-10-3(2)

图4-10-4

传统形式下包裹的是现代功能和结构。只是中国建筑师在形式上仿得更像,不失为中国建筑走向近代化的一种探索。在南京这类整体仿古模式的建筑作品众多,包括中山陵园藏经楼在内,尚有杨廷宝设计的国民党中央党史史料陈列馆(1936年)与谭延闿墓(1933年),徐敬直、李惠伯设计的国立中央博物院(1936—1948年)等都是代表作,和南京的首都地位需用民族形式彰显自豪感不无关联。

尽管卢树森擅长中国传统形式的创作,但面对不同的场地和业主要求,他也能灵活处置,南京北极阁观象台就使用中西合璧手法。而在上海的多数项目会采用简化的西式和现代式样。例如中国科学院上海卢湾明复图书馆(1931年)(图4-10-4)、上海普陀路戈壁路西上海钢窗公司厂房二宅(1939年)、小沙渡路中国制钉公司厂房(1940年)、辣斐德路丁家弄天和公司住宅(1942年)、普恩济世路东莱银行茹川记住宅和朱景祺先生住宅改建(1944年)等,在上海期间还曾被聘为大上海都市计划委员会委员。

1946年5月卢树森赴台湾省民政处任技正,修复了台湾大学学生会、嘉义农事试验楼及一些银行。1948年返回南京后,由于局势动荡,卢树森空有满腹才华,却找不到稳定的工作,甚至一度想摆摊算命求生计[2],这段艰难的日子对他身体伤害很大。1949年后他任华东建筑设计公司总工程师并兼任该公司驻南京办事处主任。1955年卢树森在上海因病去世,时年仅55岁。

在宁职业经历和主要作品

卢树森职业生涯中最具代表性的创作主要集中在南京,可考的作品包括:

——南京总理陵园中山陵藏经楼(1936年,建业营造厂承建)。
——中央研究院北极阁中央气象台(1928—1931年)。
——南京成贤街文德里中国科学社生物研究所。
——南京总统府礼堂修缮。

1)中山陵藏经楼 [图4-10-5(1)至(3)]

中山陵藏经楼位于中山陵东侧,民国期间为中国佛教协会募资所建,是中山陵的附属纪念性建筑。中山陵藏经楼是一座形制上仿清代喇嘛寺的中国古典建筑,由主楼、僧房和碑廊三部分组成。占地面积为万余平方米,建筑面积超过3000 m^2。中山陵藏经楼建筑师卢树森设计,建业营造厂承建,于1936年冬完工。

主楼是一座重檐歇山式宫殿建筑,外观三层,中间藏一夹层,钢筋水泥构筑。楼层挑檐飞角,楼顶覆盖绿色琉璃瓦,黄瓦镶边。主脊与垂脊以龙凤狮头吻合,正脊中央饰有紫铜回轮华盖。楼内正中,红柱直贯上下两层,围起圆厅。梁、柱、额枋均饰以彩绘,整座建筑显

图 4-10-5(1) 1937年的中山陵藏经楼

图 4-10-5(2) 中山陵藏经楼（见彩页图10）

图 4-10-5(3) 中山陵藏经楼圆厅

得华丽壮观，金碧辉煌。

据国立中央大学学生回忆，藏经楼设计期间，卢树森常常回校与刘敦桢先生讨论方案，使得这个作品设计和建造质量上佳，实为中国近代仿古类建筑的代表作品。

1949年以后，在保护好中山陵的同时，国家多次拨款，按对历史文物修缮要求，不改原貌，进行修复。楼之藻井饰以金箔描绘图案，光泽夺目，更显得雄伟壮观。同时新建混凝土弹石盘山公路1000 m，重建了僧房和碑廊、碑亭，与主楼浑然一体。1985年藏经楼主楼修复后对外开放。1987年5月，主楼前矗立孙中山铜立像，南京市人民政

图 4-10-5(1)

图 4-10-5(2)

图 4-10-5(3)

府正式批准将藏经楼辟为孙中山纪念馆。

2）原中央研究院北极阁中央气象台［图4-10-6（1）至（5）］

民国中央气象台位处北极阁2号，鸡笼山巅。六朝时，在鸡笼山曾建有我国第一座气象台，名日观台，又称习天台。元至正元年（1341年），从北京运来宋元天文仪器，并铸浑天仪等新的观测仪器，于明洪武十八年（1385年）扩建"钦天台"，因此鸡笼山又称钦天山。清初建北极阁，此后山因阁而名。

1921年竺可桢从美国回国，先在国立东南大学教授气象与地理，编写了我国第一部气象教材。1928年他开始着手筹建中央研究院气象研究所，并选址建设中国近现代第一个国家气象台。最终选定在南京北极阁古观象台旧址建设，因这里高爽开阔，符合建台要求。随后他多方奔走争取民国政府的支持，筹集资金，规划设计，招标施工，事必躬亲，前后耗时三年，连同研究所、气象台、图书馆、道路等一应

图4-10-6(1)

图4-10-6(2)

图4-10-6(3)

图4-10-6(4)

图4-10-6(5)

图4-10-6(1) 20世纪30年代北极阁中央气象台远眺
图4-10-6(2) 北极阁气象台塔楼
图4-10-6(3) 北极阁气象台塔楼近景
图4-10-6(4) 北极阁气象台图书馆
图4-10-6(5) 气象研究所建筑

设施均告完工,在极为困难的情况下,成就了这一组历史性建筑物。

气象台旧址由卢树森规划设计和督造,中轴线上,北向立高阶基,踏道四面上下。登踏道,前有观象台塔楼一座,高为14 m,钢筋混凝土结构,六面三层,逐层收进,平顶。建筑虽小,但却不全盘搬用中国传统塔楼形式,代以西式简洁的几何造型,但在柱头、栏杆、檐下和券门等处缀以传统构件或纹样,造型刚劲有力,呈现中西合璧的面貌,殊为新颖。塔楼内设有楼梯通向每层挑台和顶层平台。

1930年环绕其后又修建二层图书馆一座,该图书馆是一座570 m^2 的仿古建筑,歇山顶,脊吻走兽俱全,烟黑色筒瓦,白墙,砖木结构。建筑物右下角镶嵌汉白玉质奠基石上刻有"中华民国十九年八月十五日,国立中央研究院气象研究所。蔡元培题记",现为气象博物馆。

在观象台塔楼与图书馆两侧,各建有一中式办公楼,高耸的封火山墙夹护,中间为粉墙黛瓦的江南民居式样,造型古朴,清雅宜人。

2013年北极阁气象台旧址被列入国家级文物保护单位,现为江苏省气象台所在地,仍然对我国气象研究发挥着积极作用。

注释

① 1928年开始国立中央大学爆发长达四年的"易长风潮"。因办学经费短缺以及国民政府内部的权力斗争,此阶段国立中央大学校长更迭频繁,自1930年11月张乃燕辞职后,国民政府又先后任命朱家骅、吴稚晖、桂崇基、任鸿隽、段锡朋为校长皆夭折,直至1932年罗家伦接任校长才暂告段落。这一场"易长风潮"使国立中央大学的教学和学术研究一度陷入困境。国民党中央甚至一度宣布解散国立中央大学,彻底整理。此六易校长事件乃教育史上一大奇观。

② 参见卢树森的女儿,我国著名儿童教育学家卢乐珍女士的回忆。http://news.sina.com.cn.

图片来源

图4-10-1、图4-10-2源自:《东南大学建筑系成立七十周年纪念专集》.
图4-10-3(1)、(2)源自:http://www.nipic.com.
图4-10-4源自:http://www.shhfpm.com .
图4-10-5(1)源自:《南京民国建筑》.
图4-10-5(2)、(3)源自:笔者拍摄.
图4-10-6(1)源自:《老明信片·南京旧影》.
图4-10-6(2)至(5)源自:笔者拍摄.

4.11 卢毓骏（图4-11-1）

生卒：1904—1975年

籍贯：福建福州

教育背景：

（福州）福州高级工业专科学校，1920年

（法）巴黎国立公共工程大学毕业，1925年

（法）巴黎大学都市计划学院任研究员，1925—1928年

图4-11-1　卢毓骏

民国时期留学海外的知识分子往往作为精英在政府机构内得以重任，这使得他们有机会以自身专业技能为近代中国社会的发展做贡献。卢毓骏（Lu Yuh-Chun，字子正）就是其中一位佼佼者。建筑专业出身的他在政界、学界、业界皆有建树，赢得了很高的声誉。卢毓骏先祖于"五胡乱华"时南迁福建，卢父经营书店，故自小卢毓骏即熟读四书典籍。而福州早期乃西方文化输入通道，加上少有战乱波及，幸得保存许多当地传统与西洋式建筑，卢毓骏在耳濡目染之下，亦影响其日后的建筑风格。卢毓骏1916年进入福州高级工业专科学校，在此接受工科的初步训练，1920年以勤工俭学的方式到法国进修，在中国那个仍然落后的年代，靠努力取得出国留学资格，相信一定有惊人的意志力。当时中国的优秀知识分子多以学工科救国为志，卢毓骏选择进入了巴黎国立公共工程大学，时年仅17岁，1925年毕业后在巴黎大学都市计划学院当研究员，初步接触现代城市规划的理念和方法。

1928年卢毓骏回国，6月即担任南京特别市工务局技正科员和建筑课课长，经办中山路、中山桥及首都市政工程。1930年10月在实业部登记为工业技师。同年国民政府考试院正式成立，卢毓骏转入考试院协助建立专门技术人员考试制度，以及继续负责南京考试院工程的规划设计。考试院为中华民国最高考试机关，掌管公务员的考试、任用、考核、升迁、退休、养老等事宜。下辖四个中央级机关，分别是考选部、铨叙部、保训会和基金监理会。由于工作出色，卢毓骏获考试院院长戴季陶赏识，曾先后担任第6—8届（1938年、1939年和1945年）考选部部长。1945年9月初，何应钦奉命到南京接受日军投降时，卢毓骏被委任为分队长，代表考试院随同到南京办理接收。戴季陶特别交待卢毓骏要注意搜求保管书籍文卷古乐，保护有关建筑物及其设备①。由于多年办理考试院相关业务卓有成绩，卢毓骏曾受国民政府三等景星勋章。1946年11月还当选为制宪国民大会代表。1949年卢毓骏赴台湾后，继续负责考试院在台湾木栅新址的规划设计，并长期担任台湾包括建筑师注册考试在内的多项专业技术人员考试的典试委员。

1931年卢毓骏被聘为国立中央大学建筑工程系兼职教授，他认为，一个好的建筑设计必须与都市计划有良好的配合。在教学中，他强调

学生要尽力多涉猎艺术、工学、设备等方面的专业知识，并多接触文学、哲学，才能加强设计的深度。同年他还主持续建由公和洋行设计的国立中央大学礼堂，体现出熟练处理西洋古典式样建筑的能力。

卢毓骏设计建筑的特色是非常鲜明而执着的：一种近乎考据似的对中国宫殿式建筑造型的复古。1949年前卢毓骏建筑创作活动的高峰出现在主持南京国民政府考试院的规划设计期间。1928—1934年，在卢毓骏精心计划下，这组规模庞大、飞檐翘角、充满民族特色的建筑群出现在明代国子监旧址处，迎合了国民政府定都南京后以传统形式宣示正统和民族自豪感的意图。尽管曾留学海外，受过西洋古典和前卫艺术的熏陶，但卢毓骏却表现出对中华传统文化的迷恋，在"天人合一"哲学观指导下，他试图用中国传统建筑形式来诠释如何将自然融入人工环境中，这使其在20世纪30年代成为以大屋顶为标志的"中国固有形式"的积极鼓吹和实践者。他热衷于中国古建筑的研究，包括建筑史、明堂建筑、营造技术等方面，1971年在台湾出版《中国建筑史与营造法》一书，此书是其一生此方面研究心得的汇集。

学术上除醉心于中国古建筑研究的同时，卢毓骏还保持着对新建筑思想的敏感，他是中国最早引介现代建筑观念的开拓者之一。1933年4月上海《时事新报》刊登了卢毓骏所译，现代主义宣言书——柯布西耶所著《建筑的新曙光》（即《走向新建筑》）的文章，极力鼓吹新建筑的方向。1953年在台湾出版的《现代建筑》一书中，卢毓骏旗帜鲜明地提出"中国现代建筑"的概念，志在"将新精神新材料打入建筑，作为创造新建筑形态的泉源，同时又继起中国传统之文化生命"[②]。

卢毓骏的现代性，还体现在对都市问题的关注，他擅长都市计划、防空工程、卫生工程等，堪称中国近代最早涉足城市问题的建筑师之一。作为先行者，他积极地介绍国际先进城市规划理念和经验。他在巴黎求学的1920—1928年，是欧洲前卫艺术和现代主义风起云涌的时代。当时适值柯布西耶为代表的理性主义时期，各式新式建筑语言与都市规划观念不断推陈出新，几乎是一个革命的年代。或许无需惊讶，为什么卢毓骏对都市会那么关心。1934年《中国建筑》杂志上连载了卢毓骏的《实用简要城市计划学》长文，他在文中阐明治理荒滩及水土保持的重要性。1936年他翻译出版了柯布西耶的《明日之城市》这本极具影响力的城市规划名著（图4-11-2）。抗日战争期间，卢毓骏在重庆致力于防空城市规划体系的建立，发表了大量文章，就防空城市的形式、分区、道路、广场和防空建筑等进行了具体探讨，是我国防空规划和防空建筑学的奠基人。1971年在台湾他再译凯文·林奇的《敷地计划学》。除了著书立说，1961年他在台湾创办文化大学建筑与都市设计系，最早把都市设计概念引进台湾地区的建筑系科。卢毓骏深知建筑的现代化，关键需有一套新的都市观念，所谓纲举目张，"假设整座城市没能打理好现代化的下层结构，建筑语言的革新将显

图4-11-2 1936年出版卢毓骏所译《明日之城市》

图4-11-2

图 4-11-3

图 4-11-4

得毫无用处，就像人的五脉都没通，穿戴个乔治·阿玛尼（Giorgio Armani）的衣服又有何意义"③？

1949年到台湾后，卢毓骏带去了中华建筑文化复兴的思路，作为复古创作的领军人物，与黄宝瑜、修泽兰并称为台湾地区战后三大建筑师。1958年，他在台湾的第一个设计作品——台湾科学教育馆落成，重檐的圆形攒尖顶取自天坛祈年殿，表达其一贯主张的天人合一精神和来台湾后的思乡情绪（图4-11-3）。其后他又陆续主持设计了交通大学、华冈文化大学校舍，以及台北孔庙明伦堂（图4-11-4）、台中日月潭玄奘塔等，并开展明堂建筑的研究。1965年担任台北中山纪念堂建筑委员兼设计组组长，他最后的建筑作品包括考试院、两部办公大厦及中国文化大学大恩塔等。

中国第一代建筑师中间，卢毓骏的大屋顶建筑没有茂飞的细腻，也没有杨廷宝转化传统的能力，但不可忽略的是他作品的"面具性"（传统形式下的现代性观念）与对建筑文化举足轻重的影响力。过去对卢毓骏的评价，一直既定地认为他是复古形式的代表人物，风格归纳于保守的历史主义一派。但回顾那个历史阶段，国民政府大力倡导民族主义，借由意识形态来强调正统与巩固民心，在此氛围影响下甚至是裹挟下，民国建筑师以高超的专业技能或主动或被动，试图找到一些可以表达的空间，阐释自己的职业追求和社会理想，仍然是值得肯定的历史功绩。

图4-11-3 台湾科学教育馆旧址
图4-11-4 台北孔庙明伦堂

在宁职业经历和主要作品

——国民政府考试院建筑群（1930—1949年）。
——中央研究院社会科学研究所。
——汤山望云书屋（戴季陶别墅，毁于抗日战争期间）。
——五台山孝园。

原国民政府考试院建筑群 [图 4-11-5(1) 至（7）]

南京鸡笼山东麓、玄武湖南岸，有座坐北朝南的巨大院落——国民政府考试院建筑群，原门牌号码是考试院路 1 号，现门牌号码是北京东路 41—43 号。院落四季鸟语花香，一幢幢雕梁画栋、飞檐翘角的中国古典式建筑错落有致，排列有序，这里就是原国民政府考试院旧址，现为南京市政府所在地。

1929 年《首都计划》中对中央政治区里的政府五院选址即有统一规划：立法院、行政院、司法院、考试院、监察院选址明确应以中山北路—中山路为轴线汇集。这种汇集，也造就了今天沿中山大道的民国官府特色。但事实上，五院之中唯有考试院，被独自设置在鸡鸣寺东南侧。选择这个位置，和考试院的职责功能以及当时特殊局势有很大关系。早在《首都计划》制定之前的 1928 年，第一任考试院院长戴季陶就决定于明代国子监和清代文庙旧址上兴建考试院，大概和考试院脱胎于传统科举制度有关。院址勘测之后呈报行政院，但发现基地位置与中央政治区规划不符，因当时已将场地测绘、平整，如重新选址勘测将费时费工，又因当时缺乏考场，考试院每次均需租借大学教室，国民政府定都南京之初正是用人之际，为迎接 1931 年第一届高等文官考试，时任首都建设委员会委员长的蒋介石亲自批复："反复考察动延时日，因考场专门为选拔人才之用，和其他政治机关有别，即使将来政治机关均集中于政治区域，考场也无移设之必要，一经建筑亦未尝不可垂诸永久，基上理由建筑考场似仍以原勘地址为宜……与首都建设并无妨。"④

图 4-11-5(1) 原国民政府考试院建筑群鸟瞰（见彩页图 11）

图 4-11-5(1)

图 4-11-5(2)

图 4-11-5(3)

图 4-11-5(2) 原国民政府考试院东大门现状
图 4-11-5(3) 20世纪30年代的国民政府考试院背影

国民政府考试院由当时担任南京特别市工务局技正科员和建筑课课长的卢毓骏主持规划和设计。考试院占地面积为 103589 m²，1930年开工，至 1949 年止，建筑面积达 8277 m²。考试院建筑按东西两条平行的中轴线排列：东部分别为泮池、东大门、武庙大殿、宁远楼、

图 4-11-5(4)

图 4-11-5(6)

图 4-11-5(5)

图 4-11-5(7)

图 4-11-5(4) 20世纪30年代的原国民政府考试院西大门以及孔子问礼图碑亭
图 4-11-5(5) 原国民政府考试院西大门（见彩页图12）
图 4-11-5(6) 原国民政府考试院主体建筑明志楼
图 4-11-5(7) 原国民政府考试院宁远楼

华林馆、图书馆书库、宝章阁等；西部有西大门、孔子问礼图碑亭（已毁）、明志楼、衡鉴楼、公明堂等。目前尚有八幢大屋顶建筑保存。考试院整体格局和建筑风格都鲜明地体现出传统精神的内涵。

东大门：钢筋混凝土结构仿木作重檐庑殿顶宫门样式，绿色琉璃瓦顶，明黄墙面，上开三个拱券形门洞，大门下部仿须弥座，上部梁枋、斗栱、檐椽等均施以彩绘。国民政府时期，中门之上的两重檐之间挂有戴季陶书写的"考试院"金字直额。考试院院长戴季陶是佛门弟子，因此让门口站岗的卫士不配枪，而身着古典服饰，腰佩宝剑。

武庙大殿：原址是明代国子监和孔庙所在地，清朝改建立在高大的青石台基之上，重檐歇山顶，砖木结构，面阔七间24 m，进深九檩16 m。大红门柱窗，屋顶覆盖绿色琉璃瓦。民国时期将其内部改建成两层，楼下作为考试院的大礼堂，楼上是考试院铨叙部的办公室。武庙大殿前后两侧，各建有一幢二层仿古庑殿式建筑，均为砖木结构，并采用木结构的小瓦外廊连接成南北两个四合院，是考试院秘书处、参事处和铨叙部所在地。

宁远楼：建于1931年5月，同年底竣工。钢筋混凝土结构，楼中间为四层，重檐歇山顶，上覆小瓦；两翼三层，庑殿顶，平面呈山字形，入口抱厦宽大。考试院院长戴季陶办公室待贤馆就设在其中。第一届高等文官考试录取的考生人数因为较少，戴季陶曾在待贤馆赐宴传见。后为汪精卫办公处。

宝章阁：建于1934年，是考试院的档案库，收藏有考生试卷、文官任免登记书等档案资料。高三层，钢筋混凝土结构，重檐歇山顶，屋顶正中建有攒尖塔楼。

西大门：原为三开间的钢筋混凝土牌坊门，中间高而阔，两边略为缩小，并降低高度。冲天柱砌出毗卢帽和云纹装饰，牌坊底部两层石鼓夹抱。整个牌坊造型庄重大方，20世纪50年代被扩建为五开间。

明志楼：建于1933年，正对西大门，是考试院的主考场，也是考试院的中心建筑。仿明清宫殿式建筑，钢筋混凝土结构，单檐歇山顶，屋面覆盖绿色琉璃瓦，斗栱、檐椽、梁枋等均施以彩绘。八根红柱上承歇山顶抱厦，雕梁画栋，木格门扉。中部地上二层，地下一层，楼前平台，勾阑围护，踏道宽阔；东西两侧为地上一层半，地下半层。

抗日战争期间，考试院西迁，考试院成为汪伪国民政府所在地。抗日战争胜利后，国民政府考试院迁回原址。

国民政府考试院建筑群规划整齐，建筑考究，新老建筑相互交融，建筑与庭院绿化相映成趣，是民国时期中国传统形式建筑群的杰作，也是建筑师卢毓骏一生值得骄傲的代表作。2001年7月，国民政府考试院被列为全国重点文物保护单位。

注释

① 黎洁华，虞苇. 戴季陶传[M]. 广州：广东人民出版社. 2003:318–319.
② 卢毓骏. 现代建筑[M]. 台北：台湾华冈出版有限公司，1971.
③ 余爽. 卢毓骏与中国近代城市规划[D]:[硕士学位论文]. 武汉：武汉理工大学，2012.
④ 国民政府档案. 中国第二历史档案馆：关于考试院选址问题首都建设委员会委员长蒋介石的批示[Z]. 馆藏号一636,16J-2210.

图片来源

图4-11-1 源自：http://www.docin.com.
图4-11-2 源自：http://arto.blogbus.com.
图4-11-3 源自：http://www.ntsec.gov.tw.
图4-11-4 源自：http://www.ctc4dtheatre.com.
图4-11-5（1）源自：《南京民国建筑艺术》.
图4-11-5（2）源自：《老照片·南京旧影》.
图4-11-5（3）源自：笔者拍摄.
图4-11-5（4）源自：《老照片·南京旧影》.
图4-11-5（5）源自：笔者拍摄.
图4-11-5（6）、（7）源自：《南京民国建筑艺术》.

4.12 陆谦受（图 4-12-1）

图 4-12-1　陆谦受

生卒：1904—1991 年

籍贯：广东新会

教育背景：

（香港）圣约瑟学院入学，1922 年

（英）伦敦建筑学会建筑专门学校建筑系，1927—1930 年

（英）英国皇家建筑工程学会会员，1930 年

20 世纪 30 年代后期，本土建筑师正逐渐取代外国建筑师成为民国建筑舞台上的主角，其中基泰工程司杨廷宝、兴业建筑师事务所李惠伯、华盖建筑师事务所童寯和中国银行建筑科的陆谦受四人在建筑创作上尤为突出，业界有"四大名旦"之评价。陆谦受（Luke Him-Sau），出生于中国香港，家境富裕，父亲陆灼文乃香港著名商人、慈善家和教育家、办报人，自幼陆谦受得到中西两种文化的良好教育。1922 年中学毕业后进他入英资的香港谭仁纪建筑工程事务所（Messrs Denison，Ram & Gibbs Architects，Civil Engineers & Surveyors）实习和工作，以学徒身份初步接受建筑学的基本训练。1927 年，陆谦受赴伦敦建筑学会建筑专门学校建筑系深造，该校素以突破传统布扎教育体系（Beaux-Art），传授一种开放和独立的建筑教育理念闻名世界，陆谦受在此受到现代建筑思潮和创新意识的深刻影响。1930 年毕业后陆谦受成为英国皇家建筑学会会员，接下来他历时几个月游历了法国、意大利、美国、德国、瑞士及北欧等诸国，考察欧美新建筑。同年，应上海中国银行总经理张嘉璈之邀，回国主持上海中国银行总管理处建筑课，担任课长。

陆谦受的职业生涯和中国银行密不可分，自 1930 年回国任职上海中国银行建筑课（"课"同"科"）直至 1948 年离开大陆前，陆谦受的大多数建筑创作是中国银行系统内各地（上海、南京、青岛、济南、重庆等）的行屋设计。他和主要合作者吴景奇（1900—1943 年，毕业于美国宾夕法尼亚大学建筑系），组成了隶属于银行企业的设计团队。20 世纪三四十年代，陆谦受设计了一系列各地与中国银行相关的作品，如中国银行上海虹口大楼、西区分行（同孚大楼），中国银行南京分行，青岛分行，中国银行外滩总部大楼等。40 年代他还曾兼任（上海）金城银行总部建筑顾问，设计有南京、青岛等地的金城银行，30 余座银行建筑的实践奠定了其银行设计专家的声誉。1931 年初他经赵深、李锦沛介绍加入中国建筑师学会，1935 年当选副会长，1946—1948 年任理事长。1944 年 9 月他加入了中国营造学社。陆谦受先后在上海、香港、重庆三地建筑师注册登记，1945 年离开中国银行建筑课后，曾与陈占祥、黄作燊、王大闳、郑观宣合办上海五联建筑师事务所，该建筑师事务所是当时思想前卫的设计机构。1947年后则在上海自营建筑师事务所，1948年赴香港开业。

作为民国著名建筑师，陆谦受也兼任过上海私立圣约翰大学建筑工程系教师。抗日战争时期，迁至重庆沙坪坝的国立中央大学建筑系，在师资匮乏的情况下，系主任鲍鼎先生排除困难聘请杨廷宝、陆谦受、李惠伯等知名建筑师来校授课，大大提升了教学水准，是国立中央大学建筑系史上的一段佳话。

20世纪30年代中国进入建筑创作和实践的高峰阶段，作为一名经验丰富的华人建筑师，陆谦受的设计思路比较开阔，总体而言他"对古典和折中保持缄默，更注重面向现代"①，实践中较少拘泥于传统形式，这和他海外所留学的伦敦建筑学会建筑专门学校开拓创新的现代式教育不无关系，因此一方面尽管也有意模仿欧洲华丽俊秀的古典复兴风格，如青岛金城银行（图4-12-2），但大多数作品中，他则倾向现代派的做法——实用、简化，有时又略有中式意味的风格：例如中国银行南京分行在立方体量中，将中华古典风格的斜屋顶抽象而低调地展示出来。而现代派基调的上海同孚大楼立面用横线条处理，沿街顺路一面建成圆弧形，但背面却呈平面，好似从大红苹果上切下了一片，颇有装饰艺术特色（图4-12-3）。

图4-12-2 青岛金城银行
图4-12-3 上海同孚大楼

图4-12-2

图4-12-3

陆谦受的职业生涯因1935年上海外滩中国银行总部的设计而攀到顶峰，这座当时号称"远东第一高楼"的建筑，是外滩非凡的轮廓线上唯一留有中国人印迹的建筑（图4-12-4）。中国银行设计过程可谓一波三折。尽管中国近代第一批建筑师大多留学欧美，学有专长，业绩斐然，但在长期被洋行建筑师把持的上海市场开展业务绝非易事。宋子文、孔祥熙等官僚资本家崇洋思想浓厚，即使像陆谦受这样建筑界公认才华出众的建筑师，也被迫按照宋子文的指示在中国银行总部设计中与公和洋行合作，甚至图纸上都无法找到他的签名②。落成后的17层中国银行建筑体量采用高低错落的组合方式，主体塔楼建筑的正立面朝向

图 4-12-4

图 4-12-6

图 4-12-5

图 4-12-4 外滩北段两座醒目的近代建筑
（左为中国银行；右为沙逊大厦）

图 4-12-5 中国银行外观

图 4-12-6 1937 年外滩建设中的中国银行

外滩与黄浦江，外墙用花岗石贴面。整体造型为现代风格的摩天楼，但陆谦受却十分努力地在这个本质上属于西方文化的产物上添加上本土的东西。这样，大楼的屋顶，便是"四角攒顶、斗栱撑檐"的设计；正门门楣上，又有"孔子周游列国"的精致浮雕；门前安放一对叫做"貔貅"的石雕；室内装修也洋溢着浓郁的传统气息，令其成为外滩"万国建筑"群中最具中国特色的一座建筑（图 4-12-5、图 4-12-6）。梁思成在《中国建筑史》"清末及民国以后之建筑"一章谈及，"陆谦受各地之中国银行有其一贯之风格，谨严素雅，不陷俗套"。③

1936 年 7 月陆谦受和吴景奇联合在《中国建筑》第 26 期上发表《我们的主张》一文，积极倡导新时代的建筑观，他们主张：一件成功的建筑作品，第一不能离开实用的需要，第二不能离开时代的背景，第三不能离开美术的原理，第四不能离开文化的精神④。陆谦受的理论和实践对于现代主义在中国的推进起到了宣传作用，是中国现代建筑的先锋人物之一。

1948 年后，陆谦受继续在香港开业，晚年耕耘不辍，在香港留下众多作品。1991 年陆谦受病逝于香港，生前他所设立的陆谦受慈善基金会如今依然积极参与资助大陆的建设事业。

在宁职业经历和主要作品

陆谦受在南京的设计项目多与银行相关，有银行办公楼、银行员工宿舍及堆栈。1935年4月南京国立中央博物院筹备组征选建筑方案，邀请了国内包括杨廷宝、陆谦受、李宗侃、徐敬直、李锦沛、董大酉等13位国内顶尖建筑师参加，除了中选的徐敬直外，其余包括杨廷宝、陆谦受等四人因设计出较好方案也受到奖励。目前已知他在南京设计和监造的工程包括：

——南京警厅后街中国银行三层住宅 52宅（1932年，建兴营造

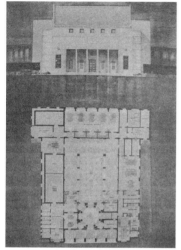

图4-12-7(1)

图4-12-7(2)

图4-12-7(3)

图4-12-7(4)

图4-12-7(5)

图4-12-7(1) 中国银行南京珠宝廊分行设计图纸
图4-12-7(2) 1933年中国银行南京珠宝廊分行
图4-12-7(3) 中国银行珠宝廊分行礼堂
图4-12-7(4) 中国银行珠宝廊室内大堂
图4-12-7(5) 珠宝廊中国银行现状

厂承建）。
——南京珠宝廊原中国银行分行（1933年，上海新亨营造厂承建）。
——南京住宅区新建住宅（1933年）。
——国立中央博物院设计竞赛（1935年6月）。
——原中国银行行员宿舍及堆栈 。
——南京金城银行（1946年6月，上海申泰营造厂承建）。

1）南京珠宝廊原中国银行分行[图4-12-7(1)至（5）]

1912年2月原清政府的大清银行被改为中国银行，1914年南京分行在珠宝廊成立，1933年委托上海中国银行建筑课陆谦受、吴景奇建筑师设计新楼，新楼占地面积超过3700 m²，建筑面积约为5700 m²。中国银行主要执行国家职能，发行货币，代理国库，支持政府财政，业务往来以政府机关为多。

该银行高三层，钢筋混凝土结构。设计首先尊重了功能的需求，平面和体型为简洁的长方形，布局合理。对称处理沿街立面，入口退后形成柱廊，上部开出圆窗和方窗，与大面积墙面形成虚实对比的构图。墙面采用泰山面砖，淡黄色，略红颜色水泥勾缝，配砖色，勒脚用苏州石磨光。另两侧立面稍做变化，用上端半圆收头的竖向长窗与装饰组合。此时的陆谦受已经非常节制地使用装饰，更突出建筑的本体语言（如材质、窗墙关系、比例等）以获得美感。颇为特别的是，陆谦受还设计了一个有中国传统风格的屋顶，位置退后，四角翘起，用青瓦，因此外观并不显著，屋脊用人造石，脊饰漆金色，较为简化地回应了大屋顶意向。为了彰显中国银行的显赫地位，门厅有圆形藻井，旋花灯池，室内以大幅壁画装饰，并安排宴会和招待宾客的设施，富丽堂皇。

南京珠宝廊中国银行分行比较鲜明地反映出这一阶段陆谦受深受现代思潮影响，立足实用和简化，在满足基本功能需求基础上，他又用折中的手法低调反映民族精神，于南京国民政府对"中国固有形式"的要求，不失为一种巧妙的回应。

2）南京金城银行（后为中央银行，图4-12-8）

南京金城银行是陆谦受20世纪40年代后期的作品，此时中国复古形式创作已式微，现代主义建筑的理论和实践占据主流，因此1946年设计兴建的南京金城银行比较忠实地反映了这一变化。金城银行位于南京中山北路2号，是所处鼓楼广场的标志性建筑。建筑占地面积为6448 m²，建筑面积4136 m²，地面四层，门厅五层，地下一层，钢筋混凝土结构。建筑物位处道路交叉口，为最大限度利用地形，两端交接处处理，陆谦受使用惯用的弧形，既增加了室内面积，又达到了美观效果。建筑为平屋顶，转角入口立面开竖向窗，和两旁立面的横向窗，形成线条的对比，以及整齐规律的秩序感，奶黄色粉刷墙面光

图 4-12-8　金城银行旧址

图 4-12-8

溜溜的，去除了多余装饰，走向净化，是标准的国际式风格。

　　不知何故，金城银行落成后不久，就与国民政府中央银行互借房屋，因此，建筑物事实上的使用者是国民政府的中央银行。1949 年以后，这里为鼓楼食品商场，是许多南京人记忆中充满温情和难忘的地方，2001 年因兴建商业大厦而被拆除。

注释

① 黄元炤. 陆谦受：对"古典"和"折中"缄默，朝向现代 [J]. 世界建筑导报，2013(151)：37-39.
② 陆谦受，吴景奇. 我们的主张 [J]. 中国建筑，1936(26)：22-25.
③ 梁思成. 中国建筑史 [M]. 北京：生活·读书·新知三联书店，2011.
④ 根据娄承浩、薛顺生编著的《上海百年建筑师和营造师》一书详述：从上海城建档案馆中藏的中国银行请照图案卷里始终是英商公和洋行，陆谦受的角色是业主代表。但同济大学邹勋后又发现 1935 年 11 月 11 日的第 17 层的立面修改图加上许多中国建筑符号，没有图纸签名却有工部局准许施工印章，他推论"这一部分细部图纸当是由中国银行建筑课陆谦受完成"。

图片来源

图 4-12-1 源自：http://paper.wenweipo.com.
图 4-12-2 源自：http://my.dzwww.com.
图 4-12-3 至图 4-12-5 源自：笔者拍摄.
图 4-12-6 源自：http://weibo.com.
图 4-12-7（1）、(2) 源自：《中国建筑》，第 1 卷第 1 期，1933 年 7 月.
图 4-12-7（3）源自：《南京民国建筑》.
图 4-12-7（4）、(5) 源自：《世界建筑导报》.
图 4-12-8 源自：《南京民国建筑》.

4.13 吕彦直（图4-13-1）

图4-13-1 吕彦直

生卒：1894—1929年
籍贯：安徽滁县（生于天津）
教育背景：
（北京）清华学堂，1911—1913年
（美）康乃尔大学建筑系，学士，1914—1918年
（美）茂飞建筑师事务所实习，1918—1921年

吕彦直（Lu Yen-Chih，字仲宜、古愚）是我国近代建筑师的杰出代表。在其短促的一生中，积极弘扬民族文化，设计、监造的中山陵和由他主持设计的广州中山纪念堂，都是极富中华民族特色的大型建筑组群，是我国近代融汇东西方建筑技术与艺术的建筑杰作，在中国近代建筑史上写下了辉煌的一页，产生了极其深远的影响。鉴于他对建造孙中山陵墓的杰出贡献，在其去世后，南京国民政府曾明令全国予以褒奖，陵园立碑纪念，这一举措堪称空前绝后。

吕彦直出身于清末官宦之家，幼年喜爱绘画，天资过人，悟性很高。8岁丧父，翌年随其姊侨居巴黎，开始接触西方文化。数年后回国，进北京五城学堂求学。曾受教于著名文学家、翻译家林纾，得到良好的中国传统文化熏陶，这对他立志发扬民族文化，融汇东西方艺术，不无影响。1911年吕彦直考入清华学堂留美预备部读书，1913年毕业，以庚款公费派赴美国留学，入康乃尔大学，先攻读电气专业，后改学建筑，接受西方学院派教育，1918年毕业（图4-13-2）。吕彦直后曾进入美国著名建筑师茂飞的建筑师事务所（Murphy & Dana, McGill & Hamlin Architects）实习，并任其助手，直接参与了金陵女子大学（今南京师范大学）和燕京大学（今北京大学）校舍的规划、设计，初步了解并掌握将现代技术与中国传统形式相结合的途径。他还帮助茂飞描绘整理了北京故宫大量建筑图案，这些工作经历和良师指引对其今后的职业道路具有深刻影响。之后中山陵和中山纪念堂均将中国与西方的建筑经典巧为融合，正是茂飞所构想之"改良式中国建筑"的进一步发展。1921年归途中他曾转道欧洲，考察西洋建筑。回国后寓居上海，先在过养默、黄锡霖开设的东南建筑公司供职，以设计花园洋房为主，较知名的作品包括和过养默合作的上海银行

图4-13-2 吕彦直在康乃尔大学读书时的作业

图4-13-2

图4-13-3 中山陵竞赛方案首奖：吕彦直的图纸

图4-13-3

公会大楼（1925年）。后与挚友黄檀甫合资经营真裕建筑公司，开展建筑设计、修缮设计和房屋租赁等业务，1925年在真裕建筑公司下开设彦记建筑师事务所，这是我国早期由中国建筑师自营的建筑师事务所之一。1924年，吕彦直与首批从国外留学归来的庄俊、范文照、张光忻、巫振英等人开始筹备成立中国建筑界第一个学术团体——中国建筑师学会，可见他是中国第一批职业建筑师中的佼佼者。

20世纪20年代中期的吕彦直已经是一名从业七年、富有经验的年轻建筑师，尽管名不见经传，但他的思想和技艺都日渐成熟，而一次历史机遇引领他走上民国建筑创作的巅峰。1925年5月，孙中山先生葬事筹备处向海内外建筑师和美术家悬奖征求陵墓建筑设计图案。同年9月，吕彦直以简朴、庄重的钟形总体布局和中西合璧的建筑设计方式，在40多种方案评选中一逾群雄，荣获首奖（图4-13-3）。不久吕彦直就受聘担任陵墓建筑师，并负责监理陵墓工程。在他主持中山陵项目的同时，又在1927年5月举行的广州中山纪念堂和纪念碑设计竞赛中，再夺魁首，从此蜚声海内外。其中，中山纪念堂是当时全国面积最大、跨度最大的会堂建筑，纪念堂平面为八角形，总建筑面积达1.2万 m^2，屋顶高57 m，长宽各71 m。纪念堂内部巧妙运用

图4-13-4

图4-13-5

图4-13-4 广州中山纪念堂
图4-13-5 广州中山纪念堂室内

了建筑力学的结构原理，采用钢桁架和钢筋混凝土混合结构，跨度达30 m，可容纳4700人的观众厅不设一柱，在当时是惊人的技术，更显气势恢宏。建筑造型的四个方向采用重檐歇山顶的柱廊围合，中部为八角攒尖顶主楼，宝蓝色的琉璃瓦加上朱红色的立柱和彩画，形象富丽雄伟，将中华民族传统建筑的美感展示得淋漓尽致（图4-13-4、图4-13-5）。他的朋友胡适曾给予高度评价："……图案简单而雄浑，为彦直生平最成功的建筑……我们看了黄花岗，再看吕彦直设计的中山纪念堂，可以知道这20年中国新建筑学之大进步了。"[1]

中山陵和中山纪念堂这两个标志性项目，确立了吕彦直作为我国采用现代钢筋混凝土结构技术创造性地发扬民族建筑形式先行者的地位。20世纪早期，虽然国内亦有过中西合璧的尝试，但由西方传教士和外国建筑师主导的设计，多数止步于将感兴趣的中国建筑元素进行堆砌和组合，表达生硬，有的甚至在比例上丧失了和谐的美感；也可以看出那时深受西方建筑学教育的外国建筑师对于如何表达中国建筑的"民族性"只停留在表面，而没有深入了解博大精深的中国传统文化与建筑之间丝丝紧扣的密切关系。吕彦直则不囿于传统束缚，将传统美学和现代功能、空间和建造技术进行综合。中山陵的方案设计与中国传统陵墓形制有相似之处，但将其进行了现代性改造，如既沿袭了中国传统中轴对称格局的同时，又去除了很多仪式建筑，平面布局大大简化、明晰；祭堂平面和造型中西合璧；室内外装饰尽管多借鉴中式做法，但装饰元素简化为卷草、花团和祥云等图案。这些手法都为中国古典建筑形式的现代转型提供了有益的参考。在吕彦直的率领下，中国建筑师关于民族性与现代建筑融合的探索达到了高潮。以中山陵为代表的这类真正意义上的中西合璧作品在近代中国写下了浓墨重彩的一笔。

中山陵主体工程施工中，吕彦直不顾个人安危和羸弱身躯，跋涉于上海与南京之间，并长期住宿山上，督促施工。为确保工程质量，选料、监工一丝不苟。终因积劳成疾，于1929年3月18日罹患癌症在上海不治逝世，年仅35岁，终生未婚。人们无不为这位才华横溢的优秀建筑师，未能看到自己呕心沥血设计、监造的中山陵建成就英年早逝而惋惜不已。

吕彦直以出众的才华和中西建筑文化修养，为中国建筑师找到了职业尊严，堪称是中国近现代建筑文化的奠基人。

在宁职业经历和主要作品

英年早逝的吕彦直，生平作品不多，却在南京留下他一生中最辉煌的作品，达到了个人职业生涯的巅峰。除了耳熟能详的中山陵和陵园周边规划、附属工程设计外，人们所罕知的是吕彦直还曾加入由其导师茂飞率领的团队，参与《首都计划》的制定，并在其中发挥重要作用。吕彦直曾力主设"中央政府区"于明故宫旧址，1928年他在《规划首都都市区图案大纲草案》中建议，拆除南京东、南两面城垣"以扩成为最新之市区……照本计划之所拟，将来南京都市全部造成之时，此处（即明故宫）适居于中正之位"②。吕彦直将明故宫中央政府区描绘为"中正之位"，在当时拨动蒋介石心中玄机，是中央政治区选址的重要依据。吕彦直在去世之前还强撑病体在卧榻上完成了首都两区（中央政府区、市区）以及政府建筑的设计图稿，成为其最后的遗作，令人唏嘘不已。吕彦直在南京规划设计的主要作品包括：

——中山陵（1925年，一期由姚新记营造厂承建，二期由新金记康号承建，三期由馥记营造厂承建）。

——廖仲恺、范鸿仙墓选址和初步规划设计（1926年，后由国立中央大学教授刘福泰负责绘图监造，详见"刘福泰"一节）。

——规划首都两区（中央政府区、市区）和国民政府建筑设计图稿（1929年）（图4-13-6）。

中山陵 [图4-13-7(1)至(12)]

出南京中山门，扑面而来的是葱茏毓秀的茫茫林海，蜿蜒起伏的钟山铺陈出一片绿色世界，这个世界的中心就是孙中山先生的陵墓——中山陵。

1925年3月12日，孙中山病逝于北平。弥留之际，孙中山嘱咐说："吾死之后，可葬于南京紫金山麓，因南京为临时政府成立之地，所以不可忘辛亥革命也……"③孙中山逝世后，灵柩暂厝于北平西郊的碧云寺。筹备处则做出向海内外征求陵园设计的决定，1925年5月13日，孙中山先生葬事筹备委员会通过了《孙中山先生陵墓建筑悬奖征求图案条例》（下简称《图案条例》），并公开登报向海内外悬奖征求陵墓设计图案。《图案条例》中第二条明确要求："祭堂图案须采用中国古式而含有特殊与纪念之性质者。或根据中国建筑精神特创新格亦可。"③除葬事筹备处委员及孙中山的家属为当然评委外，还聘请了中

图 4-13-6 吕彦直所作首都规划中国民政府建筑设计的遗稿

国著名画家王一亭、德国建筑师朴士、南洋大学校长凌鸿勋和雕刻家李金发为评判顾问。这是中国历史上第一次规范化的建筑设计国际招标。1925年9月，评审结果出台：第一名是吕彦直；第二名是范文照；第三名是杨锡宗。由于佳作极多，委员会又增加了名誉奖七名，其中仅赵深为华人，其余皆为外国建筑师。四位评审基本上一致认为吕彦直的中山陵方案最为符合竞赛各项要求，整体风格古朴浑厚，与地势较好地进行了结合，且完全根据中国古代建筑精神，决定采用此方案建造陵墓，同时聘请吕彦直为陵墓建筑师和督造者。

这的确是国人设计的一件佳作。陵园占地面积为8万 m^2，前临平川，后拥青障，吕彦直巧妙地利用紫金山南坡由低渐高的地形，在同一中轴线上安排陵前广场、博爱坊、登山墓道、碑亭、祭堂和墓室。从陵门到墓室逐步向上推进，有效地烘托出陵寝的宏伟气势。而层层叠叠的台阶、宝蓝色琉璃瓦顶的建筑物被郁郁葱葱的松柏掩映，在蓝天白云映衬下，呈现高度纯化的冷色基调，塑造出陵墓肃穆清明的意境。中山陵主体建筑的空间和形式在中国传统基调上加以创新，如祭堂平面结合了欧洲古典理性主义的平面构图以及中国传统建筑柱网布局，更加开敞。门洞及开窗增多，则克服了传统建筑闭塞、采光不佳的缺点，更具现代优势。外观亦非全盘照搬古代典例，而是采取中国古建筑的重檐歇山式，但四角筑以堡垒式方屋，形成中西结合的构图。建筑物体块简洁，雄浑大气，比例、坚固感、稳定感都好，可见吕彦直掌握的是中国传统建筑上比例和谐的美学形式，立意和手法更胜一筹。此外，中国古代陵墓墓室多在地下，而中山陵的墓室在祭堂之后，与祭堂相通，游人可由祭堂入墓室瞻仰。评委王一亭认为"形势及气魄极似中山先生之气概及精神"[④]。

最为世人所赞赏的是他的设计构思巧妙，别具匠心，富于寓意。警钟形的整体空间造型，暗含"木铎警世"的深刻含义，表达了中山先生"革命尚未成功，同志仍须努力"的警世遗训。融贯中西的建筑精神与中山先生的思想气度融为一体。对于中山陵，梁思成的评价是："中山陵虽西式成分较重，然实为近代国人设计以古代式样应用于新建筑之嚆矢，适足于象征我民族复兴之始也。"[⑤]

1926年1月15日，中山陵工程开始炸山填土，正式动工。为加快工程进度，吕彦直不得不奔波于上海与南京之间，风餐露宿于工地的吕彦直不到一个月就病倒了。在上海寓所休养期间，有关工程事务，均委托黄檀甫全权处理，但技术工作仍须亲自裁决。因此，每一项工

图 4-13-7(1)

图 4-13-7(2)

图 4-13-7(3)

图 4-13-7(4)

程开始前，必须根据他的建筑详图制成模型，送往上海，由他亲自审查、修改。选用的建筑材料，除必须按他指定的商标、产地之外，还要选送样品，经南洋大学试验并超过美国标准，他才签字准用，否则定要返工。对施工人员的技术水平，经他考核合格了，才有资格接任工作。

从 1925 年赢得竞赛到 1929 年去世的短短四年中，吕彦直除承担中山陵、广州中山纪念堂与纪念碑的设计，主持陵墓工程施工，参与孙中山座像、卧像、棺椁底座和华表、牌坊的设计外，共九次出席了孙中山先生葬事筹备委员会会议，讨论议决分部工程项目、造价、招标、修改图样、施工进度等问题。他还接受国民政府聘请，担任总理陵园计划专门委员，参与陵园区规划及廖仲恺、范鸿仙墓的选址设计。

在他得知身患不治之症后，仍强忍病痛，在医院绘制"规划首都都市两区（中央政府区、市区）图案"和"国民政府（包括五院）建筑设计鸟瞰图"，留下一生中的最后遗作。弥留之际，他谆谆教诫同事，继承他建设祖国之遗志，赤子之心，感人肺腑。遗憾的是，吕彦

图 4-13-7(1) 中山陵全景鸟瞰
图 4-13-7(2) 中山陵首奖方案中祭堂的立面图纸
图 4-13-7(3) 中山陵祭堂模型
图 4-13-7(4) 1929 年 6 月 1 日孙中山灵柩送入中山陵祭堂

4 民国时期南京代表性职业建筑师及其作品

图 4-13-7(5)

图 4-13-7(6)

图 4-13-7(7)

图 4-13-7(8)

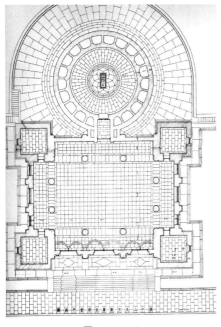

图 4-13-7(9)

图 4-13-7(10)

图 4-13-7(11)

图 4-13-7(12)

图 4-13-7(5) 中山陵入口博爱坊（见彩页图 13）
图 4-13-7(6) 中山陵祭堂现状
图 4-13-7(7) 中山陵祭堂檐部
图 4-13-7(8) 中山陵祭堂室内
图 4-13-7(9) 中山陵祭堂平面
图 4-13-7(10) 碑亭
图 4-13-7(11) 中山陵墓室室内穹顶和孙中山卧像（见彩页图 14）
图 4-13-7(12) 西南角原存放吕彦直纪念碑的休息室

直没能看到这座自己呕心沥血设计的建筑最终落成,在中山陵主体工程即将完工时,积劳成疾,患肠癌去世。剩余工程由他的挚友、彦记建筑事务所建筑师李锦沛、黄檀甫主持完成,全部陵墓三期工程竣工已经是 1931 年底。同时李锦沛、黄檀甫接手的还有吕彦直在广州设计的中山纪念堂。同年 6 月 11 日,南京国民政府向全国发布第 472 号褒扬令,全文为:"总理葬事筹备处建筑师吕彦直,学事优良,勇于任事,此次筹建总理陵园,计画图样,昕夕勤劳,适届工程甫竣之时,遽尔病逝,眷念劳勋,惋惜殊深,应予褒扬,并给营葬费二千元,以示优遇。此令。"③翌年,陵园管理委员会又为吕彦直立纪念碑,石碑上半部为吕彦直半身遗像,由孙中山大理石卧像的作者——捷克著名雕刻家高祺制作,下半部为于右任书写的碑文,文曰:"总理陵园建筑师吕彦直监理陵工积劳病故　总理陵园管理委员会于民国十九年五月二十八日议决立石纪念。"石碑原安放于中山陵祭堂西南角的休息室内,抗日战争中不知去向,至今下落不明。

如今,中山陵是南京最著名的风景区和重要的文化象征,每年几百万游客登临中山陵缅怀革命先行者的丰功伟业,而吕彦直也因为这个伟大的作品永垂史册。我们可以将中山陵的诞生视为近代知识分子民族意识的一次觉醒,一次以建筑寻求民族文化再生的伟大尝试,令后人感受到力求厕身历史洪流前列的时代精神特色,甚至时至 80 多年后的今天,仍然具有现实意义。

注释

① 转引自人民网. http://paper.people.com.cn.
② 吕彦直遗著《规划首都都市区图案大纲草案》,载于国民政府首都建设委员会秘书处编印之《首都建设》第 1 期,1929 年 10 月出版.
③ 建筑文化考察组. 中山纪念建筑[M]. 天津:天津大学出版社,2009:38.
④ 佚名. 孙墓图案评判报告[N]. 申报,1925-09-26.
⑤ 杨永生,等. 建筑五宗师[M]. 天津:百花文艺出版社,2005:17.

图片来源

图 4-13-1 源自:《中国建筑》.
图 4-13-2 源自:《建筑五宗师》.
图 4-13-3 源自:《中山纪念建筑》.
图 4-13-4、图 4-13-5 源自:笔者拍摄.
图 4-13-6 源自:http://www.epailive.com.
图 4-13-7(1)至(4)源自:《中山纪念建筑》.
图 4-13-7(5)至(9)源自:笔者拍摄.
图 4-13-7(10)源自:《中山纪念建筑》.
图 4-13-7(11)源自:笔者拍摄.
图 4-13-7(12)源自:《中山纪念建筑》.

4.14 缪苏骏

生卒：不详

籍贯：江苏溧阳

教育背景：

（上海）南洋路矿学校

与杨廷宝、范文照、李锦沛等民国著名建筑师相比，缪苏骏（Miao Kay-Pah，字凯伯）并非广为人知，但却是一位有着丰富实践经验的土木工程师和职业建筑师。缪苏骏没有留洋背景，他毕业于上海南洋路矿学校。该校创办于1913年，曾租驻尚贤堂（今淮海中路358弄），1924年7月，南洋路矿学校更名为东华大学。南洋路矿学校为国家先后培养了一大批中国早期土木工程和道路、矿业方面的科技人才。民国名人陈立夫、邵洵美等也是该校毕业生。孙中山曾专门为该校题赠匾额"造路救国"（图4-14-1）。显然缪苏骏是一位土木教育出身的工程师。根据《近代哲匠录》中记载：毕业后，缪苏骏曾在实业部登记为工业技师，并自营东南建筑公司（Miao Kay-Pah Civil Engineer and Architect, Land and Estate Agent）；1932年在上海市工务局进行技师开业登记，1933年12月经杨锡镠、庄俊介绍加入中国建筑师学会，并在1934—1937年成为中国工程师学会正会员；后自营缪凯伯建筑师事务所（又称缪凯伯工程司，Miao Kay-Pah Consulting Co.），地址在上海康脑脱路（今康定路）第733街30号永宁坊。其事务所人员包括：周庭柏（绘图员）、厉尊谅（设计员）和严有翼（设计员）。作品包括：上海闸北宝通路王亨通住宅（1924年）、上海武定戈登路王梓康住宅（1926年）、康定路联宝里吴鼎铭石库门楼房（1930年）、交通银行南京分行（1935年）、上海徐家汇路巨福路口中国钟表材料厂职工宿舍及货栈（1935年）、杭州中央银行（1934年）、常熟交通银行（1934年）和南昌中央银行等。

就现有资料看，缪凯伯工程司在当时上海不算一家大型设计机构，但从1935年前后陆续完成的一批银行建筑来看，应该颇具实力。根据南京市档案馆中现存交通银行南京分行下房设计资料显示：缪凯伯工程司能独立完成从方案设计到施工图乃至结构计算的全过程，比较深入，这和当时大部分建筑师只管图样的做法不同，这也和其土木背景

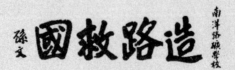

图4-14-1 孙中山为南洋路矿学校的题字

图4-14-1

图4-14-2

图4-14-3

不无关联。

1933年芝加哥世界博览会召开,缪苏骏作为中国建筑师学会成员参加了中国展馆的筹备工作(图4-14-2)。缪苏骏是民国时代一位具有丰富执业经验,但缺乏重大影响力作品和建筑思想的建筑师,因此有关缪苏骏的记载寥寥,这也是中国近代大多数职业建筑师的基本面貌,唯有通过他们留存的作品,才能了解这批建筑师对近代中国城市形态和建筑文化的贡献。

图4-14-2 1933年芝加哥世界博览会中国馆
图4-14-3 原土耳其驻中华民国大使馆旧址

在宁职业经历和主要作品

据资料和实物可考的缪凯伯工程司在南京作品不多,包括:
——交通银行南京分行(1935年,新亨营造厂承建)。
——土耳其驻原中华民国大使馆(1935—1937年,原为私宅,1946年租借为使馆,张裕泰营造厂承建)(图4-14-3)。
——南京市三汊河扬子面粉公司(1931年,上海华中营业公司承建)。

原交通银行南京分行 [图4-14-4(1)至(7)]

它是南京重要的标志性民国建筑之一,也是对城市中心地段形态影响很大的一座建筑,是南京居民记忆中的坐标。

交通银行乃中国早期四大银行之一,系1908年清政府为赎回京汉铁路而设立。最早的交行总部设在北京正阳门外西河沿,1910年开始在南京马府街设立江宁试办分行,简称"宁行"。此后,行址屡有变迁。1935年迁至新街口新址办公,称为"京行"。经过20余年发展,到20世纪30年代初南京分行事业到达顶峰,1933年开始筹建市区中心新街口地段中山东路1号的新址,当时的交通银行已经居于民国金

图4-14-4(1)

图4-14-4(2)

图4-14-4(3)

图4-14-4(1) 民国时期交通银行发行的钞票

图4-14-4(2) 庄俊设计的交通银行青岛分行

图4-14-4(3) 日军占领之后的新街口街景（图左建筑物为交通银行）

融机构的前列。中外著名银行大都有设计宏伟豪华的大厦作为银行行址的惯例，业务蓬勃发展的交通银行自然也有这样的需求，这样不仅能显示出银行的资力雄厚，提升信用，从气势上力压群雄，同时，也具有永久纪念意义的象征。

交通银行南京分行设计由上海缪凯伯工程司承担，新亨营造厂承建，1935年7月竣工，工程造价约为20万元。该建筑分为南北两部分，主体建筑位于南部，为钢筋混凝土结构，平面近似矩形，地上三层，地下一层。该建筑占地面积为1858 m²，建筑面积4187 m²。主楼一层为营业大厅，二三层空间均为办公用房，所有房间围绕二层通高中庭布置，这也是当时十分时髦的采光方式。四角塔楼有四层高，为楼梯和储藏间。北部有三座两层高配楼（下房）。

主体建筑造型为西方罗马古典复兴式，大楼正面朝南，门口有四

图4-14-4(4)

图4-14-4(5)

图4-14-4(6)

图4-14-4(7)

根高达9 m的爱奥尼式巨柱直抵三楼，两侧塔楼间以花瓶栏杆连接，遮住背后的屋面，大楼外部东西两侧各配有六根式样相同的檐柱。主楼有高达2 m的宽厚檐部，出挑也有1 m多。这条檐部是建筑外观上结实的收边，带来了舒展的视觉效果，檐口的齿饰线脚等装饰构件也遵照西方古典的细部做法。塔楼大楼外墙面采用水泥斩假石，做工细腻。整个建筑显得坚固挺拔，浑厚凝重，显示了银行业主的雄厚资本和经济实力。

交通银行自1935年矗立起来后，就成为民国首都南京市中心新街口地区的地标，其高度、规模和非同寻常的西方古典面貌显得异常突出。而业主选择缪凯伯工程司这样当时并不知名的设计机构，很可能和交通银行在各地分行建筑中推广彰显其身份地位的全国通行之罗马式规则，以及著名建筑师庄俊的推动不无关系。考察交通银行在20世纪二三十年代各地所建分行，会发现造型十分相似：三层或四层罗马式新古典主义外观，主立面横向分成三段式，正中耸立着高大的爱奥

图4-14-4(4) 檐口西方古典式的细部
图4-14-4(5) 室内中庭
图4-14-4(6) 修缮后的原交通银行外观
图4-14-4(7) 原交通银行南京分行（见彩页图15）

4 民国时期南京代表性职业建筑师及其作品

/165

尼柱式，顶着顶层或檐口，据认为这种做法皆来自于交通银行广东分行的原型，并在交通银行顾问建筑师庄俊的发展下，变为一种适应性强、形体简洁、气派庄重的通行罗马式。为何交通银行首都分行交由名声并不响亮的缪苏骏设计，如果浏览其简历，可以发现缪苏骏当年是在庄俊介绍下参加中国建筑师学会，他们应该是相熟的朋友，因此有理由相信，是庄俊推荐缪苏骏作为南京分行的设计师。而业主基于对庄俊建筑师的信任，选择尽管名气不大但能实施其罗马式古典路线的缪苏骏也就不足为怪了。

1937—1945年日军占领南京期间，交通银行南京分行成为汪伪中央储备银行行址，当时在顶部平台中部又增建一座两层建筑。抗日战争胜利后，交通银行南京分行一度被中央银行南京分行占用。不久，交通银行南京分行在原址恢复营业。1949年后，中国人民银行曾短暂入驻中山东路一号直至20世纪70年代，后被工商银行使用至今。

20世纪三四十年代民国首都南京的新市中心——新街口广场周边逐渐形成了围合。除西北角外，其余三角皆为银行所据，如东北角，交通银行、浙江兴业银行（1937年，位于中山东路3号）；西南角，邮政储金汇业局（20世纪30年代后期）、盐业银行（1936年，庄俊设计）；东南角，大陆银行（20世纪30年代后期）、聚兴诚银行南京分行（1934年，李锦沛设计）。从此，此处也成为民国南京真正意义上的金融中心。如今，除东北角的交通银行和浙江兴业银行尚存外，其余旧银行建筑均已拆除，原交通银行作为仅存"历史地标"的意义就变得十分显著。近年来，作为江苏省文物保护单位和国家重要近代建筑遗迹，交通银行旧址经过修缮更新，在延续功能的同时，继续发挥着城市地标的作用。

图片来源

图4-14-1 源自：http://www.chnmuseum.cn.
图4-14-2 源自：《中国建筑》.
图4-14-3 源自：笔者拍摄.
图4-14-4（1）源自：http://findart.com.cn.
图4-14-4（2）源自：http://weibo.com.
图4-14-4（3）源自：《老明信片·南京旧影》.
图4-14-4（4）至（7）源自：东南大学周琦工作室.

4.15 齐兆昌（图 4-15-1）

生卒：1880—1956 年
籍贯：浙江杭州（祖籍浙江天台）
教育背景：
（杭州）私立之江大学，学士
（美）密歇根大学土木工程专业，学士

图 4-15-1　齐兆昌

民国南京执业的建筑师中有这样一位身份特殊的人，可以称他为"教会建筑师"，尽管工作范围有限，设计类型相对单一，但靠着深厚的专业素养和执着认真的态度，为南京留下一批宝贵的近代建筑遗产，他就是金陵大学工程处主管齐兆昌（Charles T. Gee）。齐兆昌出身于浙江天台的名门望族，祖上齐召南在雍正乾隆年间曾先后做过侍读学士、内阁学士、礼部侍郎，并曾为雍正六皇子弘瞻的师傅。乾隆三十三年（1769 年），因其兄犯文字狱，齐召南受连坐，被判革职流放，家产充公。后乾隆念其有功，免去其流放之苦，并返还家产的三成，遣回原籍。到其祖父时，由于家族内部的矛盾，遂举家迁往杭州。齐兆昌祖父成了刻字工人，祖母则靠帮人洗衣服为生。由于家境衰落，齐兆昌无奈被教会收养。不过凭着自己的聪明和勤奋，他考取了杭州的私立之江大学，靠给学校打钟半工半读。因学业出众，后受教会资助赴美国留学，进入美国著名院校密歇根大学的土木工程专业深造，课余则在福特汽车厂内打工维持生活。齐兆昌与基督教会的渊源很深，是一位虔诚的基督徒，出于感恩和宗教信仰，他立誓终生为教会服务，回国后遂就职于教会所办的南京金陵大学，历任校务委员、首任工程主管和校产管理处主任，在金陵大学校园的长期建设中发挥了重要作用。

由于齐兆昌与南京地区的基督教会组织联系紧密，因此其负责南京城内众多教会房产的设计、修缮和维护工作。除金陵大学的基建工程外，还有金陵女子大学、基督中学（即中华中学）、圣保罗教堂、金陵神学院、明德女子中学等，也包括南京周边地区的教会建筑，如安徽滁县基督教堂和教士宿舍等。鉴于其良好的教育背景和出众的才华，冯玉祥将军一度劝说齐兆昌弃教从政，被他婉言推辞。

虽然学的是土木工程，但职业实践中主要从事建筑设计和监理，因此齐兆昌十分注重建筑专业素养的完善。据他的儿子齐康后来回忆："父亲很好学，家里购买了大量建筑方面的国内外书籍和期刊、画片等，如 1920—1949 年全套的《建筑论坛》（*Architectural Forum*）、《建筑实录》（*Architectural Recorder*）和《笔尖》（*Pencil Points*）等美国建筑杂志，还有《营造法式》等中国建筑典籍。"齐兆昌秉承了教会的奉献精神，对待工作非常勤奋刻苦，齐康回忆到："我家住在汉口路 7 号，是孙中山在南京曾住过的房子，正好毗邻金陵大学工地，经常看见父亲在被改造为工作间的门房内，起早贪黑地和助手绘图，也会看到在临近的工地脚手架上爬上爬下……"[①] 父亲的言传身教对子女影响很大，齐康和他的哥哥们先后走上了工程技术之路，有的学机械，有的学建筑，有的学土木工程（图 4-15-2、图 4-15-3），并且都在日后的专业领域成就斐然，如齐康的大哥曾任美国艾奥瓦州桥梁总工程师，而齐康更是继承父亲衣钵，成为当代著名建筑家和建筑学领域的科学院院士。齐兆昌的敬业和虔诚深得美国教会信任，在当时，他几乎相当于南京地区教会的总建筑师。

分析齐兆昌的作品，可以看到极强的调适性和主观能动性。一方面他受的是西方高等教育，因此对于西方建筑的构图、材料和建造手段比较熟悉，特别是乡村教堂、殖民风格等地道的美式手法运用自如，但也可以看到其不少作品中显示出来的民族性。无论是北方官式屋顶还是简式的地方民居，或者中西合璧风格做法，齐兆昌努力践行着在华西方教会20世纪初开始推行的教会建筑中国化的路线。在担任金陵大学校舍中方监理工程师期间，帮助外籍建筑师调整他们不熟悉的中式建筑设计手法，如屋面瓦作铺设时所参考弧度并非是以圆弧半径设计出的屋面曲线等。土木工程师出身的齐兆昌在解决结构问题和施工管理方面更是得心应手。负责督造金陵大学校园建设的美方工程师司迈尔（A. G. Small）在为美国杂志撰写的文章中，称赞中国工程师齐兆昌在解决金陵大学附属医院屋顶桁架和其他现场技术问题中所起的巨大作用[②]。

齐兆昌不光是一位恪尽职守的基督徒建筑师，更为可贵的是，他在民族危难之时体现出高尚的品格和气节。1937年12月，日军攻入南京，对手无寸铁的平民和放下武器的中国军人进行了疯狂屠杀，南京遭受到空前浩劫！在此之前，金陵大学被迫西迁，为保护学校资产，齐兆昌毅然和其他30多名中西籍教职员一齐留守南京。当时，留守南京的西方人士发起组织了南京安全区国际委员会，设立安全区，并利用金陵大学校园设立了难民收容所，齐兆昌任收容所所长，在这场惨

图 4-15-2 齐兆昌一家合影（后排左二为齐兆昌，前排右一为齐康）

图 4-15-3 齐兆昌任职金陵大学时曾居住的住宅（中山楼）

图 4-15-2

图 4-15-3

绝人寰的侵略屠杀中，保护南京数万妇孺贫民免受日寇铁蹄的蹂躏（图4-15-4）。当时的齐兆昌经常面临生命威胁，一次在收容所外巡查时，被日军发现，并准备用刺刀杀死他，幸好安全区国际委员会委员、齐兆昌金陵大学的美国同事里格斯（Charles Riggs）及时出面解救才幸免于难。至今齐康院士回忆起自己父亲当时的境况依然十分激动。1942年，日军占领了金陵大学校园，齐兆昌和其他留守人员只得转移到位于干河沿的金陵中学，并把金陵中学改名为"同伦中学"，齐兆昌任总务长。此举不仅使很多失学青年得以继续学习，而且也帮助留校职工维持了生计。齐兆昌的义举深深地影响了他的儿子齐康院士，他精心设计的侵华日军南京大屠杀遇难同胞纪念馆，堪称当代中国建筑的杰作，并且齐康院士长期义务担任纪念馆后期维护、改造等工作的顾问。

图4-15-4

图4-15-4 现南京大学校园内的南京大屠杀期间金陵大学收容所及遇难同胞纪念碑

1949年以后，齐兆昌继续在金陵大学（1952年院系调整后为南京大学）工务科工作，担任工务科科长，晚年依然以建筑为伴。齐兆昌对自己日常生活要求严格，从不抽烟喝酒，热爱自己的工作，刻苦耐劳，常常做设计到深夜。1955年，齐兆昌因患癌症，住进鼓楼医院，每当病势稍轻的时候，他都支撑着身体到学校看看，惦念着学校的事。当听到医院隔壁南京大学校园的钟声敲得太急太响时，他对去看他们的校友说："打钟时，开始不要太急太响，不然会把钟敲坏的，最好是先缓后急，逐渐加重。"③最终，由于癌细胞转移，齐兆昌于1956年初病逝于南京。

在宁职业经历和主要作品

齐兆昌一生绝大多数作品在南京设计和实施。作为基督教会的专职建筑师，虽然作品的类型和形式风格受到一定限制，但他精益求精，专注于将西方现代建筑技术和中国现实建造条件的结合，在限制条件下努力保证工程实施和建筑优良的品质，尽管未有什么鸿篇大作或惊人言论，但踏实勤恳，默默奉献，这是旧中国大多数职业建筑师的品质和经历。经考据，齐兆昌在南京设计和监造的主要项目如下：

——金陵女子神学院（今金陵协和神学院，1922年，陈明记营造厂承建）。

——南京基督教圣保罗教堂（1923年，陈明记营造厂承建）。

——金陵大学北大楼、西大楼、东大楼、礼拜堂和宿舍（1918—1926年，中方监理工程师，陈明记营造厂承建）。

——金陵大学小礼拜堂（1923年，陈明记营造厂承建）。

——金陵大学农学院蚕桑系（已不存）。

图 4-15-5(1)

图 4-15-5(1) 太平南路上的基督教圣保罗堂

——金陵大学大门（1930年，已不存）。
——金陵大学体育馆（已不存）。
——金陵大学旗杆（1935年）。
——金陵大学图书馆书库（1936年）。
——金陵女子大学宿舍（已不存）。
——金陵女子大学花房（已不存）。
——南京明德女中（拆后重建）。
——中华女校（今南京大学附属中学校址，建筑已不存）。
——中山植物园部分建筑。
——西康路原美国驻中华民国大使馆馆舍（1946年）。

1）基督教圣保罗教堂［图4-15-5（1）至（5）］

基督教圣保罗教堂位于太平南路396号，是南京现存最早的基督教圣公会礼拜堂之一。圣公会是基督教中的一个教派，它否认罗马教皇，而以英国国王为教会的最高元首，为英国国教。南京圣公会归属中华圣公会江苏教区领导，1909年由美籍传教士季盟济传入南京，1910年开始在马府街一带传教。1912年，季盟济等人在门帘桥大街（今太平南路）购置田产，次年建造了一座小礼拜堂，命名为"圣保罗堂"。1920年，季盟济会长从美国圣公会信徒那里募集到一笔数额不菲的捐款，于是筹划扩建新的教堂。1922年在原址兴建，1923年竣工，仍称

"圣保罗堂"。

新建的教堂由金陵大学工务处齐兆昌建筑师设计监造，陈明记营造厂承建，工程总造价为1.2万美元（折合当时银子4.8万两）。圣保罗教堂采用了朴素典雅的欧洲乡村式小教堂形制，由大礼拜堂、钟楼、神职人员宿舍和膳房组成，建筑面积约为800 m²。主建筑坐南朝北，砖木结构，局部高三层，通面阔八间11 m，进深13.47 m，高11 m，连钟楼在内，建筑面积485 m²。

圣保罗教堂造型模仿欧洲哥特式建筑，尖拱券门，钟楼高耸，颇为地道。外墙下部用的是明代城墙砖，上部青砖，全部经过加工磨光，清水勾缝。内部采用西式木结构桁架支撑屋顶，屋面覆方形水泥平瓦。关键部位如窗台、门套、墙中部的环箍以及钟楼的垛堞、封顶，用经过精制磨光的镇江高资山的白矾石砌筑而成，室内的读经台、讲坛、洗礼池、圣坛、栏杆和望柱等皆嵌以磨光的白石。室内侧墙上精刻经文，并贴上金箔，典雅精细。建筑顶部是高耸的钟塔，18.2 m高，室内置一水泥砌筑的螺旋式阶梯，共40余级，缘梯而上，可至钟楼顶端，悬

图 4-15-5(2)

图 4-15-5(4)

图 4-15-5(3)

图 4-15-5(5)

图 4-15-5(2) 圣保罗堂大门
图 4-15-5(3) 圣保罗堂室内
图 4-15-5(4) 圣保罗堂祭坛部分
图 4-15-5(5) 圣保罗堂塔楼

挂有一口直径达 2 m 的铜钟，钟声宏亮，远近可闻。高耸的尖塔，错落有致的屋顶、院墙等，整个建筑群给人们秀丽之感。

1937 年，日军攻陷南京后，圣保罗教堂部分建筑遭到破坏，但主建筑侥幸保存下来。抗日战争胜利后，基督教圣公会收回教产，清理教堂，重修大门，修葺房屋，种植花草，始复旧观。1959 年初，南京市各教派联合，圣保罗堂更名为"太平路教堂"。1966—1976 年"文化大革命"期间，教堂被江苏光学仪器厂占用，讲坛、圣坛遭到毁坏，墙上经文也被破坏。直到 1984 年 4 月，该教堂才归还给南京基督教三自爱国会。经过修复，1985 年 7 月 28 日，圣保罗教堂重新正式开堂。

1982 年，基督教圣保罗教堂建筑群被列为南京市文物保护单位。

2）金陵大学校舍［图 4-15-6（1）至（7）］

近年来的研究显示，金陵大学（现南京大学）校园规划和设计者是美国芝加哥的帕金斯建筑师事务所，具体包括校园总体规划和主体建筑群中的北大楼、东西大楼、大礼堂、四幢宿舍的设计。为保障工程进度和质量，美国方聘请中国、美国各 位现场监理工程师，美国代表为工程师司马。齐兆昌时任金陵大学工务处主任，负责学校建设的各项事宜，自无旁贷，担任起中方的项目主管。从 1918 年最早的礼拜堂动工开始，到 1926 年主体建筑群竣工，这组金陵大学建筑群在中国与美国双方监理工程师和中国工匠的努力下，将中国传统建筑中的北方官式形态和西方建造体系结合起来，对转型期的中国近代建筑具有启迪意义。而齐兆昌在此期间对西方建筑师因不了解中国建筑形态而产生的误解做法进行纠正，保证了建筑物高质量的完成。经历岁月和战火洗刷，该建筑迄今作为南京大学校园的标志性建筑，仍然发挥着重要的功能和景观价值。目前该组建筑为国家级文物保护单位（详见书中"帕金斯建筑师事务所"一节）。

此后，金陵大学校园后续的校舍建造中，齐兆昌承担了多幢房屋的建筑设计和监造工作。如 1923 年设计建造的小礼拜堂，1930 年修建的大门、农学院蚕桑系、体育馆和图书馆书库等，其中不少已毁。保留下来的建筑物中，小礼拜堂殊为别致，这是一幢歇山顶的单层建筑，上覆灰色筒瓦，状似南方小庙，当时每逢周末教会工作人员就到这里从事宗教活动。建筑物由青砖砌筑，拱形入口，左右墙上对称开有一圆窗，拱门镶嵌一圈白石西式图案，而中式缠枝纹雕花木窗和欧式拉毛圆框竟有和谐的统一。礼拜堂门前设有葵花纹门鼓石一对，踏道中央铺设丹陛石，上刻莲花水纹，线条流畅，造型生动，寓意吉祥富贵。飞檐正脊上以鱼纹饰之。小礼堂精巧灵秀，有中国南方建筑的韵味。原堂前同时建了一座钟亭。钟亭毁于战火，铜钟遗失，现已重修。如今门前规划有石椅、石桌和半圈的花园，园中四季花开，边上有修竹数枝，是学生看书的好去处。

图 4-15-6(1)

图 4-15-6(2)

图 4-15-6(3)

图 4-15-6(5)

图 4-15-6(4)

图 4-15-6(6)

4 民国时期南京代表性职业建筑师及其作品

图 4-15-6(7)

在金陵大学校史上，曾发生过一件轰动全城的"旗杆事件"。1934年底，紧邻金陵大学的日本总领事馆挑衅，在鼓楼百步坡竖立了一根与金陵大学北大楼等高的钢骨水泥旗杆。师生看到太阳旗高过校园内的国旗后，异常气愤，认为必须打击其嚣张气焰。30多个学生发动募捐，建筑更高的旗杆，以示抗议。华人校长陈裕光积极支持这一行动，在广大师生的热烈响应下，由齐兆昌设计，于大礼堂南侧修建了一座钢管式新旗杆，

图4-15-6(1) 20世纪40年代金陵大学校门

图4-15-6(2) 金陵大学小礼拜堂入口

图4-15-6(3) 金陵大学小礼拜堂（见彩页图16）

图4-15-6(4) 小礼拜堂前钟亭

图4-15-6(5) 1934年金陵大学校园内竖起的高旗杆

图4-15-6(6) 如今的钢制旗杆

图4-15-6(7) 今南京大学大操场南侧刻碑纪念当年的旗杆事件

图4-15-7(1) 原建设中的西康路美国大使馆

图4-15-7(2) 20世纪40年代后期海军陆战队守卫的美国使馆大门

1935年8月落成，高出日本旗杆10尺，以示中国人民不可欺侮的爱国热情。1964年5月，南京大学因建造教学大楼，将旗杆迁植于大操场南侧，并刻石以资纪念。

3）原美国驻中华民国大使馆馆舍 [图4-15-7（1）至（6）]

南京有两处原美国驻中华民国大使馆，一处在上海路82号，是抗日战争前的美国大使馆，首任驻华大使是詹森（Nelson Trusler Johnson）。另一处在西康路33号。1946年7月，美国政府任命司徒雷登为大使，接替詹森，大使馆馆址迁到西康路，原上海路馆舍改为新闻处。由于美国在国民党、共产党对立双方中充当调停人的角色，因而美国大使馆也就成了世人瞩目的焦点。

南京旧日的大使馆建筑中，最受关注的就是美国大使馆，但长期以来建筑师是谁一直是个谜，经过笔者调查走访，显示齐兆昌就是其设计者。由于齐兆昌在教会服务工作中的敬业和专业，以及日军占领南京时的人道主义精神，深得美国教会组织的信任。1946年，金陵大学副校长、日据时期南京安全区国际委员会主席，美国传教士贝德士（Miner Searle Bates）向时任美国驻中华民国大使的司徒雷登积极推

图4-15-7(1)

图4-15-7(2)

图4-15-7(3)

图4-15-7(4)

图4-15-7(5)

图4-15-7(6)

荐由齐兆昌设计西康路的使馆新址。据齐康院士回忆，家中曾存有司徒雷登对齐兆昌设计使馆工作的表彰函。

西康路美国大使馆馆舍深藏在幽静庭院内，由三幢造型相同、规模相等的西式楼房和三幢西式平房构成，依山坡地势而建。建筑物全部为砖木结构，高二层，局部三层，另有地下室一层，每幢楼房建筑面积为936 m^2。主楼（现称8号楼）平面呈凹形，从中央四坡顶的门廊入口，底层正面和侧面为起居通廊，中部高耸，为客厅和办公室，后部为厨房、餐厅、卧室、盥洗间布置在楼上，地下室为锅炉房及贮藏室。馆舍采用中西合璧的风格，体量与典型的20世纪初美国乡村别墅大小相近，舒展轻松，简洁大方，屋脊两侧及后部竖有壁炉烟囱，但屋面又是中国坡屋顶的做法，栏杆和墙面局部也装饰有中式传统回纹花饰。

三幢平房建在每幢大楼后面，是随从人员及仆役的住所，每幢建筑面积约为96 m^2，砖木结构，灰板条天花，普通木地板。

主楼的右前方，有一座当年的基督教祭台。祭台上有一堵用石头砌筑的墙壁，墙壁上砌有一个巨型的蜡烛，蜡烛的火焰位置安装着一盏仿古铜灯。祭台墙上爬满了紫藤，周围绿树掩映，隐约让人体会到传教士出身的司徒雷登的宗教虔诚。

1949年4月23日，南京解放；1949年8月司徒雷登离开南京，

图4-15-7(3) 原美国大使馆主楼现状
图4-15-7(4) 原美国大使馆附楼现状（一）
图4-15-7(5) 原美国大使馆附楼现状（二）
图4-15-7(6) 原美国大使馆院中的宗教祭台

图 4-15-8(1)

图 4-15-8(2)

图 4-15-8(3)

图 4-15-8(1) 金陵女子神学院圣道大楼（见彩页图 17）
图 4-15-8(2) 原金陵女子神学院圣道大楼背部
图 4-15-8(3) 原金陵女子神学院宿舍

见证了民国中美外交风云的美国大使馆不久被关闭。目前旧址为江苏省省级机关招待所（又称西康宾馆）所在地，是江苏省文物保护单位。

4）金陵女子神学院 [图 4-15-8（1）至（3）]

金陵女子神学院为美国基督教贵格会、南北长老会、美以美会、监理会、基督会和浸礼会等联合在 1912 年冬天开办于南京的一所女子圣经学校，早期借用进德女校为院址，1921 年 10 月迁入大铜银巷新建校舍。新校舍由齐兆昌设计，陈明记营造厂施工建造。

金陵女子神学院建筑群旧址上，现存圣道大楼和两座学生宿舍楼，尤以中央部位的圣道大楼（即教学主楼）为代表，建筑面积为 1560 m²，建筑平面布局呈十字形，主体为两层，中央三层，砖木结构，西式木屋架。建筑立面对称，具有美国早期殖民风格建筑的突出特征——坡顶，青砖墙面，水泥瓦屋面，窗户采用上下提拉木窗，以三组圆拱廊突出主入口。主楼中央后部的小礼堂内部装饰具有较浓的宗教特征。两幢学生宿舍楼，分别建在圣道大楼的西侧和东北部，建筑造型基本相同。目前建筑群体完整，周围环境保存尚好。

1952 年，在此旧址上成立的南京金陵协和神学院是一所培养中国自己的教牧人员、神学师资、基督教文字和艺术工作者的学院，是中国规模最大、影响较大的基督教神学教育中心。

1999 年此组建筑被列为南京重要近现代建筑及近现代风貌区保护名录。2002 年，该组建筑被列为江苏省文物保护单位。

注释
① 笔者于 2013 年 11 月采访齐康院士之记录。
② 冷天. 冲突与妥协——从原金陵大学礼拜堂见中国近代建筑文化遗产之更新策略 [D]:[硕士学位论文]. 南京：东南大学，2004：33.
③ 王永忠. 金陵大学难民收容所的守护者——齐兆昌[J]. 南京大学报，2009,(993):28.

图片来源
图 4-15-1、图 4-15-2 源自：齐康院士.
图 4-15-3 、图 4-15-4 源自：笔者拍摄.
图 4-15-5（1）至（5）源自：笔者拍摄.
图 4-15-6（1）源自：《老照片·南京旧影》.
图 4-15-6（2）至（4）源自：笔者拍摄.
图 4-15-6（5）源自：《南京民国建筑》.
图 4-15-6（6）、（7）源自：笔者拍摄.
图 4-15-7（1）、（2）源自：《老照片·南京旧影》.
图 4-15-7（3）至（6）源自：笔者拍摄.
图 4-15-8（1）至（3）源自：笔者拍摄.

4.16 孙支厦（图 4-16-1）

图 4-16-1 孙支厦

生卒：1882—1975 年

籍贯：江苏通州（今江苏南通）

教育背景：

（南通）私立通州师范学校测绘科毕业，1908 年 1 月；土木科毕业，1909 年 2 月

20 世纪初，中国建筑师开始登上历史舞台，而孙支厦（字支夏，名杞）则是其中有详尽史料可考的最早的一位。独特的学习经历和富有戏剧性的职业生涯，决定了他会成为中国建筑历史上的一个标志性人物。

清光绪八年（1882 年）孙支厦出生于江苏通州，早年丧父，15 岁始进私塾识字读书，兼学数学。后课余充当通州师范学校日籍教师木造高俊的助手，因表现出色而得到近代南通实业家张謇的赏识[①]（图 4-16-2），被收入通州师范学校学习测绘，并以第一名成绩毕业，旋即当年进入通州师范学校新设的土木工程科目，并又以第一名的优异成绩毕业。他的聪颖刻苦和专业能力令其备受张謇器重，从此两人开始长达 18 年的合作，孙支厦被称为张謇的"御用建筑师"。

孙支厦的建筑职业生涯起步于清末南京的江苏省咨议局设计。1909 年清末状元和民族资本家张謇受清廷委任筹办咨议局，刚刚毕业的孙支厦即被推荐任职于江苏省咨议局工程处。不久，孙支厦奉派以"大清国专员"身份赴日本考查帝国议院建筑。但日方拒绝提供图纸，于是孙支厦自己测绘并画出草图。归国后，孙支厦即以此为依据，完成了江苏省咨议局的建筑设计和施工，不到半年时间建成，这是中国近代建筑史上最早由本土建筑师设计建造的新型建筑之一。

辛亥革命后，孙支厦返回南通，任南通县署技士，后为路工处技士。当时以"实业救国，教育救国"思想为指导的张謇，在其家乡"兴实业、办教育，推行地方自治"，希望通过自己力所能及的实践"建设一新世界雏形"，以示范全国。孙支厦实际上成为协助张謇兴办实业的专职建筑师，主持设计了大量特色鲜明的建筑并负责施工监理，类型包括学校、医院、博物馆、监狱、剧场、交易所、商会、别墅，等等，为号称"近代第一城"的南通城市建设立下汗马功劳。

1926 年张謇去世后，南通的城市建设几乎成停顿状态，孙支厦应张静江之邀去了浙江，先后在杭州市工务局、公路局，莫干山管理局以及安徽黄山等地工作，设计有张静江别墅、莫干山疗养院等。1949 年他回到南通，时年 67 岁，仍关心家乡建设事业，除参与修缮天宁寺光孝塔、狼山支云塔等之外，还设计了唐闸人民公园，1975 年以 93 岁高龄去世。

孙支厦的绝大多数作品和代表作都是在家乡南通完成的，包括南

图 4-16-2 张謇

图 4-16-3

图 4-16-4

图 4-16-5

通博物苑规划及各馆室设计（1911年），南通图书馆（1912年），南通医学专门学校、南通医院、商业学校（1912—1915年），濠南别业（1914年，图4-16-3），更俗剧场（1919年，图4-16-4），南通伶工学校校舍（1920年）；女红传习所（1920年），南通棉业、纱业、证券、杂粮联合交易所，南通俱乐部（1921年），通崇海泰商会大厦（1925年），张謇墓园（1926年），新新大戏院（1928年）等，面广量大，堪称高产建筑师。他所设计的江苏省咨议局、南通总商会大厦、濠南别业、通崇海泰总商会大厦等都是中国近代建筑史上的经典之作，也见证了南通曾领先全国的一段辉煌历史。

图 4-16-3　濠南别业
图 4-16-4　更俗剧院
图 4-16-5　南通钟楼

考察孙支厦的设计风格和特点，会发现大部分作品都带有明显的西方风格，其实孙支厦并未有国外教育的背景，本人也仅出国去过一次日本。一般认为，孙支厦的多数作品都有一个相对确定的模仿对象，例如南京的江苏省咨议局模仿日本帝国议院，南通濠南别业模仿北京农事试验场畅观楼，南通钟楼模仿英国伦敦大钟楼（图4-16-5），更俗剧场则学习了日本剧院，南通俱乐部仿造上海外滩的德国俱乐部等。究其原因，一方面这些建筑物的风格可能更多由张謇的喜好和意愿来决定，另一方面亦和孙支厦早年测量学和土木工程方面的学习背景相关，为其走上模仿性设计路线提供了较好的专业支撑。强势的张謇提供了建筑师施展才华的历史舞台，但另一方面也限制了孙支厦的发展，导致他的工作只能是孤立的现象、一段断裂的辉煌，而未产生强大的辐射力。

近代职业建筑师在中国的出现，使中国突破了长期以来建筑业由工匠师徒薪火相传的延续方式，改变了几千年来知识分子与建筑工匠截然分离的状态。在这一非凡的转变过程中，孙支厦又是一个非主流的过渡性人物。尽管由于先天不足，就职业声望与社会地位而言，孙支厦及其他土木背景出生的建筑师并非20世纪二三十年代中国建筑师的主流，但毫无疑问，他们堪当中国近代建筑师的先驱。

在宁职业经历和主要作品

从时间上看，孙支厦与南京城的交集很短暂，只留下唯一的作品即清末江苏省咨议局，但无论对于建筑师本人还是南京而言都具有里程碑式的意义：这是中国建筑史上第一座按现代概念设计施工的建筑物，正因为它的建造又奠定了孙支厦作为中国近代最早建筑师之一的历史地位。

清末江苏省咨议局 [图4-16-6（1）至（3）]

在今天南京湖南路10号（原丁家桥16号）占地面积超过7万 m^2 的大院内，有一幢法国宫殿式建筑，这里先后是清末江苏咨议局、江苏省议会、中华民国临时参议院以及中国国民党中央党部所在地，现为江苏省军区、南京警备区司令部所在地。

1909年清廷预备立宪，考虑设置江苏咨议局，清朝状元、南通实业家张謇被推选为议长。同年，两江总督端方奏请建造咨议局。张謇委派通州师范学校土木科毕业生孙支厦负责设计咨议局办公大楼。孙支厦受命赴日本考察行政会堂建筑，回国后，吸取西方议会建筑特色，大胆摸索和探新，设计出具有法国宫殿式建筑风格的咨议局大楼，1909年开工建设，1910年落成，耗时仅半年。

该建筑为砖木结构，清水砖墙，三角形木屋架，圆拱形窗，地上二层，地下一层，平面呈口字形，两层办公楼环绕中部会议大厅（"文化大革命"期间拆除，现为草坪），形成前后两进与东西厢房组成的四合院，占地面积为4600 m^2。前进面阔十间73.6 m，室内进深10.5 m，前后

图4-16-6(1) 清末江苏咨议局（见彩页图18）

图4-16-6(1)

图4-16-6(2)

图4-16-6(3)

图4-16-6(2) 原国民党中央党部礼堂
图4-16-6(3) 1912年南京临时政府参议院开幕典礼

有廊，廊宽均为 2.9 m；后进面阔十间 57 m，室内进深 8 m，前后走廊宽均为 2.9 m，全楼总计约 60 间房间。迎面正中上方两层约为 10 m 高的钟楼高耸，上覆法国式孟莎顶（一种方底弯穹隆顶），鱼鳞状青绿铁皮瓦；钟楼两侧屋顶上对称布置着四坡顶；此外，屋顶上还设有小型的尖塔、烟囱、栏杆以及其他装饰物，形成丰富变化的轮廓线。

该建筑的平面和立面都可分为三段，中部入口设门廊，和两翼凸出部分形成立面的变化和节奏；在立面竖向处理上，明显地划分为基座、墙身和檐口屋顶三段。全部建筑使用了 112 道拱券，另有大量红砖发券的圆拱门窗，勒脚、门楣、檐口、柱头重点以线脚装饰。建筑整体严谨对称，气势雄伟，尽显以卢浮宫为代表的法国古典主义建筑的特征。民国后，这里一度为国民党中央党部所在地，在原主建筑周边新建了礼堂等设施，由基泰工程司的关颂声建筑师设计。

作为清末民国南京的主要公共建筑之一，在这里曾经发生过一系列重大历史事件，从而使这座建筑成为中国近代风云变幻的重要见证：这里最早是清末立宪风潮中江苏咨议局的所在地；辛亥革命时十七省独立代表在这里选举孙中山先生为临时大总统，组建了中华民国临时政府；这里曾是中华民国临时参议院和中国国民党中央党部所在地；中国历史上第一部体现资产阶级民主的宪法《中华民国临时约法》在这里通过；这里是同意孙中山先生辞去临时大总统，选举袁世凯继任的地方；这里也曾是奉安大典时停放孙中山先生灵柩、设置灵堂的地方；这里也发生过爱国志士孙凤鸣刺杀汪精卫的事件。抗日战争时期，该建筑成为汪伪政权的办公地址。国民政府还都南京后，"中央电台"也曾设于此处。这是一幢建筑，更是一部史书，因此它的历史价值堪比中山陵、总统府。1949 年以后，整个建筑群作为军队系统用房得到较好保存，可惜的是，大门牌坊以及弧形照壁在城市拓宽马路时被拆除。

注释

① 张謇（1853—1926 年），字季直，号啬庵，汉族，祖籍江苏通州（今南通）。清末状元，中国近代实业家、政治家、教育家，中国棉纺织领域早期的开拓者。他具有强烈社会责任感和理想主义色彩，据统计，张謇一生创办了 20 多个企业、370 多所学校，许多学校与事业单位的兴办在当时都是全国第一。他为民族工业和教育事业的贡献，被人们称为"状元实业家"。对家乡南通的建设有很清晰而前卫的规划理念，包括与西方建筑理念相结合的花园城市。由于张謇在南通的特殊地位，他的名字与南通已经紧紧联系在一起。

图片来源

图 4-16-1 源自：赵鹏．

图 4-16-2 源自：《江苏近代建筑》．

图 4-16-3 源自：笔者拍摄．

图 4-16-4 源自：《建筑学报》，2004 年第 11 期．

图 4-16-5 源自：笔者拍摄．

图 4-16-6（1）源自：笔者拍摄．

图 4-16-6（2）源自：《南京民国建筑艺术》．

图 4-16-6（3）源自：《老照片·南京旧影》．

4.17 童寯（图 4-17-1）

图 4-17-1 童寯

生卒：1900—1983 年
籍贯：辽宁奉天（今沈阳）
教育背景：
（北京）清华学堂，1921—1925 年
（美）宾夕法尼亚大学建筑系，学士和硕士，1925—1928 年
（美）费城本科尔建筑师事务所实习，1928 年 6 月—1929 年 5 月
（美）纽约伊莱·康建筑师事务所，设计师，1929 年 5 月—1930 年 4 月

中国近代职业建筑师中最有光彩的一批人，多数学贯中西，通释古今，不仅在建筑设计领域，在建筑教育、学术研究或文化艺术、行政管理等领域皆有所建树，其中童寯（Tung Chuin，字伯潜）可谓出类拔萃者。多年的同学、好友与合作者陈植曾以"意境高远，才华横溢"来评价他。童寯设计的作品凝重大方，富有特色和鲜明的现代精神，在民国时代独树一帜。数十年间他还不间断地进行东西方近现代建筑历史理论研究，对继承和发扬我国建筑文化和借鉴西方建筑理论和技术有重大贡献。早在 20 世纪 30 年代初，他就开展了江南古典园林研究，是我国近代造园理论研究的开拓者。因此童寯堪称中国近现代建筑学科的重要奠基者之一。

童寯是满族后裔，自幼聪颖好学，英文和绘画尤为突出。1921 年考入清华学堂后，还曾担任《清华年刊》的美术编辑，举办过个人画展。1925 年升入大学科，获得留学美国的资格，同年秋，公费赴美国，就读于费城宾夕法尼亚大学建筑系，与杨廷宝、陈植、梁思成等先后同窗学习（图 4-17-2）。童寯在美国以学习刻苦勤奋，从不涉足娱乐场所而广为同学间传闻。在校学习期间，先后获全美大学生设计竞赛一等奖、二等奖奖牌各一枚。1928 年冬，以三年修满六年全部学分，获得建筑学硕士学位，提前毕业。接着他在费城、纽约两地建筑师事务所实习、工作各一年。其中 1929 年 5 月—1930 年 4 月，他在美国纽约高层建筑权威伊莱·康（Ely Kahn）建筑师事务所任设计师，参加了纽约华尔街 120 号大厦设计。1930 年 5—8 月，童寯在回国前赴欧洲考察建筑，西欧古代文明和瑰丽的建筑遗迹，以及生机勃勃的新建筑，使他为之振奋和叹服，也是触发他一生追求现代设计道路的源泉，这期间童寯创作了许多弥足珍贵的写生画作品［图 4-17-3（1）、（2）］。

图 4-17-2 留学期间与陈植等同学合影

图 4-17-2

图 4-17-3(1)　　　　　　　　　　　　　　　　图 4-17-3(2)

图 4-17-3(1)　欧洲旅行笔记
图 4-17-3(2)　欧洲旅行的绘画

1930年9月童寯回到祖国，应老友梁思成所邀，参与组建中国最早的建筑系之一——东北大学建筑工程系，次年担任系主任，并经赵深、董大酉介绍加入中国建筑师学会。"九一八事变"东北沦陷后，童寯被迫南下赴上海，1932年与赵深、陈植在上海联合组建华盖建筑师事务所，三位才华横溢、年轻有为的昔日同窗，相互尊重、真诚合作，在洋人重重包围的上海滩闯出一条生路，逐步发展成为国内声誉隆盛、规模和影响力最大的著名建筑师事务所之一。华盖建筑师事务所开业20余年间共设计200余项工程，与关颂声、朱彬、杨廷宝等人组建的基泰工程司成为民国时代叱咤中国南北的两个最重要的华人设计机构。事务所内由赵深负责接洽业务，陈植负责内部管理，而童寯则主持图房，负责技术工作。华盖建筑师事务所的成就代表在近代阶段中国建筑师的崛起。童寯自加入华盖建筑师事务所后，真正意义上开始了他的建筑师职业生涯，忙碌和奔波一直持续到20世纪50年代初。

他一生主持或参与完成建筑设计作品累计120余件，项目类型多样：文化馆、别墅、厂房、办公楼、旅馆、电影院、图书馆、公寓等，他思维敏捷，落笔迅速，创作以格调严谨、比例壮健、线条挺拔、笔法简洁、色彩清淡而取胜，不务华丽，不尚修饰，别具一格，现代气息浓厚[①]。其代表作品包括：南京国民政府外交部大楼、首都饭店、上海恒利银行、上海大上海大戏院、金城大戏院、上海浙江兴业银行、南京金城银行别墅、首都地质矿产陈列馆等（图4-17-4）。1938—1944年抗日战争时期他辗转重庆、贵阳、昆明等处工作，设计建造有重庆炼铜厂、贵阳花溪中学、贵阳儿童图书馆、大夏大学等。艺术素养深厚，作品数量多且才华横溢的童寯曾和杨廷宝、陆谦受、李惠伯一道被戏称为建筑界"四大名旦"，四人皆任教于内迁的国立中央大学建筑工程系，一时传为佳话。抗日战争胜利后，童寯一边任教于国立中央大学，同时负责上海华盖建筑师事务所在南京的工程项目，设计有公路总局、航空工业局、美军顾问团公寓等一批优秀作品。可以说20世纪三四十

图 4-17-4

年代是童寯建筑师职业生涯中最精力旺盛的阶段，很多作品在中国近现代建筑史中都占有重要地位和产生深远影响。1949年后，赵深发起成立联合顾问建筑师工程师事务所，包括华盖建筑师事务所三巨头在内，共有上海、南京建筑师11名，结构工程师2名和设备工程师1名，由赵深任主任，在上海、北京、山西榆次、乌鲁木齐等地承接了多种业务。1952年，联合顾问建筑师工程师事务所解散，从此童寯中止建筑设计创作。

图4-17-4 童寯在上海所设计的部分项目（左为上海大戏院；右上为上海浙江兴业银行；右下为金城大戏院）

在创作理念上，民国时期的童寯可算为一位坚定的革新派。在这一点上华盖建筑师事务所三巨头志同道合，在事务所签约的合同上就开宗明义写道："我们的共同目的是创作有机的、功能性的新建筑。"②虽然接受的是学院派严格的古典技法训练，童寯却赞赏现代主义建筑与时代同步的那种活力，他重视创造性地发扬传统，勇于向陈腐观念挑战。20世纪30年代，在中国建筑界曾掀起一股"中华建筑复兴"的思潮，以茂飞、范文照、董大酉等为代表的创作，迎合国民政府鼓吹的民族形式以示正统的路线。童寯显然并不苟同，他说："他们（洋人）喜爱中国建筑，却不知精髓所在，只认定其最显著的部分——屋顶，为建筑美的代表，然后再把这屋顶移至堆栈之上，便以为中国建筑步入'文艺复兴时代'，居然风行一时。"③对于大屋顶泛滥，他批评道："……可是中国式屋顶盖在最新式的结构上，看上去无不如辫子一般累赘多余。"但童寯并不一棒子打死民族形式，而是辩证和实事求是对待："……按中国古代习俗与传统，在佛寺、茶亭、纪念堂上放上屋顶也属十分合理。但是，在所有按照现代设计内部的大大小小屋顶上放个瓦屋顶，就立刻显得不适时和荒诞不经了。"④他的现代风格作品如首都地质矿产陈列所、首都饭店、美军顾问团公寓等，简练抽象，功能合用，强调建筑立面的点线面构图、整体的体积感、光影效果和材料的质感，因而具有阳刚气质，与当时的国际潮流几乎并驾齐驱。实践中，当遇到需要表达传统时，童寯则善于将传统民族风格进行简化和提炼，以传神代替形似，例如他与赵深、陈植合作设计的南京国民政府外交部大楼更是开创了一种形体简洁，功能现代，以抽象纹饰传达民族风味的新途径，具有鲜明的时代特色，成为创造现代民族风格的成功实例。作为当时中国现代建筑的积极鼓吹和推动者，华盖建筑师事务所在1936年4月上海举办的中国建筑展览会上送去了现代派的展品，而童寯更在会上发表了"现代建筑"的演讲。童寯毕生保持建筑革新思想，掌握世界建筑的最新信息，努力站在世界建筑新理论、新思想、新潮流的前列。这还可以从他晚年的两件事情反映出来，一是对国际建筑界一度争议很大的巴黎蓬皮杜艺术中心的正面评价；二是1979年他坚定地支持南京金陵饭店的现代形式方案，都显示了他对新建筑的欣赏态度。

童寯不仅是现代中国一位杰出的建筑师，也是中国近代建筑教育的先驱者。早年他曾任教于东北大学，1944年又受刘敦桢邀请在国立中央大学建筑系兼职任教，自1952年后又专任南京工学院建筑系、建筑研究所的教学工作直到1983年去世，在教育园地上辛勤耕耘，桃李满天下，许多学生成为知名教授、学者以及建筑大师。他认为"建设我们这样大国，仅靠几个建筑师不行，要通过教育培养出成千上万的建筑师。也只有通过教育才能使人们对建筑有科学的认识"⑤。童寯治学严谨，对学生严格要求，教学中特别注意对学生独立工作能力的培养。他精通英文，通晓德语、意大利语、法语等多国语言，又能博闻强记，其博大精深的知识，深邃睿智的见解，成为学生和老师的"活字典"。童寯在图书室一角答疑解惑成为南京工学院建筑系师生记忆中的经典画面，有人形容他是"中西文化铸造的大钟，有求必应，有问必答"⑥（图4-17-5）。童寯在晚年更加勤奋著述，是指导硕士生和中国第一批博士生的建筑学科导师。

童寯堪称近代研究中国古典园林第一人。早在1932—1937年，在华盖建筑师事务所工作的间隙，他就寻访上海、

图4-17-5 1981年童寯在南京工学院图书室

图4-17-5

苏州、无锡、常州和扬州及杭州、嘉兴、湖州等地的园林，面对荒芜的园子，忙着拍照、测绘、制图，收集了第一批江南园林的资料，1937年完成划时代的造园专著《江南园林志》。1949年后，童寯已很少涉足设计实践，而是长期专心投入造园、建筑历史与理论的学术研究，著作等身，成果丰硕，出版了《新建筑与流派》、《童寯水彩画选》、《苏联建筑——兼述东欧现代建筑》、《造园史纲》、《随园考》、《日本近现代建筑》、《近百年西方建筑史》、《东南园墅》、《童寯文选》等一大批学术成就惊人的书籍。中国近代职业建筑师群体中间，在建筑创作以外，能如此著作丰厚的唯有童寯一人了。

建筑圈内广为流传和称颂的还有童寯的道德修养和高尚人品。刘光华教授曾这样评价童寯："伦理中国式，技术西方式。"⑤无论是执业、教学和研究，童寯始终保持谦虚谨慎，刚正不阿，严于律己，宽厚待人，不求闻达的精神。20世纪50年代后的中国是沸腾的，热火朝天的新中国建设，亟待那些有声望的第一代建筑师们的加入，童寯却选择了归宿般的沉默。之后的30多年，他谢绝政治、谢绝工程，只沉浸于书本，一方书桌，一支笔，开始畅游另一个静谧幽远的世界。这样的沉默不是一般人能做到的，需要非凡的智慧、修养、气质和风度的契合。时代环境的变幻，并未改变他做学问和为人的风度，童寯用一生验证了他的这种理念——"人品第一，人的品格不高，学问的高深境界也达不到"⑥。1983年，童寯病逝于南京。

在宁职业经历和主要作品

童寯和南京有着很深的渊源，除了在上海华盖建筑师事务所期间完成了一些南京的项目外，抗日战争结束后他就赴南京定居，一方面负责华盖建筑师事务所南京分部的事务，另一方面兼任国立中央大学建筑系教授，直至去世。因此童寯后半生都是在南京度过。他为南京留下了大量经典的民国建筑遗产，对这座城市历史空间环境的营造产生重大影响，其中包括南京国民政府外交部、首都饭店、下关电厂、首都地质矿产陈列馆、金城银行别墅等一批在中国建筑史上值得一书的优秀作品。在民国首都这块特殊的土地上创作，自然会受到不少非专业因素制约，特别是国民政府及《首都计划》中关于"中国固有形式"的倡议，使得当时南京众多公共建筑呈现出传统形式，清式宫殿做法风行一时，大屋顶成为这个城市的基调，而童寯则是当时罕见的坚持现代创作理念的著名建筑师。他反对拘泥于传统法式的复古主义，坚持以新材料、新技术、新功能构筑新建筑风格，首都饭店、下关电厂和美军顾问团公寓等都是此类。他热爱中国传统艺术、园林艺术，但他更希望中国现代建筑能吸取传统文化的精华，因此国民政府外交部大楼设计得不落窠臼，诠释出一种新的民族形式表达方式。除了公共建筑，童寯也以私宅设计见长，他思路敏捷，构思独特，出手快，当时包括张治中、何应钦、孙科、何建、国立中央大学建筑系同行卢树森等在内的众多高官名流纷纷请他出马设计住宅。童寯位于南京文昌巷的自家住宅更是信手拈来，追求朴野，木架、椽条、砖块和毛石墙袒露在客厅内，别有情趣，理性中透着浪漫，现实中寄寓理想。尽管1949年后，童寯未在南京留下建筑作品，但南京金陵饭店的实施依然与他有着莫大关系。1979年香港巴马丹拿事务所提交了金陵饭店的设计方案，这是当时国内高层建筑的最新尝试，评审会上童寯力排众议，称赞"这是第一流的设计"[⑦]。为此，这位一向不愿出头露面的老人异乎寻常地参加了奠基仪式，以示对新生事物的支持。今天，金陵饭店当之无愧地成为城市地标，也是当代中国建筑的优秀作品，童寯的远见卓识可见一斑。经整理后民国时期童寯在南京所主创或参与设计的主要作品如下（图4-17-6）：

——国民政府外交部大楼（1933—1935年，江裕记营造厂承建）。
——首都饭店（1933年，大华复记建筑公司联合成记营造厂承建）。
——中央地质调查所地质矿产陈列馆（1933年）。
——金城银行别墅（1935年）。
——国立中央博物院图案设计竞赛（1935年6月，方案第三名）。
——下关首都电厂（1936年）。
——国民政府粮食部（1936年，后为行政院）。
——国立北平故宫博物院南京古物保存库（1936年）。
——白下路国民政府审计部办公楼（1937年）。
——美军顾问团公寓A楼、B楼（1946年，新金记康号营造厂承建）。

图4-17-6 童寯在南京设计的部分项目
（左图为原国民政府行政院，见彩页图19；右上图为原中央政治大学校舍；右下图为下关首都电厂）

图4-17-6

——下关工人福利社（1946年）。
——小营航空工业局（1946年）。
——孝陵卫中央政治大学校舍（1946年）。
——高楼门公路总局办公楼（1946—1947年）。
——萨家湾交通银行（1946年）。
——江南铁路公司建设大楼（1948年）。
——文昌巷童寯自家住宅（1948年）。
——新街口百货公司（1948年）。

需要说明的是，在上海华盖建筑师事务所期间，赵深和陈植、童寯三人虽有分工但不分家。很多项目系三人合作完成，常常分别负责平面和造型、绘制透视图等，对外一律以华盖建筑师事务所名义不突出个人，因此很多工程难以分辨主创者，从一个角度反映出三位合作者亲密无间，相互信任的关系，这一情况延续到抗日战争期间三人分赴各地开办分所。因此以下案例中虽归为童寯主创，依然不可否认赵深和陈植两人的重要贡献。

1）原国民政府外交部办公大楼 [图4-17-7（1）至（5）]

国民政府外交部办公大楼位于今南京市中山北路32号，现为江苏省人民代表大会常务委员会所在地。2001年7月该建筑被列为全国重点文物保护单位。

国民政府外交部成立于1927年5月。1928年10月，国民政府实行五院制，外交部隶属于行政院。其主要职能是办理国际交涉，管理国外华侨及居留在中国外侨的一切事务，同时还管理驻外使领馆。

图4-17-7(1) 20世纪30年代的国民政府外交部鸟瞰

图4-17-7(1)

图 4-17-7(2)

图 4-17-7(4)

图 4-17-7(3)

图 4-17-7(5)

图 4-17-7(2) 原国民政府外交部（见彩页图 20）
图 4-17-7(3) 门厅
图 4-17-7(4) 大楼檐口仿斗栱做法
图 4-17-7(5) 部长办公室内景

国民政府外交部建筑筹建于 1931 年 3 月，包括办公楼和外交宾馆两部分，过程几经波折。最初由天津基泰工程司建筑师杨廷宝设计，建筑物平面呈"工"字形，建筑面积为 4000 m²。建筑物的前后两部分以大楼楼梯相连接，空间富于变化。建筑物采用传统的中国古典建筑形式，重檐歇山顶，琉璃瓦屋面，地上二层，半地下室一层。前有站台踏步，墙身柱间辟有大玻璃窗。细部采用清式斗栱彩画，天花藻井。后因国民政府紧缩经费，这一复古式办公楼方案被抛弃。而外交宾馆则仍然由杨廷宝设计，但最终亦未建成。

1932—1933 年华盖建筑师事务所接手了办公楼的设计，江裕记营造厂承建，1934 年 3 月开工，次年 6 月竣工，总耗费 30 余万元。赵深、童寯、陈植三人考虑到宫殿式建筑造价过高，于是既不抄袭西方建筑样式，也不照搬中国宫殿式建筑的做法，而是根据现代技术和功能的需要安排平面布局与造型，采用了"经济、实用又具有中国元素"特点的风格，以达到"新民族形式"的效果和反映建筑的时代性，结果这一方案得到采用。

外交部大楼总占地面积为 45 余亩，平面呈"T"字形，入口有个突出的门廊，建筑地下一层，地上中部五层，两端四层。整个建筑的平面设计采用西方古典建筑处理手法，对称布局。中部大楼楼梯为竖向交通主体，并连接前后两部分。建筑面阔为 51 m，进深 55 m，总面积超过 5000 m²。

外交部大楼摒弃了传统中国建筑外观造型上显著的大屋顶方式，而采用西式平顶，从而更好地展现出几何体量组合的简洁性和现代性。立面采用西方古典建筑三段式构图，分为基座、墙身和檐部三部分。基座勒脚用仿石的水泥砂浆粉刷，以示坚实；墙身用深褐色泰山面砖饰面，严丝合缝，沉稳庄重；檐口下则以褐色琉璃砖砌出浮雕及简化斗栱装饰，以呈现民族式样，是一种极为洗练的仿古设计手法。建筑入口处门廊内柱梁交接简洁，且在梁出头处做出传统的卷云装饰。为适应业主要求在室内做了大红柱子，柱、梁、枋、天花及藻井等均施上油漆或清式彩画，室内墙面亦做有传统墙板细部，楼梯扶手、栏板、门窗等装饰中国传统纹样，与整体仿古模式的室内设计无异，未能和简约仿古的外观形成呼应，究其原因，可能还是社会和业主对建筑师的要求和限制。建筑师是为社会服务，他们不可能躲进建筑艺术的象牙塔里孤芳自赏。后来人必须要将旧日的建筑活动置于社会发展的背景下，才能正确理解、评价历史上的建筑师及其作品。

这个项目严格意义上应是华盖建筑师事务所三位合伙人集体创作的结晶，先由赵深排出平面，童寯与陈植参与讨论外形处理，决定根据功能需要安排总体，同时檐口采用简化斗栱来体现民族风格，建筑立面渲染图由童寯即兴完成。南京国民政府外交部办公大楼是童寯加入华盖建筑师事务所后参加的第一个设计，结果一炮而红。全新的设计理念和手法赢得广泛赞誉，1933 年上海《申报》刊载《南京外交部新屋概况》一文："……外交部新屋当为官式建筑之最新式者，既具有中国建筑之特长，且特切于实用。并确能适应现代功能之需要。"1934 年的《申报》继续评价道："……外表及全部主干建筑物均采西方式样，至于内部一切统用北平故宫典型，集中西建筑精华，熔成一炉，其结构之佳妙，仪表之堂皇，自不待言。"《中国建筑》杂志评价外交部办公楼"为首都之最合现代化建筑物之一；将吾国固有之建筑美术发挥无遗，且能使其切于实际，而于时代所要各点，无不处处具备，毫无各种不必需要之文饰等，致逊该大楼特具之简洁庄严"⑧。

外交部大楼落成后不久，即 1935 年底就发生过一起谋刺当时国民政府外交部部长张群的未遂事件，轰动一时。抗日战争期间，这里成为日军总司令部，侵华日军总司令冈村宁次就在这里办公。

国民政府外交部办公大楼是近代中国建筑师探求新建筑发展方向的可贵尝试，作为新民族形式的典型作品之一，反映了建筑师们既讲"民族性"又追求"科学性"，既照顾到业主意图又要实践自己价值取向的建筑策略，在当时具有重要的进步意义和社会价值，是那个时代官式建筑的最新典范，同时对近代建筑师探求具有民族特色的中国建筑的发展方向也产生重要影响。

2）原首都饭店 [图 4-17-8（1）、（2）]

民国时期南京最豪华的宾馆就是 1933 年竣工的首都饭店。南京首都饭店坐落于中山北路 178 号，系当时军政要员及外宾下榻之处，华盖建筑师事务所童寯建筑师设计，大华复记建筑公司联合成记营造厂承建。

该建筑根据功能和地形特点，设置南部主楼和北部拖出去的附楼，总平面设计为不对称的"7"字形。主楼前有椭圆形广场，中设花坛，后有两个标准网球场。主体建筑面积为 926 m^2，为平屋顶的钢筋混凝土结构。建筑物已彻底抛弃了繁琐的装饰，代以简洁的立面造型和抽象的几何形体组合。入口立面采用对称式构图，中为四层厅楼，两翼各三层，立面上棕褐色泰山面砖及水泥砂浆饰面间隔分布，玻璃窗与墙体设计成通长的水平带状，从而强化出立面的线条感，构思新颖，简洁明快，为 20 世纪 30 年代时髦的现代西式风格。饭店共计有带浴室的客房 50 余间，底层有大穿堂、大客厅、大小餐厅、发廊等。顶层有阳光室、聚会厅和露台花园等，功能齐全，配置合理，设施水平在当时堪称一流。

1937—1945 年日军上海派遣军司令部设于此处。1992 年，首都饭店旧址被列为南京市文物保护单位，2002 年被列为江苏省文物保护单位。目前该楼已进行改造，屋顶边缘添加了小檐，增设长廊，与原建筑总体风格不合。如今它是南京军区华江饭店所在地，继续延续着旧有的功能。

3）原中央地质调查所地质矿产陈列馆 [图 4-17-9（1）、（2）]

在南京珠江路 700 号，近明故宫处，坐落着我国历史最悠久的自然科学博物馆之一，也是我国第一个以地质矿产为主要内容的专业博物馆——南京地质博物馆，它的前身是民国中央地质调查所地质矿产陈列馆。

此馆为我国近现代地质先驱者章鸿钊和著名地质学家丁文江、翁文灏等人筹建，1933 年由童寯设计，1935 年 8 月竣工。馆高四层，建筑面积超过 2000 m^2，钢筋混凝土结构，立面采用对称格局，红砖饰面，建筑形体简洁，由体块组合而成，单纯明朗，结实有力。正立面中部高耸前伸，其上一排横披窗虚灵通透，和体块对比强烈，左右踏步可直通二层展厅。红砖墙上砌出均匀分布的凸起小块，呈现规律的图案。这种表面肌理处理给单纯的体块增添几许丰富，显得优雅有内涵，产生一种别致的装饰效果，是新颖又聪明的装饰手法。

陈列馆内部多处装饰简化的古典线脚，水磨石大厅地面，高敞的钢窗，宽阔明亮的展厅。在 20 世纪 30 年代的南京城地质矿产陈列馆可算是醒目的一幢建筑了。至抗日战争前夕，地质矿产陈列馆已建成地质构

图 4-17-8(1)

图 4-17-8(2)

图 4-17-9(1)

图 4-17-9(2)

造、矿物、岩石、燃料、地史、古生物及北京猿人、史前文化等陈列室，样品丰富，不乏稀有珍贵品种，吸引包括宋美龄等在内的社会名流和南京市民到场参观，是当时颇受欢迎的公共文化和教育机构。

如今该建筑依然作为南京地质博物馆的老馆部分发挥着作用，经过岁月的打磨，陈列馆和门前南京市最古老的雪松一起，散发出历久弥新的那份从容和优雅，也见证了童寯过人的设计才华和创造力。

4）金城银行别墅 [图 4-17-10（1）至（3）]

南京宁海路的北端幽静深邃，粗壮繁茂的洋槐树下掩映着一幢古色古香、充满中国传统风情的住宅。就是这幢规模不大的住宅和院落却是中华民族最深重苦难的亲历者，曾经的风起云涌，那岁月深处的神秘，都已经化为这座建筑最醇厚的历史与文化内涵，它就是1935年建成的宁海路5号金城银行别墅，1937年冬南京沦陷前这里曾作为国民政府外交部部长张群的公馆，后来又交给德国大使馆使用。南京大屠杀期间这里曾是以拉贝为首的在南京的外国人自发组织的"南京安全区国际委员会"总部，收容了大批南京平民免遭日军屠害。抗日战争胜利后，这里成为调解国共纠纷的美国特使马歇尔将军的公馆。

图 4-17-8(1) 原首都饭店鸟瞰图纸
图 4-17-8(2) 原首都饭店现状
图 4-17-9(1) 20世纪30年代的中央地质调查所地质矿产陈列馆现状
图 4-17-9(2) 地质矿产陈列馆（见彩页图21）

4 民国时期南京代表性职业建筑师及其作品

图 4-17-10(1)

图 4-17-10(2)

图 4-17-10(3)

图 4-17-11

图 4-17-10(1) 金城银行外观
图 4-17-10(2) 南京大屠杀期间为国际安全区委员会总部内院
图 4-17-10(3) 国际安全区委员会成员在楼前合影
图 4-17-11 美军顾问团公寓

金城银行别墅位于当年《首都计划》制定中的第一高级住宅区内，周边皆为军政要员或社会名流的西式公馆，童寯则独取中式格局与建筑风格，歇山顶仿古二层楼房，掩映在青松翠竹之中。楼房采用砖混结构，屋面铺灰黑色筒瓦，高出的烟囱又带点中西合璧的味道。楼前有宽敞的庭院绿地，花墙漏窗，清幽舒雅，颇有江南园林风格。院内小路用红、黑、白三色鹅卵石铺出鹰、狮、虎和鸟四种图案，至今保存完好。花园下还掩藏有用混凝土构造的高强度防空洞。虽然童寯一生力主革新，反对生搬硬套古代形式，但他希望吸收民族和传统文化的精华，因此在此案例中吸取了马头墙、灰瓦、漏窗等民居和园林特色的处理手法，亲切自然，是上乘之作。即使在童寯众多的住宅、公寓和别墅项目中，金城银行别墅也显得与众不同。

5）美军顾问团公寓（图 4-17-11）

美国顾问团公寓大楼是两幢外观相同的建筑，因分为 A、B 两幢大楼，俗称 AB 楼，作为励志社第一招待所，专供美军顾问团成员及家属居住。这两幢公寓是国民政府购地所建，坐落在今鼓楼区北京西路 65 号、67 号（原为北平路 73 号），占地面积约为 24000 m²，建筑面积约 15000 m²。1935 年，由上海华盖建筑师事务所负责设计，新金记康号营造厂营造。1936 年开工，因抗日战争爆发，工程暂停，直到

1946 年抗日战争胜利后才竣工。

  两幢公寓呈"一"字形东西排列，造型一致，高四层，钢筋混凝土结构，平屋顶。从外观到内部，全部使用框架结构、大玻璃和预制楼板，简洁抽象的长方体延伸组合，表面平整，窗户为通长的水平带状，彻底摈弃传统装饰，但通过虚实对比的极致性和几何形体的纯净性，生出强烈的现代感。此外，设计师按合理方便的公寓要求布置平面，甚至连内部的家具陈设也亲自动手，精心制作成简洁、抽象的形式，以取得内外协调一致。该建筑可以视为南京近代史上最具代表性的现代派作品之一。

  作为中国近现代建筑发展的重要实例，1992 年美国顾问团公寓被列为南京市文物保护单位，现为华东饭店。

注释

① 陈植．意境高逸，才华横溢——悼念童寯同志 [J]．建筑师，1983,(16)：3-4．
② 李海清．中国建筑现代转型 [M]．南京：东南大学出版社，2004：247．
③ 童寯．我国公共建筑外观的检讨 [M]//童寯．童寯文集（一）．北京：中国建筑工业出版社，2000：118-121．
④ 童寯．建筑艺术纪实 [M]//童寯．童寯文集（一）．北京：中国建筑工业出版社，2000：85-88．
⑤ 杨永生，等．建筑五宗师 [M]．天津：百花文艺出版社，2005．
⑥ 金允铨．赭石：读童寯先生画作有感 [M]//童明．童寯画纪．南京：东南大学出版社，2012：482．
⑦ 童明，杨永生．关于童寯 [M]．北京：北京知识产权出版社，2002：141-147．
⑧ 《中国建筑》，第 1 卷第 1 期，1933 年 7 月．

图片来源

图 4-17-1 源自：《建筑五宗师》．
图 4-17-2 至图 4-17-3（1）、(2) 源自：《赭石：童寯画纪》．
图 4-17-4 源自：笔者拍摄；《中国建筑》．
图 4-17-5 源自：《建筑五宗师》．
图 4-17-6 源自：笔者拍摄；《南京民国建筑》．
图 4-17-7（1）源自：《老照片·南京旧影》．
图 4-17-7（2）至（5）源自：笔者拍摄．
图 4-17-8（1）源自：《中国建筑》，第 3 卷第 3 期，1935 年 8 月．
图 4-17-8（2）源自：《南京民国建筑艺术》．
图 4-17-9（1）源自：《南京民国建筑》．
图 4-17-9（2）、图 4-17-10（1）源自：笔者拍摄．
图 4-17-10（2）源自：http://news.163.com．
图 4-17-10（3）源自：http://news.ifeng.com．
图 4-17-11 源自：《南京民国建筑艺术》．

4.18 奚福泉（图4-18-1）

图4-18-1 奚福泉

生卒：1903—1983年

籍贯：上海

教育背景：

（上海）华童公学毕业，1921年；同济大学德文专修班，1921—1926年；1922年9月赴德国

（德）德累斯顿工业大学，学士，1923—1926年；特许工程师，1926年

（德）柏林工业大学建筑系，工学博士，1929年10月

中国建筑的现代化过程中，奚福泉（Ede Fohjien Godfrey，字世明）是十分重要和关键性的人物。与很多民国著名建筑师不同的是，奚福泉的创作始终旗帜鲜明地传达出现代性的一面，很少陷入与大屋顶建筑和复古形式的纠缠之中，这与他的教育和人生背景不无关系。

奚福泉出生于上海，其父奚澜庆从事进出口贸易，视野宽阔，教育开明，奚福泉的三位兄长都分别赴英国、美国大学留学。奚福泉自幼受到良好培养，1922年留学德国，主修建筑工程，1929年在德国获得工学博士以及特许工程师证书后，以当时罕见的专业高学历归国（图4-18-2）。回到上海的奚福泉先在远东最大的建筑师事务所公和洋行从事建筑设计，尽管拥有博士头衔和出众的才华，华人建筑师在外资事务所内仍然受到压制，奚福泉只能给洋人建筑师当助手。1930年7月他经董大酉、黄家骅介绍加入中国建筑师学会。1931年4月他离开公和洋行，与人合作创办启明建筑师事务所。1932年，奚福泉赢得了一项重要工程，由黄炎培、杜月笙等人筹办，颇有声望的上海浦东同乡会大厦。奚福泉通过精心设计弥补了项目地块存在斜角的先天不足：大楼正面垂直分成五段，每段外墙呈六角外凸，边上两段为六层，对称相拥中间三段的八层，用凹凸相间和左右对称的手法达到了视觉美观的效果，上部女儿墙面有明显的横向线条，现代感十足。大楼内部商店、办公、俱乐部等功能混合，但布局合理实用。凭着这个作品，奚福泉在竞争激烈的上海建筑市场崭露头角（图4-18-3）。

奚福泉的留学经历使其深受德国包豪斯设计体系的影响，更具现代意识。他的大部分作品都十分讲究功能，经济性和新技术应用，同时造型简洁明快，构图均衡而比例优美，深受业界和追逐时尚的业主欣赏。奚福泉在上

图4-18-2 归国后上海报纸上对徐敬直的介绍

图4-18-2

图 4-18-3

图 4-18-5

图 4-18-4

海先后设计了几十幢花园洋房、住宅别墅和公寓大楼。其中著名的有梅泉别墅、玫瑰别墅、自由公寓、康绥公寓、建国西路电话局职工住宅等。建国西路的电话局职工住宅属美国殖民地壁板墙式花园住宅，也是上海地区内仅有的两幢之一（图 4-18-4）。他的许多建筑杰作经历了 70 多年的风风雨雨，依然风采不减，如今不少被列为上海市文物保护单位。

在这批建筑中，最有特色及代表性的就是上海虹桥疗养院，由在德国学医回国的丁惠康先生投资 30 万元创办，建成于 1934 年。为了让肺病患者能晒到太阳，全部疗养室朝南布置，设特大阳台，从低到高的楼层呈阶梯形层叠，最充分地利用日照。紫光玻璃、橡皮地板等新型建材的成功使用，良好的隔音设置和精良的施工，令上海建筑界耳目一新。虹桥疗养院建筑形式完全符合内部功能要求，没有任何与结构无关的装饰，重视功能实用，注意卫生及环境，造型美观大方，已深谙现代主义建筑的本质特征（图 4-18-5）。虹桥疗养院是中国建筑师迎合国际建筑新潮流推出的新作品之一，国内的主要建筑期刊《中

图 4-18-3 上海浦东同乡会大厦
图 4-18-4 奚福泉在上海设计的部分公寓和住宅（左起康绥公寓、建国西路电话局职工住宅和武康路住宅）
图 4-18-5 上海虹桥疗养院

国建筑》、《建筑月刊》、《新建筑》都发表文章介绍并盛赞，在建筑界引起巨大反响，直至今天，它依然被公认为 20 世纪中国近现代建筑之精品。

1935 年初，奚福泉离开启明建筑师事务所，自营上海公利工程司，任建筑师和经理。同年，国民政府征求南京国民会议场建筑方案，奚福泉在 14 份方案中脱颖而出，荣获首奖。该作品将中国传统建筑的精美局部和现代建筑的简单造型结合，是既具有现代感，又不失民族风的创新之作。再加上一侧风格与之相近的国立美术馆的设计建造，这组重要影响力的工程也令奚福泉的职业声誉到达了顶峰。

尽管奚福泉实践中偏向使用简练的现代建筑语言，其实他对中国古代建筑精髓情有独钟，而且颇有研究。他的博士论文就是研究清朝皇帝陵墓建筑，这篇论文至今仍然珍藏在不少世界名校的图书馆中。1944 年他还曾加入中国营造学社。但面对近代中国的建设环境，他突破了模仿和复原层面的传统建筑形式，以一种实用和创新的手法来表达中国精神，殊为可贵。

奚福泉是位勤勉多产的建筑师，同期他在公用和工业建筑设计方面也颇有建树，包括上海龙华及西安大型飞机棚，汉口、芜湖、沙市、宜昌邮政大楼，成都四川大学农学院，上海阜丰面粉厂麦仓，上海正始中学等。上海租界被日军占领后，日伪政府要求开业建筑师重新登记。因不愿为日伪效劳，奚福泉主动歇业，直到抗日战争胜利后才恢复经营公利工程司。1938 年奚福泉在抗日大后方云南结识民族资本家缪云台先生，得到他的支持继续开业，先后设计昆明裕滇纱厂和昆明大戏院等工程。

抗日战争结束后，奚福泉回到上海，陆续又设计了南京中山北路四层邮局，上海中国纺织机械厂机械化铸工车间等。1950 年他成为中国建筑师学会理事长。1952 年奚福泉受轻工业部部长黄炎培之托，筹建轻工业部设计公司——华东公司（现中国轻工业上海设计院），并负责土建设计、总图和预算。至"文化大革命"前的 14 年间，他为中国兴建一大批轻工业骨干企业和援外工程项目做出了重大贡献。1957 年任中国建筑师学会第二届理事，上海市第四、第五、第七届人民代表大会代表，中国建筑师学会上海分会理事，是德高望重的建筑大师。他一生耕耘不辍，79 岁才离开工作岗位退休，不久就因心脏病突发在上海病逝。

在宁职业经历和主要作品

——1932 年国民革命军陆军第五师阵亡将士纪念塔（1932 年 11 月）。

——国民大会堂（1936 年，陆根记营造厂承建）。

——国立美术馆（1936 年，陆根记营造厂承建）。

——南京新街口国货银行（1936年，成泰营造厂承建）。
——南京四层邮局大楼（1942年）。
——南京钟表材料厂（1959年）。

近代中国建筑曾一度兴起以"中华民族复兴"为观念形态的表述符号和有关话语，而以童寯、奚福泉为代表的一些建筑师，则另辟蹊径，开辟了"中国式的现代建筑"或"新民族形式"的新途径。这种风格是基于现代建筑的技术平台，提取中国古代建筑部分装饰元素，经简化后用于表达象征意象。奚福泉设计的以下两座建筑的局部虽运用中国古代建筑的装饰图案，但整体风格却与西方现代建筑相当接近，既具现代感，又有民族风格的创新。

1）原国民大会堂 [图4-18-6（1）至（6）]

国民大会堂建造之初又叫国立戏剧音乐院，坐落于今南京市长江路264号。

早在1924年，孙中山在他的《建国大纲》中提出，设立国民大会来改造代议制的政治架构，并且他设计了军政、训政、宪政三个步骤来完成自己的构想。但宪政长期未得实现，国民党内外"结束训政，实行宪政"和及早召开国民大会的呼声日高。尤其是孙中山之子孙科就任国民党政府立法院院长之职后，更是极力推动制宪，倡议召开国民大会。于是在南京修建一座国民大会堂，以备国民大会之需被提上议事日程。1935年9月，国民党要员孔祥熙等五人提议：可以以国立戏剧音乐院和美术陈列馆充用，这样既可作剧场，又可作会场，诚为一举两得。他们的提案获得国民政府的批准。同年，国立戏剧音乐院和美术陈列馆筹委会公开招标，征集院馆工程的设计方案和营造商。建筑设计的公开招标得到了14份应征方案。经筹委会评定，以上海公利工程司奚福泉建筑师的设计方案为首奖，关颂声、赵深的设计方案分列二、三名，最后修改方案综合了一、二、三等奖的优点。业主方还聘请著名建筑师李宗侃负责

图4-18-6(1) 原国民大会堂和国立美术馆设计图纸
图4-18-6(2) 20世纪40年代的国民大会堂前牌坊

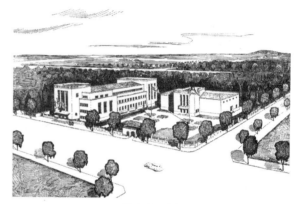

图4-18-6(1)

图4-18-6(2)

4 民国时期南京代表性职业建筑师及其作品

图4-18-6(3)

图4-18-6(4)

图4-18-6(5)

图4-18-6(6)

图4-18-6(3) 原国民大会堂（见彩页图22）
图4-18-6(4) 原国民大会堂入口局部
图4-18-6(5) 1948年行宪大会召开时的大会堂内部
图4-18-6(6) 今天的国民大会堂内部

督造工程。1935年11月23日，筹委会常务主任褚民谊与承建商陆根记营造厂签订合同，限期10个月完工。同年11月29日，举行奠基典礼，居正、吴稚晖、褚民谊等数百人出席。1936年5月5日，一再难产的《宪法草案》终于正式对外公布。也就在同一天，国民大会堂举行正式竣工典礼，这座会堂从开建到完工，仅用时六个月，自此它取代国立中央大学礼堂成为当时规模最大、设施最先进的会议场所。

国民大会堂的基本格局为现代剧场形式，坐北朝南，左右对称，主体建筑地上四层，地下一层。分前厅、剧场、表演台三部分，建筑面积为5100 m²，迎街为办公室，两旁为两层的休息室，内部结构合理，音响效果甚佳。主立面采用了西方古典构图中的基座、墙身、檐部三段划分方法，横向也处理为三部分，中段高耸，两侧呈直线展开做对称造型，体块简洁，一排排玻璃窗直贯上下两层，虚实对比生出韵律感。建筑师采纳了西方剧院的整体造型和简洁明快的现代建筑风格，而檐口则按中国传统建筑彩画的样式，堆砌箍头、枋心纹样。雨棚前伸，遮护踏道，仅以一圈莲瓣纹、方回纹装饰。这使得国民大会堂既不同于传统国都建筑的宏大铺排，又不同于近代早期的简单模仿洋式风格，而是突显"中国式的现代建筑"意蕴。国民大会堂不仅继承了中国传统官式建筑的宏伟气势，且细部处理也典雅不俗，尤其是庄重简洁的窗棂式弹簧门，使视线无遮挡设计的斜坡地面，舒适合体的座位，以及良好的厅堂声学效果等，大会堂内制冷、供暖、通风、消防、盥洗、卫生等设施齐全。更值得一提的是，大会堂内还安装了当时世界上最先进的投票表决系统。国民大会堂堪称南京民国建筑中的佼佼者，近代新民族形式创作的成功范例。

国民大会堂建成后不久，却逢中日开战。直到抗日战争胜利，国民大会堂才真正召开它的第一次会议。1946年11月15日国民大会正式召开，因国共内战全面爆发，共产党和民盟的代表都拒绝参加。1948年3月29日，国民党"行宪国民大会"在国民大会堂召开，按照《中华民国宪法》选举总统，实行总统制。这次国民大会是在国民党严重危机的形势下召开的。国民党内部矛盾重重，各派系展开了激烈的明争暗斗。1948年4月19日，蒋介石当选为中华民国总统，李宗仁险胜孙科，当选为副总统。"行宪国民大会"一共开了一个月零四天，1948年5月1日结束。中华人民共和国成立后，国民大会堂改名南京人民大会堂。

2）原国立美术馆[图4-18-7（1）至（4）]

西邻国民大会堂一墙之隔，就是原国立美术馆，竣工时间比国民大会堂晚三个月，但这两座建筑物风格一致，著名建筑师范文照为其顾问。与国民大会堂的大气庄重相呼应，国立美术馆的艺术气息更浓。建筑物占地面积为4165 m²，建筑面积1326 m²，建筑平面呈凹形，中部四层，两边三层，对称布置，中部入口"八"字形退后，楼前空地开阔。奚福泉同样采用了相对简单的立面形式，主楼造型线条流畅简约，在窗户、入口和檐部设计中适当借用中国传统建筑的细部处理方

图4-18-7(1) 民国时期南京国立美术陈列馆

图4-18-7(2) 原国立美术馆（见彩页图23）

图4-18-7(1)

图4-18-7(2)

图 4-18-7(3)　　　　　　　　　　　图 4-18-7(4)

图 4-18-7(3)　原国立美术馆前的石刻与灯具（见彩页图 24）
图 4-18-7(4)　原国立美术馆主立面上的檐部和长窗

式。内部陈设十分考究，墙壁上刻着壁画，展览大厅宽敞明亮，艺术氛围浓厚。国立美术馆的整体设计独具匠心，点染着淡淡的中国韵味，实为民族艺术与现代意识结合之佳作。这座高雅的艺术殿堂自落成直至 1949 年的十多年间，只举办过一次美术展览，即 1937 年 4 月开幕的"教育部第二次全国美术展览"，由蔡元培、刘海粟等人筹备和推动，审查和评选委员身份之显赫，参展艺术家作品分量之重要，以及规模之盛大，冠绝于整个 20 世纪的美术展览，现用作江苏省美术馆。

在这两个作品中，设计师试图发展一种摒弃"大屋顶"的"中国式现代建筑"语汇——现代建筑构成与空间布局原则同中国传统建筑元素（木结构细部如"蚂蚱头"以及隔扇门、窗等）相结合。此外，基于国民大会堂和国立美术馆特殊的政治背景，这两个作品的意义还在于它们给中西结合的设计理念贴上了官方标签。作为民族建筑的新风格，代表中国建筑发展新趋势的这组官方作品显得格外引人注目。

3）新街口国货银行［图 4-18-8（1）至（3）］

1935 年前后，奚福泉涉足南京建筑市场，并一举拿下多个重要项目，其中包括孔祥熙、宋子文创办的中国国货银行。始建于 1935 年的南京国货银行位于新街口，占地面积为 1926 m²，建筑面积 4022 m²，地下一层，地上六层，钢筋混凝土结构，是当时南京最高的建筑，由成泰营造厂承建。国货银行底层为营业大厅，二至五层皆为标准的出租办公室，中部设大天井采光，入口设大门廊，八根方形混凝土柱，外墙采用人造石贴面，室内护壁和地面皆做嵌铜条水磨石，梁枋和天花吊顶均施以彩画。

奚福泉的设计抛弃中国大屋顶的复古式样，整个建筑立面庄重、坚实，具有现代建筑的特征。同时，拼花窗棂、花格钢窗以及顶部的

 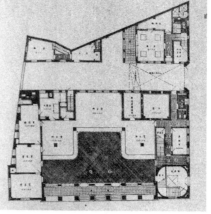 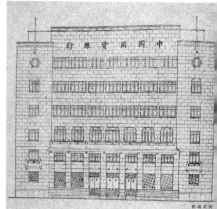

图 4-18-8(1)　　　　　　　　图 4-18-8(2)　　　　　　　　图 4-18-8(3)

水泥塑饰、室内彩画等，均为中国传统式的装饰。南京新街口国货银行整体风格富丽堂皇而脱俗不凡，堪称是中国近代建筑史上新民族建筑形式的重要范例。

图 4-18-8(1)　落成时的南京国货银行外景
图 4-18-8(2)　国货银行一层平面
图 4-18-8(3)　国货银行沿街主立面

图片来源

图 4-18-1 源自：http://blog.sina.com.
图 4-18-2 源自：上海《时事新报·建筑地产附刊》，1933 年第 3 期.
图 4-18-3 源自：http://baike.soso.com.
图 4-18-4 源自：笔者拍摄.
图 4-18-5 源自：《中国建筑》，第 2 卷第 5 期，1934 年 5 月.
图 4-18-6（1）源自：《中国建筑》.
图 4-18-6（2）源自：《老照片·南京旧影》.
图 4-18-6（3）源自：http://baike.baidu.com.
图 4-18-6（4）至（6）源自：笔者拍摄.
图 4-18-7（1）源自：《老照片·南京旧影》.
图 4-18-7（2）至（4）源自：笔者拍摄.
图 4-18-8（1）至（3）源自：《中国建筑》，第 28 期，1937 年 1 月.

4.19 徐敬直（图4-19-1）

生卒：1906—1983年

籍贯：广东香山（今广东中山，生于上海）

教育背景：

（上海）私立沪江大学，1924—1926年

（美）密歇根大学建筑系，学士，1926—1929年

（美）匡溪艺术学院建筑系研修，1929—1932年

图4-19-1 徐敬直

徐敬直（Su Gin-Djih）是民国时期著名建筑师和兴业建筑师事务所主持人，广东中山望族之后。其祖父徐雨之（徐润）是中国民族资本家的先驱，清末由李鸿章选派与唐廷枢一起，总理上海轮船招商局事务（1875年），为上海近代著名房地产业主，曾创办同文书局。由于父亲早故，徐敬直由母亲一手抚养长大，生活较为艰苦，在天津念完中学之后，入上海私立沪江大学求学。1926年，徐敬直大学毕业，前往美国密歇根大学深造，主修建筑学，1929年毕业后进入建筑大师伊利尔·沙里宁（Eliel Saarinen）创办的匡溪艺术学院研修①，深受现代设计将功能、生活与美学相结合的理念教海。1932年徐敬直回国，次年旋即与李惠伯、杨润钧合办上海兴业建筑师事务所（甲等开业证），任总经理兼建筑师（图4-19-2）。

徐敬直为人爽直，是非常有能力的建筑师事务所老板，在艰难的环境中，他尽心尽力，努力处理好建筑师、业主和营造厂的关系，同时，还亲自主持设计大量工程。兴业建筑师事务所在短短数年内发展成为民国时期著名的大型建筑师事务所，与他善于经营和高质量的创作有关。1935年，兴业建筑师事务所和徐敬直迎来事业的高峰，当时国民政府筹备国立中央博物院设计竞赛，徐敬直与李惠伯所拟建筑方案在12份设计中脱颖而出，获得首奖，徐敬直被委任为筹备处建筑师，时年仅29岁。其后在梁思成、刘敦桢指导下，徐敬直、李惠伯两位建筑师修改方案，首次采用辽代大殿风格开展具体设计。1936年博物院开工，后因抗日战争爆发停滞，直至1948年主体才完工。国立中央博物院工程举国关注，就筹建、竞赛、招标、施工过程而言，差不多可算中国近代建筑大师们的一次集体作业。国立中央博物院作为民国首都地区宫殿式传统风格的压轴大作，也是中国第一代建筑师尝试将"民族性"与"现代化"相结合的一次可贵探索。通过这个工程，徐敬直深刻地领略和理解了中国传统建筑博大精深的内涵，也促使他于1935年加入中国营造学社，并一生保持对中国古典建筑的浓厚兴趣。

1937年由于抗日战争爆发，原定设计督造南京近郊国立中央大学新校区的徐敬直受校长罗家伦委派，前往重庆负责办西迁校舍的规划和建造事宜。徐敬直仅用42天时间，围绕着沙坪坝松林坡，就修建

图4-19-2 上海《申报》上的徐敬直小传

了低矮的一排排竹筋泥墙教室和宿舍，保证1937年12月1日国立中央大学的准时复课（图4-19-3）。抗日战争期间，徐敬直避居西南，兴业建筑师事务所的业务大减，主要依靠四川、贵州、云南等地的小型工程苦苦支撑。1938年国民政府经济委员会在昆明小西门外建设篆塘新村，请徐敬直设计。这个新型居住区从集资、征地、规划、设计、施工到出售与管理，均采取统一经营方法，成为最早采用"六统"营建模式的居住区。他采用了三种户型，还配套建设学校、公园、商业、运动娱乐等设施，开创了昆明现代住宅小区建设理念之先河。小区主要服务于公教人员，由于租金便宜，解决了不少国立西南联合大学教授和来西南工程技术人员的住房问题。在以实用经济为设计要旨的抗日战争阶段，徐敬直充分践行了匡溪艺术学院的教育理念。

1946年徐敬直返回上海，接着因病赴美国治疗，在经历金圆券风波后，他对国民政府颇为失望，最终决定前往香港定居，并注册登记继续开设香港兴业建筑师事务所。1949年后范文照、陆谦受、朱彬、司徒惠等一批20世纪30年代在上海初露头角的知名建筑师陆续赴香港，由于大量资本涌入香港，这些中国第一代建筑师在香港的执业活动如鱼得水，主导了香港二战后的建筑设计市场。徐敬直的建筑师事务所也生意兴隆，设计了众多工厂、学校、写字楼和公共建筑，代表作包括香港旺角麦花臣室内场馆（图4-19-4）、新亚中学、中环永安保险大厦及湾仔邓肇坚医院等，这些作品都带有现代主义风格，以功能为主导，利用新技术手段，线条简约流畅，重视空间安排，极具特色。1956年香港建筑师学会成立，因在华人建筑界的良好声誉，徐敬直被推举为首任会长。

1964年，徐敬直在香港用英文撰写著作《中国建筑之古今》（*Chinese Architecture: Past and Contemporary*），将其对中国建筑理论和实践的研究心得进行总结，抒发对祖国传统建筑文化的热爱与推崇（图

图4-19-3

图4-19-4

图4-19-3 抗日战争期间重庆沙坪坝国立中央大学校舍
图4-19-4 香港旺角麦花臣室内场馆

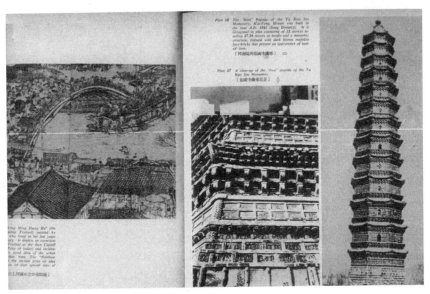

图 4-19-5

图 4-19-5 《中国建筑之古今》一书内页

图 4-19-6(1) 原国立中央博物院设计合同

4-19-5）。台湾学者汉宝德曾以"忠实的记录与轻率的批评"为题评价《中国建筑之古今》一书②。对中国古建筑为何选择木结构体系，徐敬直提出了"经济合理学说"，即"因为人民的生计基本上依靠农业，经济水平很低，因此尽管木结构房屋很容易燃烧，20 多个世纪以来仍然极力保留其作为普遍使用的建筑方法"。而就中国现代建筑发展的方向，他指出："有着流畅曲线和塑性美的古代造型将是应用新材料、新构造的中国未来建筑创作的基础。"该书最大的价值还在于作者以亲身经验，写下 1937 年前民国早期的建筑发展，弥补了中国建筑近代史料缺乏的遗憾，是研究近代中国建筑重要的专著。书中徐敬直提出"中国文艺复兴建筑风格"（Chinese Renaissance）一词，用来形容20 世纪 30 年代出现的复古风潮，其特色是在西式结构上添加中国宫殿式屋顶和装饰元素，别具一格③。1969 年，徐敬直中风，丧失语言能力，1983 年逝世。

在宁职业经历和主要作品

——国立中央博物院（1936—1948 年，江裕记营造厂、陆根记营造厂承建）。

——南京陵园陈先生住宅。

——南京武夷路 13 号意大利驻中华民国使馆（1937 年，原梁定蜀公馆，泰来营造厂承建）。

原国立中央博物院［图 4-19-6（1）至（8）］

翻开中国近代建筑的历史画卷，兴业建筑师事务所和徐敬直的名字总是和民国南京一座标志性建筑联系在一起，那就是国立中央博物院。

图4-19-6(1)

图4-19-6(2)

图4-19-6(3)

图4-19-6(4)

图4-19-6(5)

图4-19-6(6)

原国立中央博物院选址于南京市中山东路321号，紧邻中山门。建筑群由大殿、平台、配殿组成，建筑面积超过23000 m²。国立中央博物院主体建筑被称为人文馆，位处轴线上深远宽阔的草坪尽头，三层石台基上耸立着九开间的庑殿顶棕色琉璃瓦大殿，屋面坡度平缓，斗栱粗壮有力，层层出挑，承托着翘起部分屋顶的重量，使沉重的屋顶"如翚斯飞"，造型古朴雄浑。

国立中央博物院的筹备、设计和修建过程充满着波折。1933年4月，著名教育家、学者蔡元培先生提议：应在首都南京建立中央博物院，用来收藏、整理、研究、展出中国历代流传下来的珍贵典籍和文物。

图4-19-6(2) 徐敬直方案鸟瞰
图4-19-6(3) 辽代的蓟县独乐寺
图4-19-6(4) 原国立中央博物院修改后的仿辽代大殿设计图
图4-19-6(5) 2013年修缮前的原国立中央博物院大殿（人文馆）（见彩页图25）
图4-19-6(6) 1948年蒋介石参观国立中央博物院

图 4-19-6(7)

图 4-19-6(8)

图 4-19-6(7) 2013年修缮后的博物院大殿入口

图 4-19-6(8) 修缮后的博物院室内（见彩页图26）

教育部成立了"国立中央博物院筹备处"，聘请历史学家傅斯年为主任。中央研究院也鼎力协助，提供了人才和经费方面的支持。当时的建院宗旨是：为提倡科学研究，辅助公众教育，以适当之陈列展览，图智识之增进①。

1934年8月4日筹备处致函南京市政府，要求征用中山门内北侧的土地。次年4月市政府批复：划出半山园旗地100亩建院，后又追加93亩。拆迁费50000多元由中央研究院补助，建筑费150多万元，由管理庚款中英董事会拨付。国立中央博物院拟设自然、人文、工艺三馆。全部工程分三期，第一期先建行政办公楼和人文馆。设计招标书发给了13位具有中华民国国籍的顶尖建筑师，分别是：李宗侃、李锦沛、徐敬直、奚福泉、庄俊、陈荣枝、陆谦受、童寯、过元熙、董大酉、虞炳烈、杨廷宝和苏夏轩。后来，除了苏夏轩因故未参赛外，其他的建筑师都送来了他们的设计方案。1935年4月16日"国立中央博物院筹备处"召开会议，由管理中英庚款董事会总干事杭立武，著名建筑师刘敦桢、梁思成，文化名人张道藩，考古学家李济五人组成的评委会，对设计图进行了审定。

这块地南邻中山路（即今中山东路），东邻老旗街，西邻规划中的一条城市干道，南北长为468 m，东西最宽处173 m，西南为平面呈矩形的"遗族学校花园"。基地是一块不规则的"菜刀形"，并且由东南向西北渐低。因此，如何在"菜刀"上，营造出与国家级博物院匹配的庄严雄伟气势，成为这次设计成败的关键。其中徐敬直和李惠伯的方案，正是根据入口地形狭长的特点，把建筑主体妥帖地置于狭长入口的中轴线上，营造出庄严雄伟的气派，这一巧妙处理让梁思成等觉得豁然开朗。尽管评委会认为没有一份方案完全符合任务书的要求，但最后梁思成、刘敦桢建议以总图布置出色的徐敬直等人的方案为基础，将清式主体建筑改建成难度很大的仿辽代殿宇。

但是为什么会选择辽代建筑作为蓝本？这是有特定时代原因，筹备处认为国立中央博物院的建筑设计思想应体现中国早期建筑风格，以弘扬中华民族的传统文化精神。中华文化可以上溯商周，可是根本没有留存至今的商周古代建筑，尽管唐代建筑集中国早期建筑精华之大成而具有代表性，但当时大型完整的唐代建筑尚未发现，而以梁思成、刘敦桢等为首的中国营造学社已经发现了一批辽代建筑，如辽宁义县奉国寺、天津宝坻县广济寺、蓟县独乐寺等，这是当年中国土地上发现的最古老的一批木构建筑。既然要继承道统，当然要以最古的为依归，这是民国建筑在民族与现代进化历程中颇典型的案例，国民政府企图借由实质的建设来强化国家主体性。最终整个建筑没有超越中国古典建筑的基本体形，保持着整套传统造型构件和装饰细部，其结构遵循中国古建筑典籍《营造法式》的规范，内部陈列室则仿自美国某博物馆，是中国第一代建筑设计师尝试将"民族性"与"现代化"相结合的一次可贵探索。对此梁思成先生曾评价道："至若徐敬直、李惠伯之国立中央博物院，乃能以辽、宋形式，托身于现代结构，颇为简单合理，亦中国现代化建筑中之重要实例也。"⑤这种非同寻常的尝试，最终让国立中央博物院蜚声中外，同时，也为民国首都地区宫殿式机关办公楼的营造热潮画上了一个完美的句号，但对于整个民国建筑的交响乐来说，那最多算是一个小节的休止符。从其不寻常的诞生经历中可以看出，国立中央博物院可视为众多民国建筑专家、学者集体智慧的结晶，其建筑本身就是堪称国宝的艺术品。

1936年11月，当蔡元培为国立中央博物院亲手奠基的时候，它的设计者徐敬直刚刚过完自己的30岁生日，而李惠伯仅仅27岁，此刻中国第一代建筑师们风华正茂。第一期工程约占全部工程的58%，经过公开招标，江裕记营造厂获得修建权。1937年8月，第一期工程即主体大殿完成了大半，一座漂亮的国立中央博物院的雏形已展现在人们面前。但此时抗日战争已经爆发，日军进攻上海并频繁轰炸南京。同年8月底，工程被迫停工。不久，南京沦陷，筹备处连同所属文物辗转迁往四川、云南等地。日伪统治时期，在博物院内设立防空机构，并修改了房屋结构，使建筑遭到严重破坏。1945年，抗日战争胜利，国民政府还都南京，决定续建国立中央博物院。经过再次公开招标，陆根记营造厂获得承建权。1946年12月，国立中央博物院重新开工，并完全按照原设计方案建设。到1948年4月，第一期工程竣工。从提议到完成，这座耗时15年，饱经风雨的博物院终于展现在世人面前。当时恰逢"行宪国民大会"召开，为了表示庆祝，从1948年5月29

日到 6 月 8 日，新建成的国立中央博物院与国立北平故宫博物院在南京举行了一次联合展览，展出了大量珍贵的历史文物。蒋介石曾在这里观看亡国昏君宋徽宗的画像，痛心疾首地告诫他的党羽要励精图治。说来也巧，不到一年时光，蒋介石就无奈地逃到台湾地区去了，历史惊人地实现了它的轮回。

1949 年以后，博物院仍被称为国立中央博物院，直接由中央文化部领导，1950 年 3 月经文化部批准正式改为国立南京博物院。现在的南京博物院占地面积超过 90000 m²，建筑面积超过 17000 m²，其中陈列室有 4800 m² 多。此外还有文物库房、文物阅览室、图书馆等。全院共有藏品近 45 万件，数量仅次于北京故宫。2012 年开始，经过周密论证，在确保整体格局和主体建筑形态不变的前提下，以中国工程院院士程泰宁为首的团队采用顶托的方式，成功地对南京博物院主体大殿进行了抬升，并扩建了配殿，以增加展陈和研究空间，2013 年 10 月底重新开放。

注释

① 伊利尔·沙里宁：20 世纪著名的美籍芬兰裔建筑师、产品设计师、规划师和建筑教育家，北欧现代设计学派的鼻祖。早年他是芬兰民族浪漫主义设计的领导人物之一，设计出赫尔辛基火车站这样的标志性建筑。他还提出"有机疏散"城市规划理论。移居美国后创办匡溪设计学院成为美国现代设计大师的摇篮，培养出小沙里宁（Eero Saarinen）、埃默斯（Charles Eames）、伯托埃（Harry Bertoia）等一批划时代的设计家，由此，他亦被称为美国现代设计之父。
② 转引自赖德霖. 中国建筑革命：民国早期的礼制建筑[M]. 台北：博雅书屋有限公司，2011.
③ Xu Jingzhi. Chinese Architecture—Past and Contemporary[M].HongKong: The Sin Poh Amalgamated (H. K)Limited, 1964.
④ 卢海鸣，杨新华. 南京民国建筑[M]. 南京：南京大学出版社，2001：131.
⑤ 梁思成. 中国建筑史[M]. 天津：百花文艺出版社，1998：354.

图片来源

图 4-19-1 源自：http://paper.wenweipo.com.
图 4-19-2 源自：《申报》，1933 年 4 月 11 日.
图 4-19-3 源自：东南大学档案馆.
图 4-19-4 源自：http://zh.wikipedia.org/wiki.
图 4-19-5 源自：《中国建筑之古今》.
图 4-19-6 (1)源自：http://bbs.artron.net.
图 4-19-6 (2) 源自：http://www.njmuseum.com.
图 4-19-6 (3) 源自：笔者拍摄.
图 4-19-6 (4) 源自：《中国建筑之古今》.
图 4-19-6 (5) 源自：笔者拍摄.
图 4-19-6 (6) 源自：《南京民国建筑》.
图 4-19-6 (7)、(8) 源自：笔者拍摄.

4.20 徐中（图 4-20-1）

生卒：1912—1985 年

籍贯：江苏武进（今江苏常州）

教育背景：

（南京）国立中央大学建筑工程系毕业，学士，1935 年 7 月

（美）伊利诺伊大学建筑系，硕士，1936—1937 年

图 4-20-1　徐中

中央大学建筑系是中国近现代建筑教育的摇篮，众多中国第一代建筑师从国外负笈归来，在此教学、执业，培养出的第二代建筑师如戴念慈、张镈、徐中、张开济等继往开来，为新中国建筑学科和建筑创作的发展做出巨大贡献，徐中（字时中）是这批人中间突出的一位。他一生创作严谨，知行合一，桃李满天下，是中国建筑界杰出的建筑师、理论家、教育家。

徐中 1931 年从家乡常州考入享有盛誉的国立中央大学建筑工程系，当时的入学要求极为严格，录取率仅为 5%，自是人才济济，同届生中包括张开济、何立蒸等日后的建筑大师。在校期间，徐中一方面受到良好的学院派基本功训练，如构图、柱式绘图、渲染表现等，另一方面，国立中央大学教学重视学生的自由发挥，留学归来的教师所传播的现代主义思想对学生影响很大，因此创新意识贯穿徐中一生的教学和创作。徐中天资聪慧，素有才子的名声，又勤奋刻苦，因此成绩优异，多项作业被刊登在《中国建筑》等杂志上（图 4-20-2）。尤其难得的是，大二期间他就投入了建筑实践活动，1933 年为金城银行

图 4-20-2　徐中在校期间的设计作业

图 4-20-3　天津大学建筑系内的徐中雕像

图 4-20-2

图 4-20-3

4　民国时期南京代表性职业建筑师及其作品

的正副经理在青岛八大关路设计了一幢联立式的半木结构英国乡村风格小住宅，精巧俊逸的手法反映出他过人的设计天赋。

1935年徐中毕业后，先在天津工务局任技正，后入上海中国银行建筑科实习，1936年夏赴美国伊利诺伊大学建筑系攻读硕士。伊利诺伊大学建筑系所处的芝加哥是美国高层建筑的故乡，"芝加哥学派"也是美国现代建筑的开拓者，尽管求学时间不长，但徐中对于现代派有了直接深入的了解，令其日后不仅熟稔古典或学院派语言，也欣赏并倡导现代风格。1937年夏徐中毕业回国，因抗日战争爆发，他投笔从戎担任国民党军政部要塞局的技师，负责长江要塞和碉堡设计。1939年在重庆期间受国立中央大学建筑系主任鲍鼎邀请，回母校任教，次年被聘为教授。此后徐中长期从事建筑设计与理论的教学和研究。1949年以后，徐中又先后执教于北方交通大学、唐山工学院建筑工程系和天津大学建筑系，并担任系主任，对天津大学建筑系教学思想及特点的形成产生重要影响（图4-20-3）。徐中教学严谨，指导设计具体细致，循循善诱，为低年级学生示范改图时，用笔挺秀简练，寥寥数笔，意趣盎然。他在教学中十分强调理论联系实际，鼓励传统与创新相结合，很好地继承了杨廷宝、童寯等第一代教育家的风范，他的学生中吴良镛、钟训正、彭一刚、聂兰生、布正伟等均成为当代中国著名的建筑大师。

徐中一生大多时间投入到建筑教学中，作为第二代建筑师的杰出代表，他的创作数量虽然不多，品质却上佳。徐中的建筑创作横跨两个历史阶段。1949年前他先后在重庆、南京等地注册登记执业，设计有重庆中美合作所礼堂、巴县县政府、波兰驻重庆使馆、南京国立音乐学院校舍、南京龙潭战役阵亡将士纪念建筑群、上海龙华机场站房（图4-20-4）等，1949年以后他设计了北京商业部进出口公司办公楼、外贸部办公楼、天津大学教学楼、图书馆等经典建筑，并参与人民大会堂方案设计。徐中的设计既反映中国建筑师探索现代建筑道路中的共性，例如对民族传统的继承，经济合理性的考虑，又具有鲜明的个人特色。徐中最大的特点是执着探索，敢于创新，例如他能以主观能动

图4-20-4 上海龙华机场站房
图4-20-5 北京外贸部大楼

图4-20-4　　　　　　　　　　　　　　图4-20-5

图 4-20-6

图 4-20-7

的态度对待民族传统，实践中他善于将民族传统灵活应用，虽然许多设计手法源自传统，但并不简单地模仿搬用，而是根据功能和现代需求加以改造，适当抽象和变形，例如在造型和装饰中吸取中国建筑的小式做法，设计出一些既具有地域风格和民间传统，又有时代感的优秀之作，如外贸部大楼参考北方民居风格，外形简洁朴实（图 4-20-5）；天津大学教学楼也颇有地方特点，大屋顶的表达平和清雅，细节耐人寻味（图 4-20-6）。他的多数作品在经济和实用、经济与美观之间达到一种平衡。

徐中晚年积极从事建筑设计理论的探讨，包括空间理论、构图原理、建筑美学等方面，撰有《建筑与美》、《建筑的艺术性究竟在哪里》、《论建筑与建筑艺术的关系》、《建筑风格的决定因素》等论文。1985 年徐中病逝于天津。

图 4-20-6 天津大学教学楼
图 4-20-7 南京成贤街某住宅

在宁职业经历和主要作品

虽然徐中长期在国立中央大学执教，但职业生涯中与南京的交集只有短短四五年时间，因此作品并不多，留存至今的就更少，其中可考的包括：

——南京龙潭战役阵亡将士纪念碑、会师亭建筑群（1947 年）。
——南京原国立音乐学院校舍（1946 年）。
——馥园新村住宅（1948 年）。
——成贤街交通银行行长钱新之住宅（现南京诗词学会）（图 4-20-7）。

南京龙潭战役阵亡将士纪念建筑群[图 4-20-8（1）至（7）]

作为一名职业建筑师，徐中平生专于民用建筑设计。龙潭战役阵亡将士纪念建筑群则为其任国立中央大学建筑系教授，在南京教学工作期间设计的唯一一组纪念性建筑。由于特殊的历史背景和地理位置，

图 4-20-8(1)

图 4-20-8(2)

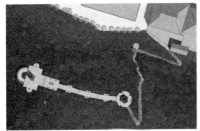
图 4-20-8(3)

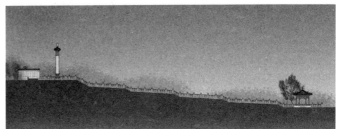
图 4-20-8(4)

图 4-20-8(5)

图 4-20-8(6)

图 4-20-8(1) 1950年拍摄的龙潭会师亭全景及白崇禧题字
图 4-20-8(2) 1946年摄国民党高级将领白崇禧等凭吊龙潭战场留影
图 4-20-8(3) 南京龙潭战役阵亡将士纪念建筑群总平面图
图 4-20-8(4) 建筑群复原后的建筑立面效果
图 4-20-8(5) 会师亭复原图
图 4-20-8(6) 烈士纪念碑修复施工中

这组重要的建筑遗址长期以来被忽视。

南京龙潭战役阵亡将士纪念建筑群位于南京龙潭街道所属原中国水泥厂厂域内，黄龙山北麓峭壁之上，距离南京市区约为 20 km，处于沪宁铁路沿线。该组建筑群是为纪念中国近代史上重要战役——龙潭战役的阵亡将士，及纪念国民革命军第一、第七军胜利会师而建。龙潭战役于 1927 年 8 月爆发，是孙传芳与北伐军之间进行的一场著名战役，也是北伐战争中最激烈、最具决定性的一场战役。它的胜利对于当时国民政府首都南京的安定及之后作为中华民国首都长达 10 年的建设与发展均具有决定性意义。龙潭战役奠定了国民政府的基业，也成为显赫一时的五省联帅孙传芳从此一蹶不振变成光杆司令。不少国民党元老对此役印象犹深，于右任老先生曾写一联："东南一战无余敌，

图 4-20-8(7) 烈士公墓弧形壁墙现状及墙上的龙潭会师纪念铭文

图 4-20-8(7)

党国千年重此辞。"①

该建筑群始建于1946年,次年完工。纪念建筑群占地面积为607 m²,主要包括350余级台阶、督师台,以及山顶上由东向西约70 m长的台地上的一系列纪念性建筑:会师亭、纪念碑、烈士公墓、旗幡台、坟冢、弧形壁墙等。所有建筑物均就地取材,采用山下中国水泥厂出产的优质水泥、钢筋混凝土浇铸。

建筑群整体风格是传统形式的。主体建筑会师亭已毁,目前正在恢复修建,单体的形制参考历史图片,应采用清代官式建筑样式。建筑为六角攒尖顶,以琉璃宝珠结顶。屋顶铺设琉璃筒瓦,设垂脊六条,以兽头收尾,下施仙人一枚,走兽三只,屋角起翘平缓。檐下柱间连以挂落,梁枋间施以旋子彩画。纪念碑上冠攒尖顶,檐下卷草纹样,基座采用须弥座造型,碑体上部施以云纹。纪念碑后部为一段弧形墙,墙上刻有建亭铭,旗幡台位于纪念碑两侧,这一组建筑整体风格端庄凝重。山顶纪念建筑群周边均围以仿传统勾栏式样的混凝土浇铸的栏杆。

注释

① http://www.baike.com.

图片来源

图4-20-1 源自:http://www.archreport.com.
图4-20-2 源自:《中国建筑》,1934年第2卷第4期.
图4-20-3 源自:笔者拍摄.
图4-20-4 源自:http://www.ship.sh.
图4-20 5 源自:http://lvyou.wanjingchina.com.
图4-20-6、图4-20-7 源自:笔者拍摄.
图4-20-8(1)、(2) 源自:http://www.baike.com.
图4-20-8(3)至(7)源自:南京工业大学建筑学院郭华瑜教授.

4.21 杨廷宝(图4-21-1)

图4-21-1 杨廷宝

生卒:1901—1982年
籍贯:河南南阳
教育背景:
(北京)清华学堂,1915—1921年
(美)宾夕法尼亚大学建筑系,学士,1921—1924年;获宾夕法尼亚大学学士学位高级荣誉,1924年2月;硕士,1924—1925年2月
(美)保罗·克芮建筑师事务所实习,1925—1926年

中国近现代建筑史上素有"南杨北梁"之说,是对20世纪前半叶公认的最有光彩的两位建筑大师——杨廷宝和梁思成的评价。如果说梁思成的主要成就更偏重于建筑学科和中国古典建筑研究方面,那么杨廷宝则是当之无愧的职业建筑师楷模。他从事建筑设计50余年,作品过百,质量之精,影响之大,堪称中国建筑师的代表。同时他也是中国建筑教育重要的奠基者之一,执教40余载,诲人不倦,桃李满天下。

杨廷宝(T.P.Yang,字辉仁)出生于河南南阳,母亲早逝,父亲是开明知识分子。他自幼好学上进,1915年以优异成绩考取清华学堂,六年后毕业。在清华学堂留美预科学习期间,他就展现出突出的绘画天赋,还担任学生会的美术秘书。毕业前夕,他结合自身的美术禀赋,加上观摩清华学堂校舍修建时受庄俊建筑师的影响,杨廷宝最终选择美国宾夕法尼亚大学建筑系作为自己的留学地,开始了与建筑一生的渊源。同班同学中还包括20世纪美国建筑大师路易·康。在美留学期间,杨廷宝被公认为品学兼优,他学得踏实,也学得轻松,课余经常帮助低年级学生搞设计,因而在校园内名声大噪。他还是获奖专业户,多次在建筑设计竞赛中获奖,三年内拿了两次罗马大奖,也是校内三个荣誉团体的成员,系主任称赞他"是学校里才华最出众的学生之一"[①]。1925—1926年,他进入设计导师、美国布扎体系教育重要人物、以优雅唯美的新古典风格著称的著名建筑师保罗·克芮(Paul P. Cret)的事务所工作,参与费城罗丹艺术馆、底特律美术馆、亨利大桥等项目的详图设计,进一步锻炼了其细腻精致的手法和实践经验,为其日后的建筑事业打下扎实基础(图4-21-2)。在宾夕法尼亚大学的六年,杨廷宝积蓄了丰富的智慧和过人的才华,预备为自己的祖国报效一生。和大多数留学欧美的建筑学生一样,毕

图4-21-2 杨廷宝在美国留学期间参与设计的底特律美术馆

图4-21-2

图 4-21-3

图 4-21-4

业后，他与赵深等友人结伴花了半年时间到英国、法国、比利时、瑞士、意大利等地考察建筑，以"画日记"的方式深度体会和分析欧美建筑史上的经典案例，留下了一批精彩的写生和绘画作品（图4-21-3）。

1927年杨廷宝回国，当时国内华人创办的规模最大的建筑师事务所——天津基泰工程司老板关颂声慧眼识人，力邀才华超群且为人温和内敛的杨廷宝加入，成为合伙人，并负责图房工作，即今天的总建筑师职位（图4-21-4），这种长久的合作一直延续至1949年关颂声离开大陆为止。杨廷宝在基泰工程司任职期间共完成80多座工程设计，这在民国时代职业建筑师中是非常罕见的高产。一方面是因为关颂声和民国上层关系紧密，接来的项目多集中于南京、北平、沈阳、天津、上海等大城市，且不少为大型公共、行政、金融类建筑，给杨廷宝提供了大显身手的舞台；另一方面也和杨廷宝高超的专业技能和勤奋的天性紧密相关。杨廷宝一生的创作思想和手法大体可以分为四类。一类出现在其职业生涯的早期，他设计了京奉铁路沈阳总站、东北大学校舍、沈阳少帅府、清华大学图书馆等知名建筑 [图4-21-5（1）至（3）]，不论单体或群体，都相当注重功能的合理性和建筑本身的个性，

图 4-21-3 欧洲旅行时的绘画
图 4-21-4 1928 年天津基泰工程司大楼
图 4-21-5(1) 京奉铁路沈阳总站
图 4-21-5(2) 沈阳少帅府

图 4-21-5(1)

图 4-21-5(2)

4 民国时期南京代表性职业建筑师及其作品

图 4-21-5(3)

图 4-21-6

图 4-21-5(3) 东北大学体育场
图 4-21-6 修缮北京天坛时杨廷宝的留影

而形式上则都带有西方古典建筑或折中的影子，存在一定的模仿性，显示出自身的教育背景和那个时代的特征。这也是民国职业建筑师起步阶段的普遍做法，但这些作品本身都是高水平的，形式与功能相结合，造型简练和谐。

20世纪30年代是杨廷宝职业创作的高峰时期，这时的他已经开始逐步探索中国古典建筑及民间建筑与现代科学技术相融合的方式，即在建筑风格上致力于探索和创新，创作具有中国特色的现代建筑，他说："要做一个中国的建筑师，就必须了解、熟悉和研究我们中华民族古老的文化艺术传统……我回国后就十分注意在实践中学习。"①杨廷宝在美国受到西洋建筑方法和艺术手法的训练，没有接触过中国古典建筑，但20世纪30年代他已经能设计出非常地道的含传统元素的建筑，这主要得益于他对北京古建筑的调查、研究和实践工作。1932年，杨廷宝受聘兼任北平文物管理委员会委员，主持了九处古建筑的修缮工作，包括天坛圜丘、天坛祈年殿、中南海紫光阁、北京城东南角楼、国子监辟雍等。工作中他虚心向民国匠师学习，对中国古建筑的设计要点、施工技术、构造等进行了深刻独到的研究，很快成为古建筑修缮行家，奠定了他后来50年融会贯通中西为一体的设计道路（图4-21-6）。1936年他还加入了中国营造学社。他将这些对古建筑的领悟运用到现代功能需求的建筑中，创作了如谭延闿墓、国民政府外交部（未建）、国民党中央党史史料陈列馆、国民党中央监察委员会、中央研究院、金陵大学图书馆、中山陵正气亭、四川大学等具有显著中国建筑形式要素的作品：它们功能布局合理，建筑体型协调，比例尺度匀称，细部推敲准确，内部装修常采用花窗格、天花藻井、沥粉彩画等，用材上也都做到精益求精，将官式建筑的特征表现得淋漓尽致，是20世纪30年代国民政府所倡导的"中国固有形式"最具代表性的一批建筑[图4-21-7（1）、（2）]。同时代许多中外建筑师都曾尝试过将民族形式和现代钢筋混凝土结构两者相结合的做法，虽不乏精品，

图 4-21-7(1)

图 4-21-7(2)

也难免有滞杂俚俗之作，水平高下差异甚大。杨廷宝的设计脱离了将两种体系简单嫁接，而是仔细推敲，将功能、形式和结构合理组合，注重细节，做得高贵典雅，这充分反映出他对中国古建筑的深刻理解，以及扎实的专业技巧和深厚的美学素养。

杨廷宝的设计风格纵贯中西、跨度之大令人叫绝。他能适应各类业主需求，并始终关注国际建筑的新动向，不墨守古典设计的成规，创新上颇具勇气。民国期间他还创作了一批具有现代特色的建筑，堪称时代先锋。这其中一类是简化的民族形式，另一类是更加简练抽象的现代派风格。前者包括北平交通银行，南京中央医院、中央体育场田径场和上海大新百货公司等建筑采用"新民族形式"，以西式形制和简约造型为主体，局部适当点缀传统细部和图案，如檐口、须弥座、墙面、花格门窗及门廊等常以传统构件或传统花纹图案装饰。室内装修用平綦天花做法和彩画，等等。这些装饰细部，不像大屋顶那样以触目的部件形态出现，而是作为一种民族特色的标志符号出现，巧妙地融入民族意象，既有鲜明的时代精神，又符号化了民族意识，不失为中国建筑从传统走向现代的可贵探索［图 4-21-8（1）、（2）］。

而孙科公馆（延晖馆）、中央通讯社、南京大华戏院、南京新生俱乐部、南京国际联欢社扩建等工程则表现出彻底的革新精神，完全

图 4-21-7(1) 原国民党中央党史陈列馆（见彩页图 27）
图 4-21-7(2) 谭延闿墓入口
图 4-21-8(1) 北平交通银行
图 4-21-8(2) 原中央体育场

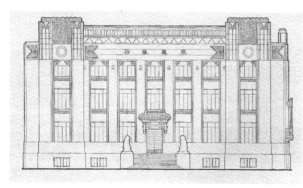
图 4-21-8(1)

图 4-21-8(2)

4 民国时期南京代表性职业建筑师及其作品

按照现代功能要求组织空间和形式，注重经济性、技术和材料，摒除装饰，采取几何抽象的造型和简洁立面，是现代主义在中国最早的尝试之一[图4-21-9（1）至（3）]。1944—1945年他受国民政府资源委员会派遣赴英国和美国考察建筑，现代主义建筑与工业社会生产相适应的设计方法对杨廷宝20世纪40年代后期的创作启发和影响颇大。

无论形式风格是什么，杨廷宝的设计思想中始终遵循一条基本原则，即视建筑为环境的一部分，不论是总体规划，或是对单体建筑、内部设计以及细部大样都十分注重与环境和现实条件相适应，即使是附属环境小品也精心推敲，比例、形式和环境十分和谐，如中央体育场、谭延闿墓和紫金山天文台入口等按传统方式设计的牌坊牌楼。1930年的清华大学总体规划中充分尊重校园旧有环境和建筑，例如图书馆扩建部分与美国建筑师茂飞设计的老楼在尺度、材料、色调乃至细部处理上均取得协调一致的效果，而布局更与老楼结合得天衣无缝，可算经典之作[图4-21-10（1）至（3）]。杨廷宝还擅长根据工程项目的性质、内容和适宜的建造技术，有针对性地探索各自的建造方式。抗日战争期间在重庆等地中小型公建创作中他尝试过以造价低廉的材料和结构、工艺等进行快速建造，如重庆青年会电影院因是临时建筑而采用砖柱、夯土和竹篱笆墙、空斗墙的混合结构，以木柱支撑木屋架，形式简洁，经济节约，满足了战时特殊的需求，同时期的重庆嘉陵新村国际联欢社、滑翔总会跳伞塔等都具有类似特征。

杨廷宝对中国近现代建筑学科的贡献不仅限于职业实践，他还是近代建筑教育重要的奠基者之一。抗日战争期间，迁移重庆后的杨廷宝除了基泰工程司的设计工作外，1940年受鲍鼎之邀兼任国立中央大学建筑工程系教授，从此在国立中央大学建筑系开始了长达42年的执教生涯。他以其在美国留学所受学院派教育和自己丰富的实践经验为基础，与其他同仁一道逐渐塑造出"中央大学体系"、"南京工学院风格"

图4-21-9(1) 国际联欢社扩建（见彩页图28）
图4-21-9(2) 原中央通讯社

图4-21-9(1)

图4-21-9(2)

图 4-21-9(3)

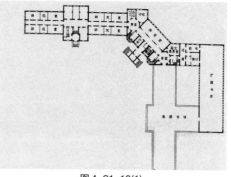
图 4-21-10(1)

图 4-21-10(2)

图 4-21-10(3)

的教育思想、方法和内容：包括培养务实的设计态度，循循善诱的教学方法，注重基本功训练等，确立了在中国建筑教育中的标杆地位。他的才学出类拔萃，教学兢兢业业，而对建筑本质的把握进一步加深了他建筑教育思想的深度。杨廷宝一生为人正直，德高望重，他论及师德的四句话曰："为人师表，道德文章，业务要精，格调要高。"因此深受师生爱戴。

1949 年，已经建立了卓著声誉的杨廷宝拒绝了基泰工程司负责人关颂声邀请去台湾执业发展的机会，留在大陆继续服务于新中国建设。1949 年初期，他从以建筑设计实践为主转向主要从事建筑教育，1949—1959 年担任当时的南京大学及后来的南京工学院（即现在的东南大学）建筑系主任，之后还有不少社会兼职，如中国建筑学会理事长、全国人民代表大会代表、中国科学院技术科学部学部委员、国际建筑师协会副主席、南京工学院副院长、江苏省副省长、《中国大百科全书：建筑·园林·城市规划》编委会主任等。如此繁忙的教学和社会工作之外，杨廷宝依然创作不辍，1949—1982 年由他主持、参与或指导的工程共达 26 项，如设计了北京和平宾馆、北京王府井百货大楼、北京火车站、华东航空学院、上海南翔古漪园逸野堂等项目，在人民英雄纪念碑、人民大会堂、毛主席纪念堂、北京图书馆等国家标志性建筑设计中都做出重要贡献，他还指导过南京工学院校舍、南京长江大桥桥头堡、徐州淮海战役革命烈士纪念塔、南京雨花台烈士纪念馆等工程设计（图4-21-11）。民国第一代知名职业建筑师中，像他一样依然能够保持旺盛创作力的并不多见。

图 4-21-9(3) 大华戏院（见彩页图 29）
图 4-21-10(1) 清华图书馆扩建后的平面
图 4-21-10(2) 清华图书馆立面渲染
图 4-21-10(3) 清华图书馆扩建后的入口

4　民国时期南京代表性职业建筑师及其作品

图 4-21-11

图 4-21-11　1949年以后部分工程（左上，北京和平饭店；左下，北京火车站；右，华东航空学院）

毫无疑问，杨廷宝属于最配得上"建筑师"称谓的那一类人。人们说，杨老是实干家，最愉快莫过于工作，最难过莫甚于无所事事、相对谈玄。建筑史也许该记录这样一次有趣的饭局：20世纪50年代初，中国最负盛名的两位建筑师杨廷宝和梁思成，以及他们的学生辈，在北京东安市场一家饭馆就餐。谈话间，杨廷宝突然从座位上站起来，仔细打量着面前的桌椅，然后从怀中掏出卷尺，量好尺寸，一一记录在小本子上。他说，这套桌椅只占了极小的空间，而坐着甚为舒服，所以引起了他的注意。杨廷宝的学生回忆，他常常提诸如此类的"小"问题：人至少要多少活动空间？一张八个座位的餐桌至少需要多大空间？桌椅的高度该是多少？门把手和门锁装在什么高度才合适？他总是随身携带一把钢卷尺、一支笔和一个小记事本，随时记下他所需要的尺寸或画下他认为值得参考的速写。给建筑系学生讲演，学生期待着听这位世界知名建筑师关于建筑的宏篇大论，他却告白："我来说说台阶的踏步怎么做，好吗？"然后讲了一大通踏步尺寸与人体的关系云云[②]。晚年的老人常常用钢笔在大约一尺见方的纸上画着，是一幅精心的方案鸟瞰图，线条仍然稳练，但手有点哆嗦（图4-21-12）。

杨廷宝是中国近现代建筑的开拓者和最杰出的建筑师之一，他的创作历程见证了中国近代变革时代不同建筑潮流兴衰更替的过程，从复古主义至现代方式，他在时代建筑形式的转换和变迁中努力去适应、创造和创新。从杨廷宝的设计中我们可以读出一种整体思想，一种具有社会责任感的建筑师的设计理念。他一直在关心着建筑师为人类提供的生活和生存环境是否合理、合法、合用，这是留给后辈职业建筑师最宝贵的精神遗产。

杨廷宝一生保持健康的生活习惯，勤于锻炼，衣饰整洁得体，风度翩翩，晚年依然非常有派头，予人印象深刻。1982年杨廷宝病逝于南京。

在宁职业经历和主要作品

1927—1948年，杨廷宝总共设计了86幢房屋，一半以上集中在南京，可以肯定，他是对近现代南京城市建设影响最大的民国建筑师。40多项工程在他手里由图纸变成现实，中央医院、谭延闿墓、紫金山天文台、中山陵音乐台、中央体育场、大华戏院等都是他的杰作。南京主干道中山北路至中山东路一线更被称为"杨廷宝一条街"，人们甚至说，整个南京的天际线差不多都是杨廷宝勾勒的。杨廷宝回国后就职于天津基泰工程司，早期项目多集中于东北、华北和北京、天津等地。1927年南京成为中华民国国民政府首都，与上层联系紧密的基泰工程司老板关颂声就将工程司总部迁往南京。1936年下半年杨廷宝结束了北平古建筑修缮工作来到南京，抗日战争期间内迁，1945年又重返南京，直到1982年去世，他都在南京工作、生活，作为一流的建筑大师以作品深深影响着这个城市的面貌。杨廷宝执业生涯的高峰出现在20世纪30年代，特别是在1928—1937年的民国"黄金十年"间比较集中地赢得了一些大型项目。正当南京实施"首都计划"、大兴土木之时，不少军政、公共和研究机关工程都交予基泰工程司设计。作为总建筑师的杨廷宝，善于把握业主需求，在创作中兼收并蓄与个性并重，既灵活又融汇，设计能融于情境，形式多样。无论是国民政府倡导的奢华宫殿式，或受经济限制采用简约仿古做法，还是庄重气派的西方古典或折中式样，以及适应现代工业条件和审美的现代派，都应付自如，留下了高质量的建成作品。他从学院派教育中学到的比例原则给他风格多样的作品带来了内在的和谐，这在同时期在南京执业的建筑师中是比较少见的。经整理，民国时期杨廷宝在南京所主持设计的主要作品如下：

——中山陵园邵家坡新村合作社（1930年，已毁）。
——中央体育场（1931年，利源建筑公司承建）。
——紫金山天文台（1931年）。
——中央医院（1931年，建华营造厂承建）。
——国民政府外交部馆舍（1931年，方案，未实施）。
——谭延闿墓（1931年，中泰兴记和蔡春记营造厂承建）。

图4-21-12 晚年的杨廷宝在写生

——中央研究院地质研究所（1931年，朱森记营造厂承建）。
——中山陵园音乐台（1932年，利源营造厂承建）。
——国立中央大学南校门和图书馆扩建（1933年，张裕泰营造厂承建）。
——管理中英庚款董事会办公楼（1934年）。
——国民党中央党史史料陈列馆（1934年，馥记营造厂承建）。
——大华戏院（1935年，建华营造厂承建）。
——国立中央博物院图案设计竞赛（1935年6月，方案第二名）。
——国民党中央监察委员会办公楼（1935年，馥记营造厂承建）。
——金陵大学图书馆（1936年，建业营造厂承建）。
——国立中央大学附属牙科医院（1936年，三合兴营造厂承建）。
——李士伟医生住宅（1936年）。
——中央研究院历史语言研究所（1936年，六合营造厂承建）。
——南京电厂办公楼（1936年，未建）。
——下关火车站扩建工程（1946年，徐顺兴营造厂承建）。
——公教新村（1946年）。
——杨廷宝住宅（1946年，成贤小筑）。
——儿童福利院（1946年）。
——楼子巷职工住宅（1946年）。
——国民政府盐务总局办公楼（1946年）。
——基泰工程司南京办公楼扩建（1946年）。
——翁文灏寓所（1946年，陆顺福营造厂承建）。
——国际联欢社扩建（1946年，华业营造厂承建）。
——北极阁宋子文公馆（1946年，馥记营造厂承建）。
——中央研究院总办事处（1947年，新金记康号营造厂承建）。
——中山陵园正气亭（1947年，韩盛记营造厂承建）。
——新生俱乐部（1947年）。
——招商局候船厅及办公楼（1947年）。
——祁家桥俱乐部（1947年）。
——国民政府资源委员会办公楼（1947年）。
——延晖馆（1948年，中山陵园孙科公馆，馥记营造厂承建）。
——中央研究院化学研究所（1948年）。
——中央研究院九华山职员宿舍（1948年）。
——国民党中央通讯社（1948年）。
——结核病医院（1948年）。

杨廷宝在南京的作品存世较多，不少都被列入中国近现代优秀建筑之列，多有介绍和分析，本书不再一一赘述，仅从中挑选其不同风格的代表作为重点案例解析。

1）原中央研究院［图4-21-13（1）至（8）］

中央研究院是民国时期中国最高学术研究机关。1928年6月，在蔡元培等人的倡议下，中央研究院在南京成立。至1937年抗日战争全面爆发前，中央研究院下辖物理、化学、工程、地质、天文、气象、历史语言、心理、社会科学以及动植物10个研究所。其中除了物理、化学、工程三个研究所设在上海以外，其余均位于南京。中央研究院首任院长为蔡元培，继任院长为朱家骅。殷墟甲骨的发掘研究工作就

图4-21-13(1) 原中央研究院总图
图4-21-13(2) 原中央研究院地质研究所
图4-21-13(3) 原中央研究院历史语言研究所
图4-21-13(4) 原中央研究院历史语言研究所前的瑞兽

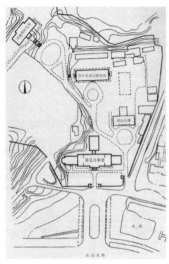

图4-21-13(1)

图4-21-13(3)

图4-21-13(4)

图4-21-13(2)

4 民国时期南京代表性职业建筑师及其作品 /225

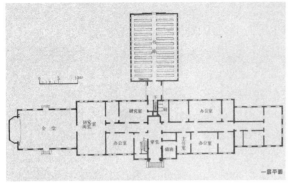

图4-21-13(5)　　　　　　　　　　　　图4-21-13(6)

图4-21-13(7)

图4-21-13(8)

图4-21-13(5) 20世纪40年代的中央研究院总办事处一层平面
图4-21-13(6) 20世纪40年代的中央研究院总办事处外观
图4-21-13(7) 原中央研究院总办事处（见彩页图30）
图4-21-13(8) 1948年中央研究院第一届院士合影

是在这里进行的，几乎所有民国文、理、工诸科的学术大师都曾在这个院落里进进出出，那是一种怎样的盛况！1948年中国现代意义上第一批院士也是在此诞生。1949年以后大部分改组为中国科学院等机构，少量在台湾地区重建并保留原称。南京中央研究院旧址坐落于北京东路39号（原鸡鸣寺路1号），背靠北极阁山，毗邻古鸡鸣寺，环境幽静，庭院深深，是绝佳的学术研究之地。

杨廷宝从1931年开始主持中央研究院建筑群的规划和建筑设计，规划布置顺应地形，先后建起地质研究所、历史语言研究所和总办事处三座主要馆舍，尽管年代跨度达15年，但风格一致。院内山石、树木和民族风格的建筑相映成趣。

最早建设的地质研究所，位于基地西北方的北极阁山坡上，门朝东南，是一座仿明清宫殿式建筑，由朱森记营造厂承建。地质研究所建筑高二层，钢筋混凝土结构，建筑平面呈"凸"字形，面积约为1000 m², 一楼中部设有地质标本陈列室，其余为制作、资料、科研、办公用房。拾级而上，迎面为一小歇山屋顶的三开间门廊，其后主体部分采用单檐歇山顶，屋面为蓝色琉璃瓦，梁枋及檐口部分为仿木结构，雕梁画栋。建筑物用清水砖墙砌筑，配以水泥花饰，勒脚用粗石块。20世纪30年代李四光在此主持工作，50年代曾任所长。

1936年，由杨廷宝设计、六合营造厂承建了历史语言研究所。建筑位于场地中心部位，与总办事处同处一轴线上，楼高三层，钢筋混凝土结构，建筑面积为1700 m²。建筑平面呈一字形，两端为阅览室和小型书库，其余部分为办公、研究用房。建筑外观依然采取宫殿式大屋顶造型，单檐歇山顶，上覆绿色琉璃瓦，屋顶背面设老虎窗和盝顶造型烟囱，檐下仿木梁枋和斗栱上施以彩画；外墙上部为清水青砖墙，下部采用水泥仿假石粉刷；大楼入口朝南，仅以简单的小披檐罩住拱形门洞，门口安放一对瑞兽石雕。

总办事处大楼落成于1947年，面临城市道路，体量最大，位置突出，形成建筑群的主体，并在体形和总图上很好地整合了原有用地，使院落空间更加向心内聚。该楼由新金记康号营造厂建造，楼高三层，钢筋混凝土结构，建筑面积为3000 m²，平面呈"T"字形。总办事处大楼入口处建有二层门廊及装饰门套，经过穿堂来到后面突出部分，便是一座三层书库；前楼为办公、科研用房，西侧建一小型会堂。该大楼外形和原有建筑保持一致，具有浓郁的民族风格。由于和城市环境相邻，因此在造型和细部刻画上格外讲究：以两层歇山顶山墙面作为大门形象，使用了博风板、悬鱼、额枋角梁的旋子彩画、绿色琉璃筒瓦、菱花格窗以及前出抱厦等古典元素，整个建筑物比例精美、尺度合宜，用色和用材富丽堂皇，形体和屋顶组合也更加丰富多样，体现了深厚的中国传统建筑涵养。

杨廷宝在实践中并不拘泥于传统，此组建筑在形式上还大胆革新以适应现代功能需求，如设置老虎窗，山墙开大窗，简化的彩画、梁枋和斗栱做法等。

该组建筑虽然模仿了中国北方官式形制，但作为一座国家级学术研究机构，设计师将中国古典建筑语汇成功运用于现代建筑功能上，处理得和谐统一又不失变化，在当时的社会文化背景、工程技术和基地条件下，应当是适宜的。如今该组建筑保存完好，为中国科学院南京分院和古生物研究所使用。漂亮的建筑群和院落为城市环境增姿添彩，吸引着四面八方的参观者。

2）原中央医院 [图4-21-14（1）至（4）]

建于1933年的中央医院，位于今南京市中山东路305号，是民国时期首都地区规模最大、设施最完善的国立医院，现为中国人民解放军南京军区总医院。

中央医院建筑的主楼为集中式病房楼，对称布置，类似于Ⅱ形，高四层，建筑面积约为7000 m²，按现代功能布置，集门诊、手术、病

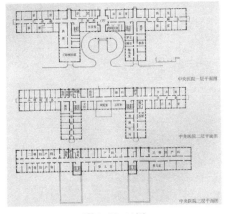

图 4-21-14(1)

图 4-21-14(2)

图 4-21-14(3)

图 4-21-14(4)

图 4-21-14(1) 原中央医院各层平面
图 4-21-14(2) 20世纪30年代的中央医院
图 4-21-14(3) 原中央医院（见彩页图31）
图 4-21-14(4) 原中央医院主楼外观

房和行政功能于一身。医院总体布局与周边道路、环境协调，功能分区明确，交通流线清晰，空间配置合理，虽历经80余年的变迁，现医院的发展和布局尚未失去当初设计的意图，凸显出建筑师的专业造诣和远见。同时，该建筑创作还跳出了当时盛行的复古主义泥沼，体现出中西合璧、别具特色的设计特点。

中央医院建筑造型体现了崭新的建筑艺术审美观，采用平屋顶，使建筑形体成为几何体块的组合，呈现简洁明快的西方现代主义特征。建筑立面构图仍为三段式，左右对称，中间突出部分为两个楼（电）梯间，出屋面后以斩假石花架柱廊连接，花架处设简化雀替，整体形成建筑造型构图之中心。医院楼梯间外墙转角处有抹角处理，其顶部和两侧屋顶檐部，则以纹饰点缀，与门亭处的做法一致，入口望柱上设云纹，下部以线脚强调。整个建筑外立面材料为浅黄色面砖和抹灰墙面，砌出比较简洁的凹凸和纹理变化，细部做有模仿传统构件的装饰，如花纹、梁枋、霸王拳、线脚、滴水等均可作为建筑符号，有助于对民族形式的理解。医院入口门廊为三开间，重点加以传统手法处理,但细部摒弃了中国传统建筑繁琐的做法,檐部伸出霸王拳枋头。整个建筑简洁大方,尺度宜人,又能获得新颖稳重的民族风格,充分表现了建筑技术、内容和形式的高度统一,是中国现代建筑开创时期的重要杰作。

与杨廷宝早期复古作品相比,西方与中国建筑的影响在这幢建筑中体现得更加精妙,而不是直白地再现,整个建筑现代而又富于文化内涵,极好地展示了其高超的职业素养。

3)原国立中央大学建筑群[图4-21-15(1)至(4)]

早在杨廷宝进入国立中央大学建筑系任教之前,他已设计过南京四牌楼校区的多幢校舍,这一工作从20世纪30年代持续到80年代,为国民政府时期最高国立大学和南京工学院的建设做出巨大贡献。

1933年杨廷宝接手国立中央大学孟芳图书馆的扩建。该楼1924年由法国人帕斯卡尔设计建造,平面为倒"T"字形,中间为门厅,两侧为办公、阅览间,后部为书库。外观采用爱奥尼式门廊和新古典建筑手法,四坡屋面,水刷石粉墙,造型严谨,比例匀称,线脚考究,是当时南京少见的正宗西方古典式样的建筑。扩建时,杨廷宝在东西两侧加建阅览室,背后加建书库,使得平面变为横日字形,内部由此就形成两个方天井,以利采光通风。扩建后馆舍面积约为3800 m^2,容量较先前大4倍,书库大1.5倍。受西方学院派教育的杨廷宝处理西方古典形式自是得心应手,但他更重视新旧建筑的协调统一,整体布置、细部处理、内部装修以及材料色彩均能做到天衣无缝,这一点与之前清华学堂校园建筑扩建和新建的思路一脉相承,反映出他整体有机的创作观。

同年的校园主入口南大门的设计也考虑与西式校园氛围协调,采用了简洁的西方古典式样,由钢筋混凝土的四组方柱、梁枋构成三开间,额枋处书写校名,柱面刻凹槽线脚,简洁大方。校门在体型和形

图4-21-15(1) 原国立中央大学校门
图4-21-15(2) 20世纪30年代扩建后的国立中央大学孟芳图书馆

图4-21-15(1)

图4-21-15(2)

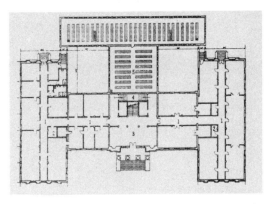
图4-21-15(3)

图4-21-15(4)

图4-21-15(3) 孟芳图书馆扩建后平面
图4-21-15(4) 孟芳图书馆现状

式上努力去适应整个校园建筑与空间关系,并构成中轴线上校园主体建筑——大礼堂的视觉景框,更加烘托出主体的重要地位,二者形成有机整体。

1936年他又设计了学校的牙科医院(金陵院),高三层,主入口朝东,内部为教室、诊室和实验室,整幢建筑延续校园内西方古典建筑形式,造型简洁美观,功能实用。

国立中央大学校园是近代中国极为难得的规划完整的一组西方古典风格的建筑群,以大礼堂为视觉构图中心,轴线明确、对称构图、几何广场的规划是一种典型的西方设计语言。科班出身的杨廷宝对这一套自是游刃有余,手法娴熟、准确。1949年以后他继续主持或指导了校园内生物馆和大礼堂两侧扩建、五四楼、五五楼及中心大楼、沙塘园学生食堂、宿舍等。虽然作品完成于不同年代,但所表达的创作思想和风格都是一贯和鲜明的,即始终把建筑环境的整体性视为创作的基本目标和重要出发点。无论是扩建工程还是新建项目,其设计的体形、体量、形式、材料、色彩乃至细部的构思都来自于环境,服务于环境的整体性,是建立在理性分析的基础之上。

4)延晖馆[图4-21-16(1)至(4)]

民国时期,孙中山之子孙科在南京设有多处公馆,其中1948年他担任总理陵园管理委员会主任时,为遵循"结庐而居,服孝守灵"的文化传统,在中山陵西南约600 m处通往明孝陵的路边,修建了一处公馆,由杨廷宝设计、馥记营造厂承建。因为孙科热衷时尚和现代生活方式,因此设计师一反严谨庄重的古典风格,以最新的国际设计潮流——现代派建筑来满足业主的需求。

延晖馆占地面积为40余亩,建筑面积约1000 m^2,楼高两层,砖混结构,入口朝北,前院开阔,设有警卫、门卫和停车场,东部、南部为大面积草坪和树丛,环境清幽。

建筑物的平面和体形组合灵活多变,很好地适应了功能和建筑艺

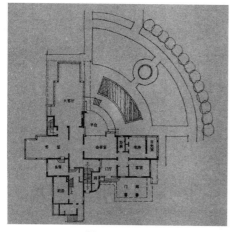

图4-21-16(1)

图4-21-16(2)

图4-21-16(3)

图4-21-16(4)

术形式的需求。平面大体呈风车形，长短不一的各翼向四周伸展，与环境融合，颇有几分同时期美国建筑大师弗兰克·赖特擅长的"草原住宅"风格。延晖馆入口门厅的北墙用了玻璃砖，光线柔和、明亮又隔挡了外来视线。在功能空间设计中，该建筑打破旧有住宅的封闭性，一层的大客厅、餐厅和会客室之间既分隔又流通，空间连续性好，使得这些房间都能获得良好的采光通风。此外，该建筑平面的主、客和服务分区明确，流线互不干扰，方便好用。该建筑二层为卧室、书房、小客厅等私密性房间，主卧、次卧之间有一带顶盖的弧形悬挑平台，可观赏花园。

建筑造型简洁，以几何形体组合，配以弧形阳台和花架，形体之间收放自如，高低参差，极富组合美。墙面涂料粉刷，局部间以红砖、玻璃砖，没有多余的装饰线脚，完全以自身的体块、虚实和材料的质

图4-21-16(1) 中山陵延晖馆一层平面
图4-21-16(2) 中山陵延晖馆入口
图4-21-16(3) 中山陵延晖馆（见彩页图32）
图4-21-16(4) 窗外为蓄水池的二楼朝南的办公室

感色彩等对比形成建筑的美感，是典型的现代主义手法。

该楼设计上还有一巧思之处，即局部屋顶上设置水池，水位由浮球阀自动控制，既满足室内隔热降温，又利于屋面保护，这一新奇大胆的做法使之成为主人夏日避暑佳地。室内地板、门窗、壁柜、五金、卫浴等材料和设备精良，多为美国进口。承包商馥记营造厂在施工中也力求精益求精，因此楼体一直维持良好。1948年，孙科入住别墅，但是没住几天就离开了南京。1949年后，刘伯承元帅和许世友将军先后在别墅内居住过，现为南京军区东苑宾馆的一部分。近期对该屋进行修缮时发现，近百年的公馆却从未发生过屋顶漏水；露天的旋转楼梯紫铜扶手，经过常年风吹雨打，没有一点锈斑，至今仍光亮如新。

延晖馆是一件充满想象力和灵动气息的作品，反映了这个阶段杨廷宝对非对称的自由平面和空间灵活性的探索，并更加注重表现材料和技术，折射出20世纪40年代后期现代主义建筑思潮对中国的深刻影响，而他的设计水准可算国际一流。

注释

① 杨永生，等. 建筑五宗师[M]. 天津：百花文艺出版社，2005：155，165.
② 刘先觉. 杨廷宝先生诞辰一百周年纪念文集[M]. 北京：中国建筑工业出版社，2001.

图片来源

图4-21-1 源自：东南大学建筑学院.
图4-21-2 源自：笔者拍摄.
图4-21-3 源自：《杨廷宝美术作品选》.
图4-21-4 至图4-21-5（1）、（2）源自：《杨廷宝建筑设计作品集》.
图4-21-5（3）源自：笔者拍摄.
图4-21-6 源自：东南大学建筑学院.
图4-21-7（1）源自：《杨廷宝建筑设计作品集》.
图4-21-7（2）源自：笔者拍摄.
图4-21-8（1）源自：《杨廷宝建筑设计作品集》.
图4-21-8（2）、图4-21-9（1）至（3）源自：笔者拍摄.
图4-21-10（1）至（3）源自：《杨廷宝建筑设计作品集》.
图4-21-11 源自：笔者拍摄；《杨廷宝建筑设计作品集》.
图4-21-12 源自：《杨廷宝美术作品选》.
图4-21-13（1）源自：《杨廷宝建筑设计作品集》.
图4-21-13（2）至（4）源自：笔者拍摄.
图4-21-13（5）、（6）源自：《杨廷宝建筑设计作品集》.
图4-21-13（7）源自：笔者拍摄.
图4-21-13（8）源自：http://zh.wikipedia.org.
图4-21-14（1）、（2）源自：《杨廷宝建筑设计作品集》.
图4-21-14（3）、（4），图4-21-15（1）源自：笔者拍摄.

图 4-21-15（2）源自：《南京民国建筑艺术》.
图 4-21-15（3）源自：《中国建筑现代转型》.
图 4-21-15（4）源自：笔者拍摄.
图 4-21-16（1）至（3）源自：《杨廷宝建筑设计作品集》.
图 4-21-16（4）源自：笔者拍摄.

4.22 虞炳烈（图 4-22-1）

图 4-22-1　虞炳烈

生卒：1895—1945 年
籍贯：江苏无锡
教育背景：
（苏州）江苏省立第二工业学校（即后来的江苏省立苏州工业专门学校）机织科高等班毕业，1915 年
（法）里昂中法大学入学，1921 年 10 月
（法）国立里昂建筑学院（师从托尼·加尼埃），1923—1929 年
（法）获法国国授建筑师证书，1930 年 11 月
（法）国授建筑师协会会员，获最优学位奖，1931 年
（法）巴黎大学市政学院进修都市计划和市政工程，1931—1933 年

近代中国知识分子是悲怆的一代，身处内忧外患，有报国之志却往往因时局动荡而无法实现，有人甚至是过早离开人世，命运没有给他们充分施展才华的机会，民国著名建筑师虞炳烈就是这样一位。

虞炳烈（字伟成）也有留学背景，但其经历颇为特殊。1915 年技校毕业后，先后担任江苏省立苏州工业专门学校助教、无锡县立乙种工业学校教员以及苏州延龄织厂技师。1921 年虞炳烈考取官费留学法国，那时他已经 26 岁，先进入里昂中法大学[①]（图 4-22-2），后入里昂建筑专门学校，这所学校是欧洲学院派大本营——巴黎高等美术学院建筑科在里昂的分校，师从赫赫有名的托尼·加尼埃（Tony Garnier）。加尼埃是罗马大奖的获得者、法兰西总建筑师兼里昂市总建筑师。因此虞炳烈一方面接受的是严格、正宗的学院派设计教育，另一方面，他对于建筑现代性的理解颇为透彻。毕业后他曾在里昂和巴黎实习。1930 年他以巴黎大学中国学生宿舍方案考取了法国国授建筑师文凭，该方案造型严谨，功能突出，整体风格又有鲜明的中国民族特色，得到评委一致好评，并借此获法国国授建筑师协会授予的最佳学位设计奖章，开华人留学法国建筑界之先河，该设计后来还获得法国国家艺术展览会的奖章（图 4-22-3、图 4-22-4）。1931—1933 年他又进入巴黎大学都市计划学院深造。虞炳烈在法国留学长达 12 年之久，在建筑设计和城市规划领域都奠定了扎实的基础，其出类拔萃的设计才华在留学期间也得到充分展示，先后参加过 20 余项设计竞赛，都取得了优秀的成绩，多次荣获一等奖。虞炳烈有着良好的美术功底，在法国期间，他与徐悲鸿、刘开渠、常书鸿、吕斯百等一同留学法国的文化艺术精英们交往甚密，还曾共同组织留法艺术协会及开展活动。由上可见，虞炳烈的留学生涯是一番顺利且精彩的。

1933 年虞炳烈接到国立中央大学建筑工程系聘书。怀揣报国理想，他在好友徐悲鸿资助下得以克服困难回国，担任国立中央大学建筑工

图 4-22-2　里昂中法大学

图 4-22-2

图 4-22-3

图 4-22-4

程系教授，1934年起兼任系主任，直至1937年抗日战争爆发赴重庆工作。他的学生、新中国建筑大师张镈曾回忆到："虞炳烈教授个子不高，为人和气，好用法语说'很好'，以激励同学。曾给我们出示他的毕业设计，一改法国美院过去的学风，艺术造型新颖，综合土建、管线于一体的平立剖图。应该说，是上品。"② 虞炳烈主张教学中引入都市计划的内容，安排学生描摹各国著名广场，并以巴黎大学市政学院的作业作为都市计划课程的练习（图4-22-5）。

虞炳烈归国后，一边在国立中央大学执教，同时也积极参与实际工程。此时已是20世纪30年代中期，进入民国南京建设高潮的尾声阶段，虞炳烈错过了一些大型项目的机会，但不多的作品中仍可见其过人的设计天赋，其中国立编译馆和国民政府主席办公楼两个作品颇为抢眼。它们都采用了现代派的方式，有着简洁流畅的造型和功能主义语言，却又抛弃了单调和乏味，通过材质肌理的搭配与变化，获得新颖的印象，是近代出色的现代主义作品。1934年9月虞炳烈经赵深、刘福泰介绍加入中国建筑师学会，1935年作为国内一流建筑师，他受邀参加了国立中央博物院的图案设计竞赛，尽管未能中标，但回国短短两年，他的才华就已得到国内建筑界的肯定，殊为不易。

抗日战争时期，虞炳烈辗转迁徙于西南地区，以自己的专长报效国家。该阶段的虞炳烈是一位忠贞不苟的建筑师，严肃而辛劳的工作者。1937—1945年他主持了大量应急性的工程设计，主要是教学楼、实验室、宿舍、图书馆和医院、菜市场、住宅等小型和应急项目，如中山大学校舍、昆明巫家坝市场、南菁学校、云南省立图书馆、乐群新村住宅、西山抗日战争阵亡将士纪念碑等。1941—1944年他在桂林开设了仅一个人的国际建筑师事务所，完成包括桂林中山中学、桂林金城银行扩建、桂林穿山村汉民中学食堂、桂林临桂儿童教养院、衡阳大礼堂等10多项设计，从方案、施工图到预算编制、施工说明书等，皆为独自完成，

图4-22-3 巴黎大学中国学生宿舍方案
图4-22-4 法国国授建筑师学会授予虞炳烈的"最优学位设计奖牌"（奖牌正背面和虞炳烈手书的奖牌文字译文）

4 民国时期南京代表性职业建筑师及其作品

极其勤奋，这源于他赤诚的爱国之心（图 4-22-6、图 4-22-7）。期间他有暂离战乱远赴巴西的机会，但最终选择留下，一如他当年谢绝法国导师挽留，克服重重困难回国效力之举。

虞炳烈不仅对建筑创作很投入，也关注城市规划、市政、社区营造等领域，这既受法国教育的影响，更反映出他对国家发展的关注。其留学时就曾发表《中国都市革新概论》和《现今及明日之无锡》两篇文章，对中国城市的现代化进行了设想。在南京，他曾参与"首都街道计划图"的工作，为国立中央大学四牌楼校区做总图设计。抗日战争期间，虞炳烈做过昆明新市区规划，个旧旧城改善规划，桂林新市区道路、广场设计，衡阳住宅区规划等。

虞炳烈热爱自己的职业，他说："建筑工程师的职业，高尚艰巨，责重事繁……他具文化推动者之地位，他是民族精神提高的扶助者。"他对工作一丝不苟、尽职尽力，提出要通过真善美的设计，创造高尚优美的环境，令国家富强；主张应根据国家经济条件和项目类型特点去考虑合适的表现方式。在 1943 年的讲稿中虞炳烈表示："至于一切代表科学及新工业时代的建筑物，宜采用迎头截击的'国际式'，内容完备，外观简朴，雄伟有力，省去不切实用的繁琐装饰与线条……"因此他认为"南京交通部似乎过度表现帝王时代的宫殿色彩，繁杂奢华，而于新科学时代交通本身应备质朴迅速的精神，似未充分表现，是甚可惜……"③他的大部分创作会考虑那个时代特定的社会、经济和技术条件，因地制宜，高效但不失艺术性地去完成项目。如抗日战争时期大后方应急性简易工程中，使用木、竹、土、砖甚至树皮等乡土材料，土法创造组合梁柱，保证结构安全的情况下以低造价完成紧迫工程。

1944 年虞炳烈应蒋经国之邀赴赣南设计国立闽赣师范学院，1945 年 2 月日军逼近赣州，他和友人被困于山沟，不幸染上疗疮，因缺乏医药，竟于 1945 年 3 月初病殁，年仅 50 岁。一位极富才华的建筑师，在混乱时代中苦苦挣扎，颠沛流离中依然竭尽所能地发挥着才智，灿

图 4-22-5　国立中央大学都市计划练习作业
图 4-22-6　昆明乐群新村住宅
图 4-22-7　桂林穿山村汉民中学食堂

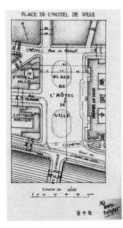

图 4-22-5

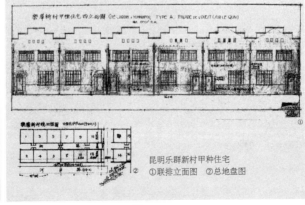

图 4-22-6

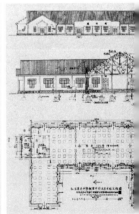

图 4-22-7

烂的光华却如流星一样划过，过早陨落，身后留下未尽的理想和事业，实在令人扼腕叹息。

在宁职业经历和主要作品

虞炳烈在南京工作生活了五年左右，时间不长，但却是短暂职业生涯中的关键阶段，是起步和初露才华的时期，无论在建筑教育还是建筑实践中他的表现皆是可圈可点。虞炳烈自 1933 年回国到 1937 年一直任教于国立中央大学建筑系，并担任系主任，为抗日战争前国立中央大学建筑教育的开展发挥了重要作用。

他的创作和南京发生关联其实早在留学法国期间就已开始。1929 年 3 月，即将从里昂建筑专门学校毕业的虞炳烈设计了两组规模庞大的建筑群，分别是国民政府办公楼和国民大会堂，可能是配合当时国民政府制定《首都计划》行政区规划所构思的单体设计，属于真题假做性质的设计练习（图 4-22-8）。这两组建筑皆采用简化的西方古典建筑式样，对称格局，体块结实有力，细部简洁，呈现宏大庄重和豪迈的气魄，设计本身从总体布局、功能性、比例权衡以至图面表现都展现出他深厚的功力。形式上，虞炳烈的方案偏于西化，与 20 世纪前期西方设计从传统向现代过渡间的表达相吻合，而丝毫未受《首都计划》对官府建筑要采用"中国固有形式"要求的影响，这恐和《首都计划》公布时间（1929 年底）在后颇有关系。

图 4-22-8

图 4-22-8 南京国民政府办公楼、国民大会堂方案（上为政府合署大楼；下为大会堂门廊）

目前可考的虞炳烈在南京的设计作品包括：
——南京国民政府办公楼、国民大会堂方案（1929 年 3 月）。
——南京街道计划图。
——国立中央大学石子岗新校舍计划草图（1933 年 10 月，与刘福泰合作）。
——国立中央大学新宿舍、游泳馆（1934 年 5 月，四牌楼校区）（图 4-22-9）。
——国立编译馆（1934 年 10 月）。
——国立中央大学四牌楼校区新校舍计划草图（1935 年 1 月）。
——新街口孙中山铜像像座（1935 年 4 月）。

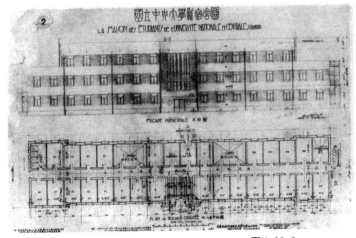

图 4-22-9

——国立中央博物院图案设计竞赛（1935年6月）。
——国民政府总统府主席办公楼（1936年，子超楼）。
——南京龙杜园住宅（1937年4月）。
——国立中央图书馆（1937年6月）。
——江苏省立国学图书馆新库。
——南京中比友谊会。
——南京汤山东汤源及汤源亭。

这些作品中还包括三件规划设计，而建筑的规模都不算大，除了未实施方案外，建成作品目前也多已不存。尽管如此，保留下来的两件作品仍属精品。

图 4-22-9 原国立中央大学四牌楼新校舍图纸和竣工后照片（左为原国立中央大学新宿舍；右为1935年建成后的中央大学新宿舍照片）

图 4-22-10(1) 原国民政府主席办公楼（子超楼）（见彩页图33）

图 4-22-10(1)

图 4-22-10(2)

图 4-22-10(4)

图 4-22-10(3)

图 4-22-10(5)

图 4-22-10(2) 1948年子超楼前蒋介石与国民政府政要合影
图 4-22-10(3) 子超楼外廊
图 4-22-10(4) 子超楼内会议室
图 4-22-10(5) 子超楼内蒋介石的办公室（见彩页图34）

1）原国民政府主席办公楼（子超楼）[图4-22-10（1）至（5）]

南京长江路292号总统府内，长长的中轴线尽端耸立着一幢子超楼——是南京总统府景区核心建筑之一。毫无疑问这是一座非常特别的楼，一是因为地位显赫；二是在充斥着传统旧式样和西方复古的总统府建筑群中，子超楼设计得简洁素净，卓尔不群。

子超楼是原国民政府主席林森及幕僚们的办公楼，在当初建楼的图纸上被标为文书局办公楼，1936年元月改称为主席办公楼。1943年8月林森在重庆遇车祸逝世后，该楼便以林森的字命名，称为子超楼，以资纪念。1948年5月该楼改称为总统办公楼，蒋介石、李宗仁皆曾在此办公。

该楼由时任国立中央大学建筑系主任的虞炳烈设计，南京鲁创营

4 民国时期南京代表性职业建筑师及其作品 /239

图 4-22-11(1) 民国时期国立编译馆编撰的教材

造厂承建，耗资 10 万余元。1934 年开工兴建，至 1935 年底完工，1936 年初正式启用。20 世纪 30 年代初期，受国民政府倡导，南京的行政建筑多以传统造型与西式结构相互融合的"中国固有形式"为主，但位处权力核心位置的子超楼却是例外，摒弃了中国传统宫殿式大屋顶式样，属典型的现代建筑，主体五层，局部六层，整体采用钢筋混凝土浇制，西式建筑平面组合与立体构图，利落的体块以竖向壁柱划分，屋顶为平屋面。

那为何不在这里建一幢"大屋顶"呢？这可能和场地条件有直接关系：基地位处总统府中轴线政务局大楼的正北，只有一块弹丸之地，比较局促。而一般的宫殿式大屋顶建筑，如只建两三层，很不经济，而要建六七层，就要在楼顶扣上一顶中式大帽子，比例也不协调，无法展现建筑特色。因此最终的现代派形式应是因地制宜的产物，而深谙现代建筑创作手法的虞炳烈也得到了展现其才华的良好机遇。

子超楼最为人称道的是独特的外形。从远处看，立面中间高两边低、左右对称，建筑体量由底层向上渐缩，呈完全对称，形状似一"森"字。而楼前林森手植的两棵印度进口珍贵雪松，恰恰又是一个"林"字。一幢楼，加上两棵树，不就是"林森"的寓意吗？这是有意为之，还是人为的附会？林森处事低调，不会刻意安排，但极有可能是建筑师虞炳烈根据场地条件精心设计的，这正是建筑师的高明之处。

可以肯定的是，虞炳烈与林森进行了大量沟通，把他的性格、理念和想法，领悟得很透彻，从建筑风格、用材、内部装饰上都能体现出来。例如整幢建筑的外墙，前后用材完全不同，入口的南立面凸出部分用水泥粉刷基底，局部使用暗黄色耐火砖片贴面，窗下墙和壁柱等处则饰以简化的民族风格图案，而其他三面，用的全是水刷石粉面，低调、节俭；内部装修大气文雅，但并不豪华富丽，这与同时期建成的国民政府交通部大楼之奢华形成鲜明对比。尽管整个建筑比较内敛，但色调和谐，庄重大方，也不失精致，与周围的中西建筑浑然一体，是相当优秀的作品，在 20 世纪 30 年代充斥着堂皇的"中国固有形式"建筑的南京，独具一格。

1937 年 12 月日军侵占南京，此楼被日军中岛部队和十六师团占用。1938 年 3 月该楼成为伪维新政府行政院办公楼。1940 年 3 月汪伪政府成立后，该楼为伪立法院、监察院等机构办公场所。抗日战争胜利后国民政府由重庆"还都"南京，此楼被用做总统府办公楼。

2）原国立编译馆 [图 4-22-11（1）至（4）]

国立编译馆是 1949 年前中华民国最高编译政府机构。晚清以降，西学东渐，大量的外国科学书籍被翻译介绍到国内，涌现了许多官方及民间的翻译出版机构。民国时期沿袭清廷旧规，也设立了政府编译机构。南京国民政府成立后，于 1932 年 6 月 14 日正式成立国立编译馆。

图 4-22-11(1)

图 4-22-11(2)

图 4-22-11(3)

图 4-22-11(4)

国立编译馆直属教育部，掌理关于学术文化书籍及教科图书的编译与教科书教学设备的审查事宜，但其编译成果的效力随时代而有不同。

1933年国民政府筹备建设编译馆房舍，刚刚留学归国的虞炳烈在担任国立中央大学教职的同时，被聘为编译馆工程建设的建筑师，这是虞炳烈真正意义上的第一个建筑作品。国立编译馆建筑群位于南京市天山路39号，包括办公楼、员工宿舍及配套用房等，现存一幢办公楼和一幢西式别墅。

办公楼建筑是编译馆的主体，钢筋混凝土结构，建筑物为三层，局部四层，平屋顶，中间高、两侧低，形成错落的轮廓线。几何体块大体对称呈折线展开，造型简洁，比例匀称。初见此楼会给人鲜明的印象，这主要来自于色彩与体量的搭配。黄色粉刷的基底上，窗间墙饰以棕红色面砖，形成横向线条控制的视觉观感，女儿墙、窗下墙处空挡和窗台线脚的设计，都进一步强化了这种效果。虞炳烈显然受当时欧美装饰艺术风格的影响，趋于几何的线条构图和干净利落的表现方式，富于现代气息，颇有精神昂扬的面貌。墙面一角的奠基石上可以发现建筑师虞炳烈的署名。场地上现存还有一幢坡屋顶的西式别墅，材料和办公楼保持一致，因此整体也很协调。

图 4-22-11(2) 原国立编译馆的效果蓝图和刚建成时照片
图 4-22-11(3) 原国立编译馆办公楼
图 4-22-11(4) 原国立编译馆奠基牌

注释

① 法国里昂中法大学是中国在海外的一所特殊大学。1921年，在蔡元培和李石曾等中国教育家的协助下，法国用"庚子赔款"在里昂创办该校，成为中国留学生和勤工俭学学生的聚集之地。1921—1950年，里昂中法大学培养了近500名中国学生，绝大多数成为中国建设事业的技术骨干，许多文化艺术名人也曾在此学习，包括潘玉良、常书鸿、戴望舒、苏雪林、林克明等。

② 潘谷西. 东南大学建筑系成立七十周年纪念专集[M]. 北京：中国建筑工业出版社，1997：92.

③ 侯幼彬，李婉贞. 一页沉沉的历史——纪念前辈建筑师虞炳烈先生[J]. 建筑学报，1996(11)：47-49.

图片来源

图4-22-1 源自：《建筑学报》，1996年第1期.

图4-22-2 源自：http://www.bm-lyon.fr.

图4-22-3 源自：《建筑学报》，1996年第11期.

图4-22-4至4-22-9 源自：《中国建筑师丛书·虞炳烈》.

图4-22-10（1）源自：笔者拍摄.

图4-22-10（2）源自：http://weibo.com.

图4-22-10（3）至（5）源自：笔者拍摄.

图4-22-11（1）源自：http://www.kongfz.cn.

图4-22-11（2）源自：《中国建筑师丛书·虞炳烈》.

图4-22-11（3）、（4）源自：笔者拍摄.

4.23 张镛森（图 4-23-1）

生卒：1909—1983 年
籍贯：江苏武进（出生于苏州）
教育背景：
（苏州）江苏省立苏州工业专门学校建筑科，1926 年
（南京）国立中央大学建筑工程系，1927—1931 年

图 4-23-1　张镛森

南京的国立中央大学建筑系除了是中国建筑教育的肇始之地，特殊的历史环境造就其教师群体同时也是职业建筑师群体的重要来源。绝大多数教师有着执业经历，早期有刘福泰、卢树森、虞炳烈、刘敦桢等，后来的杨廷宝、童寯、李惠伯、徐中等，都在丰富的实践经验之上，各以所长，培育人才，其中张镛森就是我国近现代在建筑构造和南方古建筑领域卓有建树的教育家和建筑师。

张镛森（字至刚）是本土培养的第一代建筑师，1927 年在苏州工业专门学校建筑科学习一年后，随刘敦桢、濮齐材等教师一同并入第四中山大学（后改名为国立中央大学）建筑工程系，1931 年春毕业留校，期间曾加入卢树森开办的南京永宁建筑师事务所，担任助理建筑师，并参与中山陵藏经楼和廖仲恺墓的制图工作。同年 10 月经卢树森、刘福泰介绍加入中国建筑师学会。1932 年 5—7 月曾担任南京总理陵园管理委员会工务组建筑设计员。1933 年他回国立中央大学建筑系继续任教，1939 年因病离系，后加入上海永宁建筑师事务所，直至 1946 年。在此期间曾设计苏州中山纪念堂、苏州国华银行、顾允若医室及住宅、苏州东北街唐祥麟住宅等。1946—1947 年他担任南京资源委员会技正，1947 年 5 月又回国立中央大学任教，直至去世，先后担任副教授、教授和副系主任，期间他参加了国立中央大学多座校舍的设计工作（图 4-23-2）。

张镛森在中国古建筑和营造学（建筑构造）上有很深造诣，一方面是个人兴趣，另一方面也和老师刘敦桢的培养和引导不无关系。他与刘敦桢关系很密切，是其得力学生和助手，在工作上十分相知和默契。任教于国立中央大学后，他逐步接手刘敦桢的阴影制图和构造课程。他的学生黄元浦回忆到："张镛森先生是系里最富实践经验、负责营造法（即建筑构造）教课的老师，他的板书丰富多彩、图文并茂，精细无比，有利于应用。当年张老师给我们上课之余，还兼职于学校基建工程部门，工作十分劳累，可从不见他诉苦，对学生关心备至，平易近人。"[①]1949 年前的张镛森是教学和实践一肩挑，通过设计实践中细致观察和总结，为教学提供了丰富的素材。而 1949 年以后，他则偏重教学和研究，并成为南京工学院及后来的东南大学建筑构造学科的开创者之一，先后撰写了《建筑构造》（第一、第二册，全国统编

图 4-23-2

图 4-23-3

图 4-23-4

图 4-23-2 1947 年国立中央大学建筑工程组全体人员合影（前排左三为刘敦桢，右三为张镛森，右一为张镛森夫人王蕙萃）

图 4-23-3 《营造法原》第二版封面

图 4-23-4 国立中央大学文昌桥宿舍

教材）、《建筑防火与疏散》、《南京气候对居住建筑层高的影响》、《遮阳板设施》、《建筑构造词解》等著作和文章，同时他是《中国大百科全书：建筑·园林·城市规划》编委会委员、建筑构造部分主编。

张镛森还是中国古建筑研究领域的重要学者。1931 年他作为助教跟随刘敦桢赴曲阜、北平参观古建筑，包括孔庙、故宫、北海、天坛、十三陵、居庸关等地，踏勘古迹并摄影、测量，这也是国内学人对传统古建筑进行最早的一次科学考察活动。此后在刘敦桢身边进一步的耳濡目染下，张镛森逐渐在古建筑研究和设计方面成熟起来。1932 年他设计了南京中山陵前广场上的重要纪念物——孝经鼎，从器形到图案甚为精美。更有价值的是，张镛森还负责增编了中国重要的古建筑典籍《营造法原》。1929 年，苏州匠师姚承祖经过多年努力，写成一部记述我国江南地区古建筑营造做法的专著《营造法原》。脱稿后，将手稿交给刘敦桢，托其校阅整理，刘敦桢当时无暇，于 1932 年将该书介绍给营造学社，社长朱启钤先生亲自校阅，但由于书中所用术语与北京官式建筑不同等原因，事隔数载，没有付印。1935 年秋，刘敦桢又将该原稿转交给张镛森，因张镛森也是苏州人，人地相宜，嘱托他将此书增编，补充遗漏，订正讹误，增写解释，并按实测尺寸重新绘制插图，增补照片。张镛森利用课余假期，着手编制、测绘、摄影等工作，并常与姚承祖商讨书中问题，到 1937 年夏脱稿。不幸日寇侵华，营造学社内迁，又因经费和印刷等原因而未能付印。直到 1959 年，这本脱稿 20 余年的书稿，遂于与读者见面，1986 年 8 月此书再版[②]（图 4-23-3）。《营造法原》对设计、研究和维修江南传统形式建筑和园林有很大参考价值，因此在古建筑领域名声显赫，影响深远，后代江南工匠皆视之若珍宝。1949 年以后，张镛森还撰写了《江南中国建筑发戗制度》等文。

在宁职业经历和主要作品

——中山陵藏经楼、廖仲恺墓（1931 年，参与图纸绘制和施工督造）。

——中山陵孝经鼎（1932年，金陵兵工厂铸造承建）。
——南京高等师范学校、东南大学、国立中央大学毕业同学会会所。
——鼓楼忠实里公寓。
——国立中央大学文昌桥食堂和一至七宿舍（1946年10月，刘敦桢主持，张镛森、王蕙英、高乃聪等参与，立兴营造厂承建）。（图4-23-4）。
——南京丁家桥国立中央大学农化系办公室修理工程（1947年8月，立兴营造厂承建）。

南京中山陵孝经鼎［图4-23-5（1）至（3）］

中山陵前半月形的博爱广场向南看去，有一组高约为3 m，分为三层的石台，石台中央是一尊造型独特的紫铜宝鼎，这就是中山陵园著名的纪念性小品——孝经鼎。

孝经鼎是国民党元老，时任国立中山大学校长的戴季陶和国立中山大学全体同学捐资铸造修建的，是中山陵重要的纪念性装饰之一。石台由时任总理陵园管理委员会工务组建筑师的张镛森设计。孝经鼎台基平面为八角形，内部为钢筋混凝土构筑，表面镶苏州花岗岩；石台底层直径为16 m，中层直径12.7 m，上层直径4 m，每层石台边缘都围有雕花花岗石栏杆。石台中央是一个用汉白玉雕琢的圆形石墩，又称鼎座，由毕业于国立中央大学土木系的工程师夏行时设计。铜制

图 4-23-5(1) 中山陵孝经鼎

图 4-23-5(1)

图 4-23-5(2)
图 4-23-5(3)

图 4-23-5(2) 孝经鼎近景
图 4-23-5(3) 孝经鼎底座上铭刻着设计监造者名字（张至刚即张镛森）

的宝鼎就放置在石墩上。

铜鼎造型别具一格，亦是张镛森设计，由金陵兵工厂翻砂铸造。鼎身从构造上可以分为三个部分：下为铜鼓状底座，通体饰花纹，表面光滑如镜，正中刻有一个五角星，五角星周围刻有"设计监造者"五个字，然后是一个圆圈，圆圈外围刻有张至刚、夏行时、韩栋、杨光煦等11位监造者的姓名，铜鼎的三足就镶嵌在底座平面之上；中部为铜鼎的主体，双立耳，二足部位饰有三只张口狮子头，腹部为圆形，朝北一面铸有楷书书写的"智、仁、勇"三字，朝南一面铸有楷书书写的"忠孝、仁爱、信义、和平"八字，尽管已被磨去，今仍可见痕迹，腹部稍下方，铸有楷书书写的"国立中山大学敬献"八字；铜鼎口沿上部为一座六柱、三重檐的六角攒尖小亭，屋面覆小瓦，亭内竖有六块长方形铜碑，上刻戴季陶之母黄太夫人手书的《孝经》全文。整个鼎高为4.25 m，重约5吨，腹部最大直径1.21 m（一说1.3 m），造价1.3万元。

孝经鼎作品虽小，但精巧细腻的设计和重要的地位依然堪称南京民国时代优秀的一处景观。

注释

① 潘谷西. 东南大学建筑系成立七十周年纪念专集[M]. 北京：中国建筑工业出版社，1997：108.
② 《营造法原》出版时注明，姚承祖为原著，张至刚增编，刘敦桢校阅。该书分为

16章，分别叙述了江南地区古代建筑中包括地面、木作、装拆、石作、墙垣、屋面以及工限、园林、塔、城垣、灶等项目的营造做法，并附有表现建筑形象及构造的照片、插图和图版等多幅，对了解江南建筑的形制构造及演变，很有参考价值。

图片来源

图4-23-1源自：《东南大学建筑系成立七十周年纪念专集》.
图4-23-2源自：《刘敦桢全集》（第十卷）.
图4-23-3、图4-23-4源自：笔者拍摄.
图4-23-5(1)至（3）源自：笔者拍摄.

4.24 赵深（图4-24-1）

生卒：1898—1978年
籍贯：江苏无锡
教育背景
（北京）清华学堂毕业，1920年
（美）宾夕法尼亚大学建筑系，学士，1920—1922年；硕士，1923年

赵深（Chao Shen，字渊如，号保寅）出身于江苏省无锡一个教师家庭。家境本不富裕，再加上幼年丧父，更为艰难，家庭生活依靠父辈世交资助，后靠两位兄长维持，所以他从小读书刻苦认真。1911年考入清华学堂，在读完预备课后，1919年赵深派赴美国宾夕法尼亚大学建筑系留学。在赵深之前，清华学堂学生赴美国留学建筑专业的已有庄俊、吕彦直、关颂声等人；在其后，又有杨廷宝、董大酉、陈植、梁思成、童寯等人。他们学成归国，成为中国第一批建筑界的骨干，为中国建筑的现代转型做出巨大贡献，赵深的建筑事业正是由此迈出了起点。1922年夏赵深获得宾夕法尼亚大学建筑学学士学位，1923年又获硕士学位。此后，他到纽约、费城、迈阿密等地建筑师事务所实习打工，既有额外收入，又锻炼了自己并直接学习西方先进的建造技术。1925年，赵深作为我国在海外唯一的建筑界人士报名参加南京中山陵纪念堂方案设计竞赛，图件寄到国内，及时列入评选。虽远离现场，对地形环境了解不足，资料又缺乏，但他对于中山先生民主、共和、面向世界的思想和理念定位准确，最终体现在折中方式的设计中，获得了荣誉第二奖，初显其过人的才华（图4-24-2）。

1927年在与宾夕法尼亚大学的学弟杨廷宝结伴考察欧洲建筑后，赵深回到上海，先后在上海基督教青年会建筑设计处和范文照建筑师事务所工作过。他与李锦沛、范文照合作设计的八仙桥青年会大楼，成为当时在洋行建筑师和西洋古典式样统领之下的大上海，探索中国近代民族形式风格的先锋之作（参见"范文照"一节）。在范文照建

图4-24-1 赵深

图4-24-2 中山陵竞赛荣誉奖赵深方案
图4-24-3 《申报》上的赵深建筑师小传

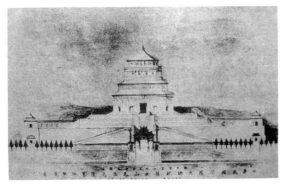

图4-24-2

图4-24-3

筑师事务所期间，两人通力合作，完成了包括南京铁道部大楼、上海南京大戏院、南京励志社、南京华侨招待所、杭州西冷饭店等有影响的项目。1929年他与孙明熙合作的方案在大上海市新政府竞赛中又拔得头筹，凭此在上海建筑界声名鹊起。1927年他经范文照、庄俊介绍加入中国建筑师学会，并在1932年任会长（图4-24-3）。1930年他自组建筑师事务所，设计了上海大沪饭店，次年又与建筑师陈植组成赵深陈植建筑师事务所，后童寯离开东北大学加入他们，于是志同道合的三位清华学堂与宾夕法尼亚大学校友，成立了中国近代史上最大和最有影响力的华人建筑师事务所之一——华盖建筑师事务所。进入20世纪30年代后，赵深的创作也走向鼎盛期，无论是项目级别、类型和规模都达到新的层次，并作为知名建筑师频频参与国家项目的竞赛和委托设计，如1930年11月与范文照合作获南京中山纪念塔图案竞赛首奖（未实现），1931年受南京总理陵园管理委员会聘请绘制各种纪念亭图样，并建成行健亭，1936年参加南京国民大会堂竞赛获第三奖等。

　　在设计思想上，赵深主张不分中外，不分古今，兼收并蓄。他的设计，讲究功能性和经济性，手法新颖，造型多样，在现代建筑技术与传统手法的结合上有独到之处，形成朴实大方，典雅自然的独特风格，毫无矫揉造作、刻意雕琢之弊。赵深的设计形式上可以看到受宾夕法尼亚大学学院派体系影响下讲究构图与柱式应用的西方古典和折中手法，如上海南京大戏院（参见"范文照"一节）；亦常见对中国古典建筑复兴的探索，如南京铁道部、励志社、行健亭等；后期也不乏简洁大方的装饰艺术手法，如上海恒利银行（图4-24-4）。大时代背景下，赵深以出色的职业技巧在思想意识、社会需求、物质条件等之间应付自如，这恐怕是近代中国优秀建筑师的共同特点。但纵观其创作生涯，多数作品都在试图探索一条沟通中国建筑传统与现代环境的道路，他努力借鉴传统遗产的精华，吸收和发扬建筑的民族风格或地方特性。在设计中坚持从现代功能和结构出发，不生搬硬套古典形式，而是适当运用和强调传统符号，以示意的方式表达中国建筑文化的特点。正

图4-24-4　上海恒利银行

图4-24-5　昆明南屏大戏院

图4-24-4

图4-24-5

图 4-24-6

图 4-24-7

图 4-24-6 1965 年中国建筑学会部分成员合影（前排右一为赵深）
图 4-24-7 中山文化教育馆

如赵深在《中国建筑》杂志发刊词（1932 年 11 月）中所提出的"融合东西建筑之特长，以发扬吾国建筑物固有之色彩"的主张①。赵深才华丰茂，思路敏捷，不轻易动笔，一经动笔则一气呵成轮廓，然后对细部节点反复推敲，精益求精。他不仅重视设计方案，而且对施工图纸、选用材料、施工质量也严格要求，对建筑的细部处理，如线脚、花饰和色彩，更是亲自与设计人员研究探讨，逐个进行审核敲定。20 世纪 30 年代中后期，赵深在上海华盖建筑师事务所期间，先后设计或共同设计的建筑物主要包括上海浙江兴业银行总行、大上海电影院、南京外交部大楼、南京中山文化教育馆、首都饭店、南京下关电厂等。抗日战争期间，赵深赴昆明主持华盖建筑师事务所在当地分所工作，主持的项目包括昆明南屏大戏院、大逸乐大戏院、聚兴诚银行、金碧公园、大观新村等。其中南屏大戏院颇受好评（图 4-24-5），当时戏院内就有德国放映机、意大利真皮沙发等亚洲一流设备和服务，被认为是西南地区，乃至全国第一流的电影院，可以与当时全国最高级的南京大华戏院和上海大光明电影院相媲美，号称"远东第一影院"。

抗日战争胜利后，赵深回到上海继续经营建筑业务，设计有无锡申新纺织三厂、江南大学校舍等。1949 年上海解放后，先后任联合建筑师工程师事务所主任建筑师、建筑工业部中央设计院总工程师、华东建筑设计院副院长兼总工程师，兼任中国建筑学会副理事长，还被推选为第四届、第五届全国政协委员（图 4-24-6）。他主持和指导设计了福州大学，桂林芦笛岩风景区建筑，上海虹桥机场、新火车站以及赞比亚联合党部大楼等大型工程。1976 年唐山地震，他以近 80 岁的高龄，冒着余震未断的危险，多次赴灾区察看，对新唐山建设方案提出了重要建议。1978 年赵深病逝于上海。

赵深一生勤于设计创作和工程实践，但疏于著作论述。在他对设计方案的构思、观点，以及指导他人设计方案的见解中，都包含有非常精辟的与实际密切结合的建筑思想。可惜这些宝贵见解大多散见于发言之中，未能及时记录和加以整理。其创作设计方案和绘画作品手稿，特别是他所保管的华盖建筑师事务所的设计图纸不幸在"文化大革命"中被一扫而光,未能汇集,不能不说是留给后人的遗憾。

在宁职业经历和主要作品

1925年在中山陵纪念堂国际设计竞赛中,赵深虽然只获得荣誉奖,但作为唯一境外参赛的华人,他的才华和爱国热情给当时的总理陵园管理委员会留下深刻印象,因此,后续的多项陵园内建筑项目都邀请赵深参与,如中山纪念塔、纪念亭、中山文化教育馆等。而在南京付诸实施的大部分作品则是在范文照建筑师事务所期间,由两人合作完成,时间为20世纪30年代初期。这些建筑基本采用钢筋混凝土结构,加上中国古典建筑的形式和装饰,是《首都计划》中所倡导"中国固有形式"设计的范本,对同时期类似公共建筑创作具有较大影响。赵深学识丰厚,实践能力强,出手快捷,中西风格兼通,因此在国民政府要员中口碑甚好。1933年孙科筹备建设陵园内重要的文化设施——中山文化教育馆时,指名赵深设计,而他也不负孙科厚望,交出的作品经济合理,简洁大方,中西合璧,得到一致赞赏。1934年建馆工程动工,1935年3月开馆使用(图4-24-7)。可惜在抗日战争交火中,该建筑物被毁,未留遗迹。如今可考的赵深在民国时代南京主持或与人合作的作品包括:

——中山陵设计竞赛名誉二等奖(1925年9月)。

——南京中山纪念塔图案竞赛第二奖(1930年,即首奖,与范文照合作,未实施)。

——国民政府铁道部(1930年,与范文照合作)。

——励志社(1931年,与范文照合作,陆根记营造厂承建)。

——华侨招待所(1933年,与范文照合作,新锡记营造厂承建)。

——中山陵行健亭(1933年,王竟记营造厂承建)。

——中山陵中山文化教育馆(与童寯合作设计1935年,张裕泰营造厂承建,毁于抗日战争期间)。

——国民大会堂竞赛设计第三奖(1935年)。

——黄仁霖公馆(1936年,中华兴业营造厂承建)(图4-24-8)。

——汉口路赵深住宅(1947年)。

1)华侨招待所[图4-24-9(1)至(8)]

华侨招待所中山北路81号,现在是江苏议事园酒店。往里望去,一座灰瓦黄墙红柱的宫殿式三层大楼赫然而立,旁边的碑石刻录着它鲜为人知的过往——民国时候,这里叫做华侨招待所。

图4-24-8 黄仁霖公馆

图4-24-8

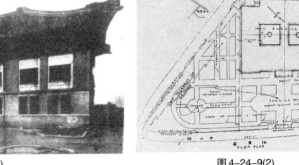

图 4-24-9(1)　　　　　　　　　　　　　　　　　图 4-24-9(2)

图 4-24-9(1)　1933 年竣工时的华侨招待所
图 4-24-9(2)　华侨招待所总平面

时至今日，"招待所"一词已经失宠，一时叫人无从想象当年的华丽。但庑殿式屋顶和飞檐翘角里还散发着旧日风情，那些华贵之美，在这幢楼里，依然寻得着踪迹。

华侨招待所建造于 1931—1933 年，由民国著名建筑师赵深、范文照设计，新锡记营造厂承建，为国民政府侨务委员会接待外宾的涉外招待所，1947 年后改为营业机构，是当时首都南京重要的饭店之一。招待所位于民国南京重要的干道中山北路上，沿途汇聚国民政府的重要行政机关，隔路相望的是国民政府外交部，右侧为国民政府最高法院。

华侨招待所楼高三层，前有阔大的停车场，建筑物采用钢筋混凝土结构，庑殿顶，飞檐翘角，外观底层用灰色石材贴面，上面两层米黄色拉毛粉刷墙身，中部窗间墙排列着钢筋混凝土仿中式红色立柱，设卷棚抱厦入口；檐口、入口等处梁枋装饰有传统彩绘，但并不过度；室内雕梁画栋，装修高贵富丽，有浓郁的民族风情。建筑物分前后两进，中间以一层游廊连接，两边尽是风景：左右各有个方正小巧的院落，长条青砖铺就地面，中央种着玉兰、竹子、桂花和芭蕉等，尽是些清雅可人的植物。华侨招待所是《首都计划》实施期间建造起来的符合国民政府所倡导国都风貌的产物，两位建筑师以折中的方式，将西方建造技术和中国传统文化符号结合起来，以优雅简练的面貌实现了向现代功能的转换。

凭借其特殊地位和高品质建筑，华侨招待所乃当时党政军商名流汇聚之场所，历史上曾接待过蒋介石、宋美龄等政界要人和外国大使、商业巨子等，它亦成为时代风云变幻和民族苦难岁月的亲历者。华侨招待所曾经一度为国民党中央党部所在地。1937 年抗日战争爆发后，它是安全区 25 处难民收容所之一，见证了大屠杀的耻辱和悲怆；1945 年日本投降前，这里又是国民党军队先遣机构——前进指挥所的驻地。陆军副总参谋长冷欣就在这里向侵华日军总部发出了 23 份备忘录，为最后的日军投降签字做着努力。而楼下的多功能厅里，民国时期常常

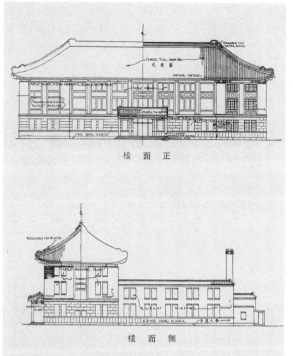

图4-24-9(3)

图4-24-9(4)

图4-24-9(6)

图4-24-9(5)

图4-24-9(3) 华侨招待所立面图
图4-24-9(4) 施工中的华侨招待所
图4-24-9(5) 1938年日据时期的华侨招待所
图4-24-9(6) 华侨招待所现状外观

4 民国时期南京代表性职业建筑师及其作品

图 4-24-9(7)

图 4-24-9(8)

图 4-24-10(1)

图 4-24-10(2)

图 4-24-9(7) 华侨招待所室内门厅
图 4-24-9(8) 华侨招待所里的小内院
图 4-24-10(1) 中山陵行健亭（见彩页图35）
图 4-24-10(2) 1931年施工中的行健亭

举办文化活动，著名画家潘玉良、黄君璧、赵望云等都曾在这里举办过自己的个人画展。

2）中山陵行健亭 [图 4-24-10（1）、（2）]

行健亭是中山陵园配建的众多附属性纪念建筑之一，位于中山陵西南部，紧临陵园大道，扼守进入陵园的交通要道。1931年广州市政府捐资1万元，委托赵深设计，王竟记营造厂承建，1933年建成。行健亭的名称来自《中庸》"天行健，君子以自强不息"一句。

亭平面为正方形，边长各为9.3m，高12m，重檐攒尖顶，覆盖蓝色琉璃瓦。亭子的梁、柱、枋和上层窗格等处皆采用钢筋混凝土结构，屋顶则为木结构，钢筋混凝土梁枋表面均按木结构方式处理，施以彩画，细腻精美，雍容华贵，16根大红色方柱立在砖石阶台上，整体造型敦实厚重，色彩明艳，在当时中山陵附属建筑物中最为醒目，是当地一处标志性亭榭小品。

20世纪90年代修缮过程中，亭子的结构已全部修改为钢筋混凝土方式，彩画亦重新绘制。

注释

① 参见《中国建筑》，杂志发刊词，1932 年第 11 期．

图片来源

图 4-24-1 源自：《近代哲匠录》．
图 4-24-2 源自：《中山纪念建筑》．
图 4-24-3 源自：《申报》，1932 年 12 月 26 日．
图 4-24-4 源自：笔者拍摄．
图 4-24-5 源自：http://weibo.com．
图 4-24-6 源自：《东南大学建筑系成立七十周年纪念专集》．
图 4-24-7 源自：《中国建筑》，1935 年第 3 卷 3 期．
图 4-24-8 源自：笔者拍摄．
图 4-24-9（1）至（4）源自：《建筑月刊》，1933 年第 1 卷第 5 期．
图 4-24-9（5）源自：http://pic.people.com.cn．
图 4-24-9（6）至（8）源自：笔者拍摄．
图 4-24-10（1）源自：笔者拍摄．
图 4-24-10（2）源自：《老照片·南京旧影》．

4.25 亨利·茂飞（图 4-25-1）

生卒：1877—1954 年
籍贯：美国康涅狄格州布兰德福德
教育背景：
（美）康涅狄格州纽黑文市私立霍普金斯中学毕业，1895 年
（美）耶鲁大学美术专业毕业，1899 年

图 4-25-1　亨利·茂飞

1914 年的初夏，一位 37 岁的美国建筑师流连徜徉在北京紫禁城内，悉心观察着周遭，他完全被这里的建筑给迷住了。事后，他写道："这是世界上最好的建筑群，在其他任何国家、任何城市都不可能找到如此宏伟壮丽的建筑物了。"在此后长达 20 多年的岁月中，他将自己事业的重心放到了中国，醉心于探索将中国丰富的建筑传统与西方先进建筑理论和技术相结合的建筑设计和城市规划，在华夏大地上留下了一批被称为"中国古典复兴式"风格的建筑。他在中国的建筑实践，对我国近现代建筑的发展，以及中国建筑师运用西方建筑理论创造新的民族形式建筑，都产生了积极的影响。这位美国建筑师名叫亨利·茂飞（Henry Killam Murphy），一个在我国近代建筑史上不该被遗忘的重要人物[①]。

茂飞出生于美国康涅狄格州，1895 年，他从康涅狄格州纽黑文市著名私立学校——霍普金斯中学毕业，考入耶鲁大学。那时耶鲁大学尚未正式开设建筑学专业，茂飞入学时填报的是美术专业，直到进入高年级后，他才决定以建筑师为自己的终生职业。1899 年，22 岁的茂飞学成毕业。1900—1904 年茂飞曾在纽约一些建筑师事务所实习，1905 年游历欧洲，并于 1906 年获美术学士学位（Bachelor of Fine Arts）。1908 年，他在纽约麦迪逊大街成立了自己的建筑师事务所，1913 年建筑师达纳加入成为他的合伙人，组成茂飞和达纳建筑师事务所（Murphy & Dana Architects），陆续在美国的纽约、康涅狄格州等地设计过住宅、剧院、教会建筑、学校，也为日本东京、韩国设计过大学校园。当然，它们都是西式的，如哥特式风格的纽约州新罗歇尔学院（The College of New Rochelle）（图 4-25-2）。康涅狄格州温莎镇的卢密斯学院（The College of Loomis Chaffee）中采用了殖民地复兴风格。1922 年他为母校霍普金斯中学规划了校园，1925 年设计了该校主楼。尽管聪明敬业，但这个时期的茂飞仍是"一个不知名的美国建筑师"[②]。

1914 年 5 月下旬，作为耶鲁外国传教团（Yale's Foreign Missionary Society）的一员，茂飞来到远东，参加东京圣保罗学院和长沙中国耶鲁大学（后称雅礼大学，Yale-in-China）校园的设计工作，同年还主持设计了清华学堂校园总体规划和大礼堂等四幢单体。

图 4-25-2　　　　　　　　　图 4-25-3　　　　　　　　　图 4-25-4

在雅礼大学设计中，茂飞改变了以往生硬植入西方建筑形式的做法，大量融入中国传统元素，如用钢筋混凝土模仿木结构梁柱和飞檐翘角的屋顶，用铁件仿造中国花窗，红色砖墙身，这座混合了现代技术和传统文化符号的新校园给人以耳目一新之感（图4-25-3）。他的思路和当时在华基督教会希望减小中西文化差异给传教带来的阻力，倾向于在建筑方面表现出基督教与中国文化适应性的主张相一致。而清华学堂校园规划则采用美国大学校园的流行布置方式，图书馆、大礼堂、科学馆和体育馆四大建筑的风格也是他擅长的西方新古典式样（图4-25-4）。

图 4-25-2　纽约拉罗歇学院
图 4-25-3　长沙雅礼大学（今湘雅医院）
图 4-25-4　清华学堂礼堂

长沙雅礼大学和清华学堂两项校园设计使茂飞声名大噪，显示出他高超的职业技巧，尤为值得赞赏的是他对于中国传统建筑价值的肯定，以及实践中贯彻的适应性设计策略。茂飞视中国建筑为世界建筑体系中一个宏大但尚未被重视的分支。1926年5月出版的《中美工程师学会会刊》刊载了茂飞的一篇文章，他在文中写道："我越深入了解那些由中国古代伟大的工匠建造的优美、丰富、高雅的中国古建筑，我就越发肯定，把如此美妙的艺术从单纯的考古研究转化为当今鲜活的建筑学，是值得我去花费所有时间和费用的。这样也就为中国，也为世界保留住这一璀璨的遗产。"[③]这是他内心世界的真实写照。

为了方便工作，1918年7月茂飞在上海外滩开办了个人建筑师事务所。1920年后，他先后主持设计福建协和大学、长沙湘雅医学院、金陵女子大学、复旦大学、燕京大学、岭南大学、上海中西女塾、北京协和医学院、宁波浸会学院等校园和建筑，这些校园虽分布在南北不同地域，却大多采用了中国古典建筑的风格，与同一时期中国国立大学普遍采用西式风格建筑形成鲜明对比。当时美国教会在中国兴办的大学中，只有东吴、沪江等3处校园采用西方风格，其余11所均为东方风格，其中一半与茂飞有关。与其他建筑师不同，茂飞设计的"适应式中国建筑"（Adaptive Chinese Architecture），不是洋房与"中国帽"的拼凑，他致力于表现中国建筑的内在精神。1921年，茂飞为燕京大学的新校园进行总体规划和建筑设计。他以玉泉山塔为校园东西轴线的对景，各类用途的建筑群按此中轴线布置。未名湖畔

13层高、八边形的仿古中式宝塔"博雅塔",巧妙点缀其间,平衡了构图。而校园建筑与山水、道路、树林融合的空间序列,使人产生多种美的感受,充分反映出中国建筑与自然和谐的传统特色。建筑群外部尽量模仿中国古典宫殿建筑:主体部分由混凝土和砖墙组成,屋顶用木结构,屋面铺中式琉璃瓦;在内部使用功能方面则尽量采用当时最先进的设备——电灯、暖气、热水、抽水马桶、浴缸、饮水喷泉等。燕京大学(今北京大学)因此被公认为近代中国规模最大、质量最高、环境最优美的校园(图4-25-5)。1944年,梁思成在《中国建筑史》中这样评论:"至如燕京大学,则颇能表现我国建筑之特征,其建筑师茂飞(Murphy),以外人而臻此,亦堪称道。"①当时茂飞正面临着职业和文化的挑战:如何既保存中国丰富的建筑传统,同时又能以最新的西方技术来应付现代要求,他用中国成语"旧瓶装新酒"(New Wine in Old Bottles)来形容自己的策略,提出"可以应用到新建筑中的中国古典建筑的元素及特征就是飞扬的曲面屋顶、配置的秩序、诚实的结构、华丽的色彩以及完美的比例五大项"②。1928年茂飞在

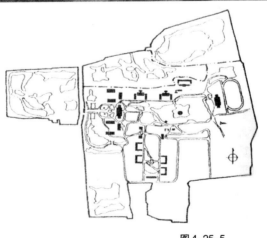

图4-25-5 燕京大学校园规划和设计

上图为北京大学未名湖及博雅塔
左图为茂飞为燕京大学所做规划设计的核心区部分

图4-25-5

纽约亚洲协会（Asia Society）会刊上发表文章《中国建筑的文艺复兴：古典宏大的风格用于现代公共建筑》（*An Architectural Renaissance in China: The Utilization of Modern Public Buildings of The Great Styles of the Past*），把当时大量仿古建筑的出现称为中国建筑的"文艺复兴"（Chinese Architectural Renaissance）。

茂飞的作品数量众多，不仅有校园建筑，还包括银行、纪念性建筑、图书馆、商业办公楼等类型，且绝大多数分布在北京、上海、南京、广州等核心城市，因此社会文化和政治地位都较高，产生了广泛影响。1928年茂飞得到蒋介石的赏识，被聘为国民政府建筑顾问，主持制定意义非凡的首都计划，其中他所倡导的复古主义风格更被当时国民政府赋予民族精神的含义，令其影响力一时无人能及。而他主持设计的南京国民革命军阵亡将士纪念公墓（1929年）等建筑也得到官方肯定。

茂飞并非是第一个采用西式建筑结构加中式屋顶做法的近代建筑师，但他被称为中国古典复兴的旗手，恐怕不仅因为他乐于做好自己的中国业务，他还主动帮助或与中国建筑师合作，很快就在身边形成了一个中国精英建筑师圈子。他鼓励曾在美国接受教育的建筑师成立学术团体，在他的支持下，1927年，庄俊、董大酉、范文照、张光圻等人发起成立了中国建筑师学会，该学会很快成为中国建筑师的学术和行业组织。他还亲自指导培养出一批优秀的中国近代建筑师，其中最著名的有吕彦直、庄俊和董大酉，三人都毕业于清华学堂，后赴美国留学，都曾在茂飞的事务所实习或在中国项目中担任助手，因此深受导师熏陶，以后在各自实践中继续发扬光大导师的中国古典复兴策略，且不断丰富，创作出中山陵、上海特别市政府等这样的经典作品。1949年后国民党退据台湾，以卢毓骏、黄玉瑜等建筑师为首继续中国古典建筑复兴的道路，留下台湾科学馆、圆山饭店、台北故宫博物院等代表作。

1935年春茂飞退休回到美国，50多位中国建筑界人士出席送别宴会（图4-25-6），茂飞说自己实现了在中国的两大任务：成为一名负责任的建筑师和对中国建筑进行研究。他回美国后继续在美国执业，并将中国的历史建筑符号运用在设计中，如美国佛罗里达一处名为"中国村"的风情居住区（图4-25-7），匹兹堡大学学习大讲堂中的中国教室，太平洋联合塔方案等；此外他位于家乡康涅狄格州布兰德福德（Branford）的自家住宅也是幢混合了多种中国建筑符号的别致房屋，在当地独树一帜。1949年，他在72岁时第一次结婚。这位最了解中国建筑的西方人1954年在家中逝世，享年87岁。

由于历史和政治的原因，1949年以后国内外对于这位民国重要外籍建筑师知之甚少，直到20世纪80年代美国学者郭伟杰（Jeffrey Cody）出版了其在康乃尔大学的博士论文《在中国建造：亨利茂飞的适应性建筑1914—1935年》（*Building in China: Henry*

图 4-25-6　　　　　　　　　　图 4-25-7

图 4-25-6 中国建筑界欢送茂飞的场面

图 4-25-7 茂飞晚年在佛罗里达设计的"中国村"住宅

K. Murphy's Adaptive Architecture 1914—1935）（图 4-25-8），逐步令世人了解这位一生热爱中国、热爱中国传统文化、热爱中国历史建筑的中国建筑师的良师益友，还其真实的面貌和历史功绩。

在宁职业经历和主要作品

茂飞在民国南京留下三大项目：首都规划、金陵女子大学校园规划和建筑以及国民革命军阵亡将士纪念公墓。尽管数量不多，却是影响至大的工程。在南京近代城市建设中，茂飞扮演了关键角色。可以说是这位美国建筑师塑造了民国南京城的基本格局和面貌，为现代南京城市发展奠定了基础。20 世纪 20 年代后期，茂飞在中国的工作成就引起了当时南京国民政府的注意。1928 年 10 月，他被聘为国民政府南京规划的总建筑顾问，率领古力治等外籍技术人员与当时已经成立的首都建设委员会一起工作，主持制定了 1929 年南京的首都规划，为期约一年，其中吕彦直担任他的中国助手。美国建筑师参与中国新首都规划这一新闻被广泛传播，茂飞一时名声大噪，他的事业也进入了高峰期。其实在《首都计划》制定之前，茂飞就凭着蒋介石十分重视的国民革命军阵亡将士纪念公墓项目赢得了蒋介石的信任，成为其身边一名高级顾问。他被邀请到蒋介石的私人俱乐部小住，得缘与宋子文、宋美龄、孔祥熙等建立友谊，分量自是不轻，更被称为蒋的"御用建筑师"。茂飞将先进技术和中华传统文化相结合的营建思想，迎合了以蒋介石为首的民国要员对于中国现代化路径的设想，以及自视正统继承人和"训政"威严性的政治意图，这也是他为何受到官方青睐的主要原因。

1）《首都计划》[图 4-25-9（1）至（6）]

乘着北伐的余威和意气，国民政府在 1929 年开始着手制定首都建

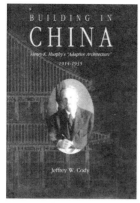
图 4-25-8

图 4-25-9(1)

图 4-25-9(2)

图 4-25-8 美国学者郭伟杰所著关于茂飞的书籍
图 4-25-9(1) 《首都计划》封面
图 4-25-9(2) 民国媒体对茂飞主持首都计划的报道
图 4-25-9(3) 《首都计划》城内分区图
图 4-25-9(4) 《首都计划》之中央政治区鸟瞰

图 4-25-9(3)

设的蓝图——《首都计划》,在紫金山南麓1万多亩基地的中轴线上,铺陈出一片宏大和壮丽。孙科指出《首都计划》的目的和指导思想:"南京其前途发展,殆不可限制。然正唯其气象如此之宏伟,则经始之际,不能不先有一远大而完善之计划,以免错误,而资率循。"⑤由此看来,国民政府对首都建设有着很高期望和相当浓厚的人文情怀。选择美国人规划首都是因茂飞的国际视野和建筑能力受肯定欣赏

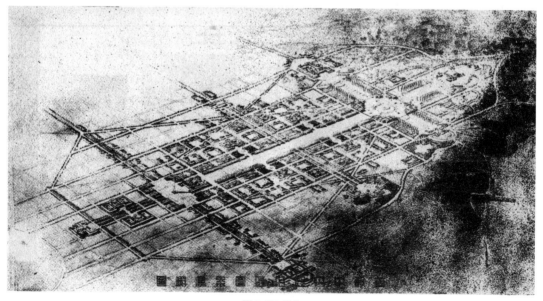
图 4-25-9(4)

4 民国时期南京代表性职业建筑师及其作品

图 4-25-9(5) 《首都计划》之新街口周边建筑

图 4-25-9(6) 茂飞在《首都计划》中提出保留南京城墙与周边环境设想的鸟瞰图

图 4-25-9(5)

图 4-25-9(6)

之故,说得真实点,当时中国尚无建筑师可表现如茂飞一般的能力。

在茂飞雄心勃勃的设想中,南京将被建设成一个真正中国化的首都,他参照了美国的经验,宏观规划借鉴欧美,而微观建筑形式则采用中国传统形式。

《首都计划》的内容共28项,包括人口预测、都市界定、功能分区、建筑形式、道路系统、公园及林荫大道、对外交通、市政设施、公用事业、住宅、学校、工业、规划管理及实施程序、资金筹措等,另有附图59幅。在人口预测方面,《首都计划》提出:"南京百年内之人口,以二百万人为数量,当不致有若何差误。"根据南京城市化的要求提出南京城内"应住七十二万四千人,其余一百二十万六千人,悉在城外居住"。在都市界定方面,《首都计划》划定的国都界线西至和尚桥,东至青龙山,南起牛首山,北至常家营,界限全长为117.2 km,面积为855 km²。在城市分区方面,《首都计划》将首都划为六个区域,即中央政治区、市行政区、工业区、住宅区、商业区、文化教育区。中央政治区位于中山门外紫金山南麓。工业区设在长江两岸及下关的港口区。主干道两侧地区和新街口、明故宫附近为商业区,就可以中山大道为发展轴,与城南旧商业区、鼓楼、五台山一带的文化教育区和计划中的傅厚岗市行政区相连,形成一个多中心的带状结构,以避免出现引发严重拥堵的单中心城市结构。住宅区分三个等级,居住了2/3人口的城南明清风格的老区被完整保留,在城北山西路一带又另设高级住宅区。城市布局"同心圆式四面平均开展,渐成圆形之势",避免呈"狭长之形",避免"一部分过于繁荣,一部分过于零乱"。道路系统以美国矩形路网为道路规划的理想方案,引进了林荫大道、环城大道、环形放射等新的规划概念与内容。

《首都计划》还对建筑形式做了明确规定:要立足"中国固有之形式",发扬本国传统文化。规定中央政治区建筑当突出古代宫殿优点,商业建筑也要具备中国特色,"总之,国都建筑,其应采用中国款式,可无疑义"。更为可贵的是,茂飞还有着超越时代、同行的眼光,他顶住压力,坚持"灰色城墙花多大的代价都要保留,因为这是中国的特征,如果拆除将是一个极大的错误"。他建议在保留下来的南京明代城墙上开辟能行驶小汽车的"高架"环城大道,成为"风景路"。尽管高架环城大道的设想最终未能实现,但他的坚持,再加上当时国民党实权人物孙科和南京市长刘纪文的支持,南京明城墙在接下来10年的首都建设中幸免于难。

1930—1937年,国民政府又多次对《首都计划》进行了修订,其调整内容在之后的建设中逐步加以实施,给南京城市格局和面貌带来巨大变化,使得南京一跃成为当时的一流城市。

《首都计划》是民国时期编制的最完整的一部城市规划,它结合了中国古代的城市营建思想,又借鉴和引进了当时欧美都市计划学、建筑学等先进知识,使南京城市的改造与发展迈向了现代化,不仅对现代南京之城市建设具有重要指导作用,而且堪称民国时期其他都市城市规划之范本。茂飞希望像法国人朗方(P. C. L'Enfant)1791年为华盛顿所做规划一样,给南京一个可以经历几百年考验的城市未来。但是,在上层派系权益与争斗,以及战争影响下,其很多内容最终并未得到真正实施。百年蓝图最终成了一场梦,虽然如此,《首都计划》的实际价值远远超越它在南京的具体实践,它的理论及方法对中国近现代城市规划发展起到了重要促进作用,迄今仍不失研究价值。

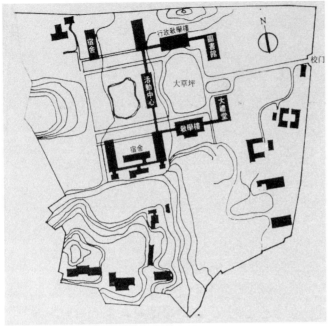

图 4-25-10(1)

图 4-25-10(2)

图 4-25-10(3)

图 4-25-10(1) 金陵女子大学总图
图 4-25-10(2) 金陵女子大学空间关系的鸟瞰图
图 4-25-10(3) 金陵女子大学人文艺术楼效果图

2）金陵女子大学校园[图 4-25-10（1）至（8）]

金陵女子大学（现为南京师范大学随园校区）是茂飞在南京的第一个作品，广受赞誉，号称"远东最美丽的校园"。在中国近代建筑史上，金陵女子大学校园也具有举足轻重的地位，它成熟的设计手法，以及对中国古典建筑独到的理解，把中国近代传统复兴式建筑推进到"宫殿式"处理的成熟水平，并对南京民国建筑的发展产生深远影响。

1915年美国教会设立金陵女子大学，租南京绣花巷李鸿章花园旧址开学。1921年，金陵女子大学在南京宁海路南购地160亩建设新校区，在筹建过程中适逢基督教会在推进"中国化"和"本色运动"，于是擅长应用中国古典建筑元素和特征的茂飞被校方委任校园的规划和建筑设计，由南京陈明记营造厂承建。1922年开工建设，1923年校舍落成，金陵女子大学迁入，此时完成了七幢宫殿式的建筑：100号（会议楼，1431 m^2）、200号（科学馆，1541 m^2）、300号（文学馆，1492 m^2）、400—700号（四幢学生宿舍，共4603 m^2）。1934年，又建造了图书馆（1397 m^2）和大礼堂（1444 m^2）。

对中国宫殿建筑的钟爱和崇拜，使茂飞在规划设计中经常模仿其空间布局和造型。整个校园以西部丘陵为对景，充分利用自然地形，布局工整，主体建筑物均沿一条贯穿全校的东西向轴线对称布置。主轴线上很好地运用"起、承、转、合"，在不长的轴线上使空间序列有序曲、铺垫、高潮、尾声，达到一种理想的艺术效果。学校入口部分采用长长的林荫道加强空间纵深感，随后展开一个宽阔的空间——大草坪，与长通道形成纵横对比，两侧共有13栋建筑，形成了三个大小不同的院落空间围绕中心大草坪；经过主体建筑群后，就是以人工湖为中心的花园。学校中轴线西端结束于丘陵制高点上的中式楼阁。金陵女子大学另外在北面还有一个三合院，南面有一单幢建筑。纵横交错的空间对比，闲逸的人工自然与严谨的方院空间秩序的对比，可以看出茂飞对紫禁城的感悟和借鉴。

学校草坪周边七幢主体建筑造型均采用中国古典宫殿式风格：作为轴线对景的100号楼（会议楼），是由两个半截歇山顶建筑簇拥着中央较高的歇山顶主体建筑，控制了空间构图。其他如科学馆、文学馆和四幢学生宿舍均为钢筋混凝土结构，屋面采用歇山顶。在单体设计中茂飞发展了一套成熟地运用新结构、新材料来复兴中国古建筑体系的处理模式，如利用钢筋混凝土制作斗栱，大红柱作为立面主要构图元素，而鸱吻、雀替、悬鱼、栏杆、抱鼓石等中国古建筑细部一应俱全，加上华丽的色彩搭配，茂飞细腻

图4-25-10(4)

图4-25-10(5)

图4-25-10(4)　20世纪20年代建成后的金陵女子大学建筑
图4-25-10(5)　金陵女子大学校舍内景

图 4-25-10(6)

图 4-25-10(7)

图 4-25-10(8)

图 4-25-10(6) 金陵女子大学大草坪及周边建筑（见彩页图 36）

图 4-25-10(7) 金陵女子大学主体建筑后的人工湖（见彩页图 37）

图 4-25-10(8) 1934 年蒋介石、宋美龄在金陵女子大学与校长吴贻芳合影

精微地再现了中国古建筑的形式特征，立面采用三段式构图。茂飞已经开始注意把握屋顶在整体竖向构图中的比例，青瓦大屋顶是木结构的，钢条连接加固，飞檐也是木料托起的，朱红色廊柱、黄墙，整体统一但略显单调。当然，基于西方人的意识，茂飞还进行了一些调适：如中国的大式建筑是建在台基上的，金陵女子大学和燕京大学的建筑一样，都平铺地面没有设台基，雄伟程度稍逊，钱穆引用友人之语评价道："如人峨冠高冕（指大屋顶），而两足只穿薄底鞋，不穿厚底靴，望之有失体统。"⑥而阔大的草坪没有点缀性景观，也略显空旷。

金陵女子大学的楼与楼之间以长廊相连，既有中国式古建筑的美，又便于师生来往于各楼之间（南京有梅雨季节，夏季炎热）。隔而不断，更显含蓄、深远，这是中国造园手法"隔景"之"虚隔"的应用。

金陵女子大学没有燕京大学那么多水面，楼群后便设以人工湖为中心的花园，配以艳花垂柳、假山亭榭、碧草，别有洞天。中西合璧的建筑群和校内绿树成林的山丘和谐融合，四季常青、鸟语花香、生机盎然。

1923 年 10 月金陵女子大学落成开幕，校方十分满意，美国教会代表劳拉·维尔德（Lara Wilde）说，她反对"那种最丑陋的美国式砖结构建筑在世界上令人恐怖地不断复制"，而称赞茂飞的设计："既满足现代实验所需,又非常方便生活的建筑,而且它们都具有中国特色的魅力的屋顶小装饰","茂飞有理由赢得众人的尊敬"。[7]中国杰出的近代建筑师吕彦直也参与了金陵女子大学的部分设计和绘图工作。

金陵女子大学的设计是在燕京大学之前,方院、轴线、对环境的种种处理、建筑形制等都与燕京大学极为相似,可见它的思路为燕京大学做了铺垫。金陵女子大学——这一宫殿式建筑定型之作的设计被认为是茂飞"适应性风格"成形的转折点,而燕京大学则是这一风格设计的顶峰。

3) 原国民革命军阵亡将士纪念公墓建筑群[图4-25-11(1)至(9)]

20世纪30年代的南京,既有中山陵作前锋,又有《首都计划》和国民政府的意识形态作后盾,遂产生了数量可观的中国古典复兴式建筑群,尤以中山陵园区域内最多,其中国民革命军阵亡将士纪念公墓即是这样一组重要的建筑群。

国民革命军阵亡将士纪念公墓被称为"中国的阿灵顿"[8],是民国时期最重要的国家纪念公墓。1928年北伐战争结束,三年北伐战争,数万将士血洒疆场。同年11月,国民党中央执行委员会决定为国民革命阵亡将士建造公墓,并成立了以蒋介石、何应钦、陈果夫、叶楚伧、刘纪文、黄为材、赵棣华、王柏龄、熊斌、傅焕光、夏光宇、刘梦锡12人组成的阵亡将士公墓筹备委员会。公墓的地址经多次研究并实地勘察后,决定选取原明初灵谷寺旧址。国民政府特聘善于将西洋建造技术与中国传统民族形式结合的美国建筑师茂飞负责规划设计一切事宜。阵亡将士公墓筹备委员会先后开了17次会议,1931年3月才定下方案。同年3月15日,蒋介石在灵谷寺听取了筹备委员会关于公墓方案的汇报,审阅了茂飞设计的公墓图样,并到实地察看,还提出了选址的调整意见。

茂飞设计的方案包括三处公墓群,第一公墓居中,第二、第三公墓分别位于第一公墓东西两侧偏南的位置,三座墓群形成一个钝三角形布局。公墓包括正门、牌坊、祭堂、公墓、纪念馆、纪念塔等建筑,规模十分宏大。其中将灵谷寺的金刚殿改建为公墓的正门,修葺并改建灵谷寺明代无梁殿作为祭堂,其余新建。公墓的布局基本上沿袭了明清时期灵谷寺原有的格局,其轴线以原金刚殿为起点,以新建纪念塔为端点,中间为牌坊、祭堂和纪念馆。公墓建筑群于1932年1月动工,1935年11月落成。在此项目中,曾在茂飞的纽约建筑师事务所实习的中国建筑师董大酉担任了他的重要助手,并参与纪念塔的设计。工程由上海馥记营造厂承建。

公墓大门为三拱式样,庑殿顶上铺绿色琉璃瓦,前有石狮一对。通过大门拾阶而上则是六柱五间花岗石大牌坊,建于42层石阶之上,

图 4-25-11(1) 南京紫金山和中山陵的总图

图 4-25-11(2) 施工中的阵亡将士公墓（远处为中山陵）

图 4-25-11(3) 20世纪30年代初步建成的阵亡将士公墓鸟瞰

图 4-25-11(4) 公墓正门

图 4-25-11(5) 原国民革命军阵亡将士公墓入口牌坊（见彩页图38）

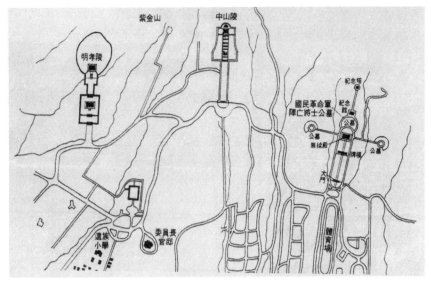

图 4-25-11(1)

图 4-25-11(2)

图 4-25-11(3)

图 4-25-11(4)

图 4-25-11(5)

台基面宽为 32.7 m，进深 16.6 m，牌坊高 10 m，钢筋水泥构筑，外镶花岗石，仿造我国传统木结构建筑形式，顶覆绿色琉璃瓦，饰有水泥脊兽，斗栱三级，四角起翘，十分壮观，形制与细节多处与清十三陵牌坊相似。牌坊正面题"大仁大义"，背面题"救国救民"，均由国民党元老张静江题写，门额上饰有瓷质中华民国国徽。第

图 4-25-11(6)

图 4-25-11(7)

图 4-25-11(6) 原国民革命军阵亡将士公墓入口石刻貔貅
图 4-25-11(7) 公墓祭堂（又名正气堂，由明代无梁殿改建而成）
图 4-25-11(8) 公墓祭堂室内
图 4-25-11(9) 20世纪30年代的阵亡将士纪念塔

图 4-25-11(8)

图 4-25-11(9)

十七军赠送的汉白玉石刻貔貅一对立于牌坊前镇守陵墓，一方面象征北伐将士都是英勇善战的猛士，另一方面又为阵亡将士纪念公墓增添了赫赫威严。

过了牌坊继续向上就是由无梁殿改修的祭堂。砖券结构的无梁殿是明代遗物，构造相当特殊，茂飞将原来建筑保存利用的构思相当具有创见。此殿有五开间规模，宽近百米，整修后，室内中央三拱下供奉着阵亡将士的灵位，殿内四壁嵌有110块编号的太湖青石碑，上刻国民革命军阵亡将士名单，共33224人。祭堂之后，则为纪念馆，九开间重檐庑殿建筑，也铺绿色琉璃瓦，檐下有回廊，内部采用走马楼式，上下层之间留有挑空部分，以产生空间的流畅感，适应展现先烈遗物的功能。

公墓轴线尽端矗立着八角形纪念塔，塔高九层（66 m），民众可沿中央旋梯而上，观林海，远眺紫金山麓全貌。最上冠以八角攒尖绿琉璃瓦顶，可装电灯，终夜长明，数里之外即可看见（详见"董大酉"一节）。

分析这组以复古手法建造的钢筋混凝土建筑群，可以发现茂飞是试图创造和近在咫尺的中山陵和明孝陵媲美的新时代建筑，而这组建筑在中国近代史上的影响力的确很大，只要看看20世纪30年代后期出现在全国各地的仿古纪念公墓和忠烈祠即可明白。

注释

① 司徒一凡. 美国建筑师茂飞与"中国古典复兴"建筑[J]. 文景,2007(2):21-24.
② Jeffrey W C. Building in China: Henry K. Murphy's "Adaptive Architecture" 1914—1935[M].Hongkong:The Chinese University Press, 2001:2.
③ 茂飞,《中美工程师学会会刊》,1926年第5期.
④ 梁思成. 中国建筑史[M]. 天津：百花文艺出版社,1998：353-354.
⑤ 国都设计技术专员办事处. 首都计划[M]. 南京：南京出版社,2006.
⑥ 钱穆. 八十忆双亲师友杂忆[M]. 北京：生活·读书·新知三联书店：2005.
⑦ 郭伟杰. 谱写一首和谐的乐章——外国传教士和"中国风格"的建筑,1911—1949年[J]. 朱宇华,译. 香港中文大学,2003,(1):11.
⑧ 阿灵顿国家公墓是美国最重要的国家纪念性墓地，位于美国弗吉尼亚州，埋葬美国在南北战争、第一次世界大战和第二次世界大战等多场战争中丧生的军人，以及殉职的国家公务人员和对国家有杰出贡献的人。所以，能够在阿灵顿国家公墓得到一处长眠之所是每个美国人的荣耀。公墓规模庞大，占地达170 hm^2。陵园周围树木葱郁，园内芳草如茵，墓地绵延起伏，洁白的墓碑鳞次栉比，宛如逝者的庞大军阵，声威浩荡，蔚为壮观。

图片来源

图4-25-1 源自：耶鲁大学图书馆.
图4-25-2 源自：http://www.cnr.edu.
图4-25-3 源自：http://tupian.baike.com.
图4-25-4 源自：http://www.zhongwen.tsinghua.edu.cn.
图4-25-5 源自：笔者拍摄;.http://www.hytrip.net.
图4-25-6 源自：《建筑月刊》,1935年第3卷第5期.
图4-25-7、图4-25-8 源自：Leffrey,2011.
图4-25-9（1）源自：南京城建档案馆.
图4-25-9（2）至（6）源自：《申报》,1929年2月17日。
图4-25-10（1）源自：《中国建筑史》.
图4-25-10（2）、（3）源自：《中国近代建筑史研究》.
图4-25-10（4）、（5）源自：《老照片·南京旧影》.
图4-25-10（6）、（7）源自：笔者拍摄.
图4-25-10（8）源自：《老照片·南京旧影》.
图4-25-11（1）源自：《雅砌》.
图4-25-11（2）源自：《老明信片·南京旧影》.
图4-25-11（3）源自：《南京民国建筑》.
图4-25-11（4）至（8）源自：笔者拍摄.
图4-25-11（9）源自：《老照片·南京旧影》.

4.26 公和洋行（图4-26-1）

公和洋行（Palmer & Turner Architects and Surveyors），是一个在远东地区历史悠久的英资建筑与工程事务所，在香港的中文名字为巴马丹拿集团，服务范围包括规划、建筑设计、建筑结构以及机电工程。自1868年成立以来，该机构已经在许多亚洲城市，特别是上海和香港，留下了大批风格多样的优秀作品，对于这两个城市的中心区（外滩和中环）风貌的形成起到重要作用。

公和洋行的历史最早可以追溯到1868年，一位英国建筑师萨尔维（William Salway）在香港创立萨尔维建筑师事务所（W. Salway Architect and Surveyor, Inc）。19世纪80年代，年轻建筑师巴马（Clement Palmer，1857—1953年）加入该建筑师事务所，不久他参加香港汇丰银行总行大厦的设计竞赛并获胜，他的成功奠定了在建筑师事务所的地位，并且成为此后近30年间建筑师事务所的设计主持。1895年，他和合伙人、结构工程师丹拿（Arthur Turner，1858—1945年）两人被授予英国皇家建筑师学会（RIBA）会员资格，事务所也以他俩的名字重新命名为巴马丹拿建筑师事务所，尽管此后合伙人时有更替，但这个名称保留至今（图4-26-2）。

1912年，由于上海经济的繁荣及其远东最大都市地位的逐步确立，建筑师事务所派建筑师威尔逊（George Leopold Wilson，1880—1967年）（图4-26-3）和洛根（Macolm Hunter Logan）前往上海开设分部，并入乡随俗地改成"公和洋行"这个中文名称。几年以后，威尔逊和洛根成为事务所的正式合伙人和主持人，因此干脆将事务所总部从香港迁到上海。

威尔逊来到上海后接到的第一个设计任务是位于外滩4号（现在改为3号）的有利大楼（Union Building），这是上海第一座采用钢框架结构的建筑，外观基本属于仿文艺复兴风格（图4-26-4），但做

图4-26-1

图4-26-2

图4-26-1 公和洋行（如今的香港巴马丹拿集团网页图片）
图4-26-2 公和洋行早期合伙人巴马（左）和丹拿（右）

图 4-26-3

图 4-26-4

图 4-26-5

图 4-26-3　公和洋行在中国的总建筑师威尔逊
图 4-26-4　公和洋行在上海的第一个作品——有利大楼
图 4-26-5　上海汇丰银行

得很灵活，大气而俊美。1916 年大楼建成后，公和洋行也在上海赢得了良好口碑。此后 20 年间，公和洋行在上海陆续设计了一批高水准的建筑作品，成为上海乃至整个远东地区实力最为雄厚的建筑设计机构。上海外滩建筑群中约有 10 座是他们的手笔，几乎占到外滩建筑总数的一半，其中堪称代表作的有汇丰银行大楼（1923 年）、江海关大楼（1927 年）、沙逊大厦（1929 年）、横滨正金银行大楼（1924 年）、中国银行大楼（1937 年）等。公和洋行除了最擅长的银行建筑设计外，还涉足了公寓、写字楼、饭店、百货商场、住宅、教堂等，类型十分多样，数量众多，其中不少建筑今天已被列为上海市优秀近代建筑和全国重点文物保护单位。

作为外国建筑师事务所，公和洋行在中国市场扎根靠的是他们精通西方古典建筑语汇的优势，充分迎合了当时上海滩上流社会审美趋向和中外业主的心态。如影响巨大的外滩汇丰银行大厦（图 4-26-5），有着新古典主义横竖三段构图，正中安放巨大穹顶，沿江正立面排列的爱奥尼式柱廊，粗犷的花岗石外墙，大理石、黄铜等高档装修材料，精美的壁画，内部先进的设备等无不有助于业主展示其财富与权势。而新海关大楼的建筑风格总体上仍属于古典主义，正立面建有风格地道的多立克柱廊。不过，顶部层层收进的钟楼所表现出的立体感和高耸感，说明公和洋行的审美趣味正在趋向于装饰艺术主义风格。

20 世纪 20 年代末上海滩的古典主义奢华已尽，现代主义时尚登场，公和洋行依然充当了领头羊的角色。1929 年上海第一幢 10 层以上的大楼——沙逊大厦落成，它那典型的装饰艺术风格曾轰动一时，开上海现代风格创作之先潮：大厦外形简洁明朗，花岗石墙面，立面以竖线条构图为主，檐部与基座等线脚均饰以抽象几何图案，那 19 m 高的墨绿色金字塔形铜顶多年来一直是外滩最醒目的标志，也是上海旧时最奢华的大饭店（图 4-26-6）。此后，一批具有相似现代风格的公寓、办公楼陆续建成，如河滨公寓（1933 年）、汉弥尔登大厦（1933 年）、百老汇大厦（1933 年）（图 4-26-7）、峻岭公寓（1934 年）、外滩

图 4-26-6

图 4-26-7

中国银行（1937年）等。其中公和洋行与中国建筑师陆谦受合作设计了现代派的中国银行17层大楼，上方是中国传统的蓝色琉璃瓦四角攒尖顶，一些细部装饰带有中国传统色彩。大楼总高超过70 m，略低于相邻的沙逊大厦。

图 4-26-6 上海沙逊大厦（右侧为中国银行）
图 4-26-7 上海百老汇大厦

公和洋行的创作以西方古典风格起步，这和19世纪末—20世纪初西方世界的设计思潮同步，也和近代上海追逐时尚，中西交流昌盛的氛围紧密相关，而此后公和洋行也是勇于探索新风格的建筑师事务所，从装饰艺术手法到净化了的现代派。20世纪20年代中期自汇丰银行室内装饰开始的新气象，到沙逊大厦高调的现代主义开端，直至中国银行成熟的现代主义表达，公和洋行在中国的步调一直处于领先地位。

公和洋行的主要业务在上海，其作品几乎成了整个20世纪二三十年代上海建筑的缩影。获得巨大成功的公和洋行也将业务范围向外拓宽，先后在香港、武汉、南京等大城市接洽项目，设计有香港中国银行、玛利诺修道学校，武汉汇丰银行，南京国立中央大学礼堂等，多数采用其擅长的西方古典式样。它的辉煌一直延续至抗日战争开始，1939年因战事缘故，公和洋行结束其在上海的业务，返回香港，并重新启用巴马丹拿建筑师事务所的名称。迄今它仍然是世界闻名的建筑师事务所之一，并继续承担大量国内项目的设计。

在宁职业经历和主要作品

有资料显示，1910年在南京举办的南洋劝业会上，就曾出现过公和洋行设计的建筑身影。据称，公和洋行在南京也曾开办过分部，有两位建筑师，一位洋人和一位华人，但确切得以实施并建成的设计作品，目前仅知为国立中央大学大礼堂。而1983年，巴马丹拿建筑师事务所（公和洋行）回到中国大陆后负责设计的第一个项目，就是南京的金陵饭店，20世纪80年代它是中国大陆最高的建筑，在南京具有标志性意义。由此可见，虽然在南京的作品很少，但公和洋行却为南京留下

4 民国时期南京代表性职业建筑师及其作品

图 4-26-8(1)

图 4-26-8(2)

图 4-26-8(3)

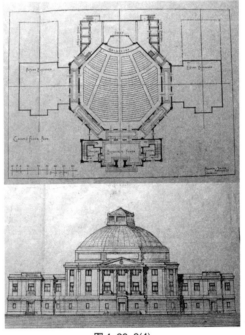

图 4-26-8(4)

图 4-26-8(5)

图 4-26-8(6)

图 4-26-8(1) 原国立中央大学校门望向大礼堂
图 4-26-8(2) 20 世纪 30 年代的国立中央大学大礼堂
图 4-26-8(3) 公和洋行的大礼堂设计文件
图 4-26-8(4) 原国立中央大学大礼堂平面和立面图纸
图 4-26-8(5) 施工中的大礼堂穹顶
图 4-26-8(6) 原国立中央大学大礼堂（见彩页图 39）

了十分宝贵的建筑遗产，影响力不小。

原国立中央大学大礼堂 [图 4-26-8（1）至（7）]

大礼堂位于原国立中央大学（现东南大学）校园中央，与南大门在同一条中轴线上。它是中央大学校长张乃燕在任期间，于 1930 年 3 月 28 日动工兴建，后因经费困难而停工。1930—1931 年，朱家骅继任校长，他利用在国民政府中的地位和影响，以召开国民会议的名义，获得国民政府拨款。此后，由建筑系教授卢毓骏主持续建，于 1931 年

4月底竣工。

大礼堂由公和洋行设计，新金记康号营造厂承包建造。大礼堂造型庄严雄伟，属西方古典建筑式样，是设计者十分擅长的风格。大礼堂主立面朝南，取西方文艺复兴式构图，底层三门并立做入口，三排踏道上下；上部二三层立面用四根爱奥尼柱式支撑山花；穹窿屋顶采用钢结构，上覆欧洲文艺复兴时代的青铜薄板，顶高为34 m；建筑各部分如基座、线脚、穹顶和整体比例均十分出色。礼堂采用钢筋混凝土结构，内三层，面积共4320 m^2，可容2700余人，其内部的观众席南部为门厅和休息厅，北部为巨型讲台，三层观众席，上部两层出挑极大，反映出当时在结构计算与施工方面的出色成就，是当时国内最大的礼堂。1931年5月5日，孙中山就任临时大总统纪念日，国民政府第一届全国代表大会曾在这里召开。在1936年国民大会堂建成之前，国立中央大学大礼堂一直兼做国民政府重大会议场址所在，见证了一系列重大历史事件的发生。

图4-26-8(7) 原国立中央大学大礼堂室内（见彩页图40）

大礼堂为国立中央大学这组民国首都最大的西方古典建筑群确立了中心，至此校园内建筑以大礼堂为视觉构图中心，轴线明确，对称构图，几何规则的道路和广场、草坪，颇具西方校园氛围。1965年大礼堂添建两翼的教室，面积计2544 m^2，为杨廷宝设计。数十年来，海内外国立中央大学校友均视大礼堂为母校之象征。1994年4月，台湾地区的中央大学校友余纪忠先生捐资107万美元修葺大礼堂，使其焕然一新。如今大礼堂不仅是东南大学的标志性建筑，也在2006年被列为国家级文物保护单位。

图片来源

图4-26-1、图4-26-2源自：http://www.p-t-group.com.
图4-26-3源自：《上海百年建筑史：1840—1949》.
图4-26-4、图4-26-5源自：笔者拍摄.
图4-26-6源自：http://www.panoramio.com.
图4-26-7源自：笔者拍摄.
图4-26-8(1)、(2)源自：《老照片·南京旧影》.
图4-26-8(3)至(5)源自：东南大学档案馆.
图4-26-8(6)、(7)源自：笔者拍摄.

4.27 帕金斯建筑师事务所

图 4-27-1 老帕金斯

中国近代大学校舍是最早引入西方建造思维和技术的类型之一，19 世纪末来自欧美差会的传教士或建筑师率先在中国大地上复制出一幢幢异域情调的建筑。20 世纪初为贯彻基督教在中国传教的"本色化"运动，一种"适应性"设计思路在教会校舍建造中普遍推广开，即将建筑形式表现为发扬东方固有之文明的重要手段，并不约而同地选用"中西合璧"的方式。尽管存在理解上的偏差或错误，这些掺杂着中国元素的建筑看上去总是和真正的民族形式有那么一点差距，但客观上对中国传统建筑的现代化转型起到了推动作用。

由美国基督教会创办的金陵大学，其校园修建时间早于为人熟知的美国建筑师茂飞所设计的金陵女子大学和燕京大学，以其西方式的校园规划布局以及西式墙身加中式大屋顶的独特形态，成为中国近代建筑史上"中西合璧"式的典型案例。其创作者是来自美国芝加哥的帕金斯建筑师事务所，即帕金斯·菲洛斯·汉密尔顿建筑师事务所（Perkins, Fellows & Hamilton, Architects），这是一所创办于 19 世纪末，历史悠久的老牌设计机构，其主要奠基者帕金斯（Dwight Heald Perkins,1867—1941 年）是美国现代建筑进程中草原学派（Prairie School）的重要成员（图 4-27-1）。

帕金斯（也称老帕金斯）出生于美国田纳西州孟菲斯城，12 岁和家人移居芝加哥。父亲去世后他早早就出来工作，干过农活，也到建筑公司工作过，后受人资助进入麻省理工学院学习建筑，接受的是 19 世纪美国正统学院派建筑教育，建立了良好的古典主义修养。1888 年毕业后，先后进入芝加哥学派的重要成员亨利·胡布森·理查德森（Henry Hobson Richardson）和伯恩汉姆·路特（Burnham Root）的建筑师事务所工作，深受芝加哥学派反折中和建筑功能性思路的影响，并逐渐走上探索本土化美国现代建筑的道路。他和美国建筑大师弗兰克·赖特相似，走的是和芝加哥学派有所不同的探新路线，即努力探讨现代功能、技术与美国乡土建筑结合，这就是美国现代建筑史上著名的草原学派。1894 年他在芝加哥开设自己的建筑师事务所，并大量设计学校和住宅项目，积累了丰富经验。1905 年他担任了芝加哥教育委员的总建筑师，先后承担 40 多项芝加哥当地的学校设计，如芝加哥大学校舍、诺贝尔中学，而草原风格的舒尔茨中学（Karl Schurz High School）更被视为芝加哥的地标性建筑（图 4-27-2、图 4-27-3）。在这期间他和弗兰克·赖特一度合作芝加哥林肯中心。1911 年他和好友汉密尔顿（John L. Hamilton）及菲洛斯（William K.

图 4-27-2

图 4-27-4

图 4-27-3

图 4-27-2 老帕金斯早期作品：诺贝尔中学
图 4-27-3 老帕金斯草原学派风格的代表作：舒尔兹高中
图 4-27-4 原齐鲁大学校门

Fellows）组成联合建筑师事务所，由帕金斯联系并负责设计任务。此后，公司业务愈发兴盛，除了擅长的文教类建筑实践外，也涉足公园、公园建筑、住宅等，1912 年帕金斯的公园狮子屋项目获得了美国建筑师协会金奖。也是在这一阶段，事务所开始接受美国差会在远东地区的委托项目，包括中国的齐鲁大学（现山东医科大学）（图 4-27-4、图 4-27-5）和金陵大学（现南京大学）校园规划设计[①]。

1925 年帕金斯患上了严重的听力障碍，不得不解散公司。尽管他晚年已很少参与项目，但他的儿子劳伦斯·布拉德福·帕金斯（Lawrence Bradford Perkins, 1907—1997 年，习惯称为小帕金斯）继承了父亲的建筑才华和专注力。小帕金斯在 1935 年与菲利普·威尔（Philip Will）在芝加哥创立建筑师事务所，继续老帕金斯在科教文卫建筑创作上的优势。70 多年来帕金斯·威尔建筑设计公司（Perkins & Will Architects）以设计改变生活为信念，在建筑设计领域不断创新，如今

图4-27-5

图4-27-6

图4-27-5 原齐鲁大学南关教堂
图4-27-6 帕金斯·威尔建筑设计公司网页图片

已发展成为当今美国顶尖和世界一流的设计机构，国际化程度很高，在全球包括上海在内的24个城市都设有分支机构（图4-27-6）。

金陵大学（1910—1925年）[图4-27-7（1）至（9）]

美国建筑设计机构帕金斯建筑师事务所只为南京留下一件作品，但足以在南京城市风貌上打下深刻的烙印，那就是南京最早的教会大学——金陵大学（1910—1925年）。

金陵大学成立于1910年，是美国基督教美以美会在中国创办的著名教会大学，由汇文、基督、宏育三所教会书院合并而成。校方在南京鼓楼西南坡购地2000余亩建造新校舍，同时中国政府以金陵大学教授裴义理（Joseph Bailie）主持华洋义赈有功赠地百亩。校方聘请芝加哥享有盛誉、擅长校园建筑设计的帕金斯建筑师事务所负责总体规划和主体建筑群设计，美国工程师司马担任现场督造和技术指导，金陵大学工务科主管齐兆昌任中方监理工程师，南京本地最大的陈明记营造厂承担施工，应该说这是一个在当时相当专业和强大的组合。

汇文书院的创办人福开森（J. C. Ferguson）和金陵大学校长包文（A. J. Bowen）明确要求"建筑式样必须以中国传统为主"，因此金陵大学建筑群是早期融入西方风格的中国传统建筑群，以塔楼为中心形成不完全对称的布局，建筑造型和装饰为中式，材料和构架为西式，建筑材料除屋顶瓦和基本土木外，大多由美国进口。从1910年开始设计、动工，至1925年陆续完成了东大楼（理学院，1912年）、小礼拜堂（1917年）、北大楼（文学院及行政院，1919年）、西大楼（农学院，1925年）。1934年，金陵大学因办学成绩卓著而获得国民政府30万元赠款，又在和北大楼相对的位置兴建起图书馆。虽然这批在较短时间段建成的核心建筑群只占整个金陵大学校园发展规划的一小部分，但校园北部中心教学区的基本轮廓已经形成，新校园轴线和标志性建筑都已竖起，楼宇林立，气势恢宏，与鼓楼并峙城中，成为当时南京最高大雄伟的一组建筑群，在社会上造成了相当大的冲击和影响。

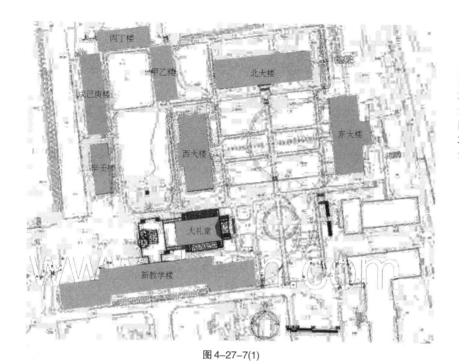

图 4-27-7(1)

图 4-27-7(1) 金陵大学校园规划
图 4-27-7(2) 初建成的金陵大学教学区
图 4-27-7(3) 20世纪20年代的金陵大学北大楼
图 4-27-7(4) 20世纪20年代的金陵大学东大楼

图 4-27-7(2)

图 4-27-7(3)

图 4-27-7(4)

4 民国时期南京代表性职业建筑师及其作品

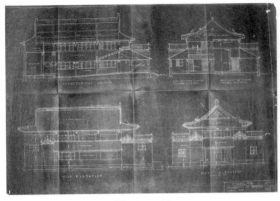
图 4-27-7(5)

图 4-27-7(6)

图 4-27-7(7)

图 4-27-7(8)

图 4-27-7(5) 1917年帕金斯建筑师事务所设计的金陵大学礼拜堂图纸

图 4-27-7(6) 金陵大学礼拜堂（见彩页图41）

图 4-27-7(7) 金陵大学北大楼（见彩页图42）

图 4-27-7(8) 北大楼墙面上的历史印记

1952年后金陵大学校园成为南京大学校园的一部分。

（1）总体规划

金陵大学的用地是一块南北向的长方形用地，地势由北向南倾斜，大学的主要部分位于场地北段，主轴线尽端的中心教学区由北大楼（文学院）、东大楼（理学院）和西大楼（农学院）组成，围合成三合院，平行于主轴线还设计有第二轴线上的宿舍区部分。帕金斯建筑师事务所的规划明显借鉴了美国近代校园的规划模式：主要建筑沿南北主轴线排列，以轴线中间数条狭长的绿化强化其纵深感，最后穿过建筑物围合的开阔草坪，结束于尽端壮丽的北大楼，北大楼高耸的钟塔控制了整个轴线的景观，并为地形的不断上升划上响亮的句号。几何图案的广场花园、精心布置的草坪绿地、道路中心的花坛等，尺度适宜，层次分明，这是一组典型的西方式的空间构图，以文教类建筑见长的帕金斯建筑师事务所处理起来自然得心应手。

（2）校园建筑

金陵大学的主要建筑形式体现了北方官式建筑的一些特征，如灰色筒瓦歇山顶，造型严谨对称，外观用青砖墙面，建筑进深较大，窗小，显得封闭稳重。建筑细部也有浓重的中国传统装饰风格，如砖雕、纹饰等。

①北大楼：金陵大学的主楼和标志性建筑，位处主轴线的末端。1917年设计，1919年建成。北大楼建筑面积为3473 m²，大楼地上二层，地下一层，局部五层，砖木结构。北大楼是较早探索华洋结合式造型的大学建筑，主建筑为单檐歇山顶，筒瓦屋面。为追求群体空间的构图效果，帕金斯建筑师事务所将北大楼前半部正中突起五层为塔楼，此乃左右对称之中心，塔顶做十字脊，饰脊兽。北大楼墙体为南京明城墙的青砖砌筑，清水勾缝。

图 4-27-7(9) 金陵大学宿舍群中的甲乙楼（见彩页图43）

北大楼构图反映出典型的西方审美趣味，中央高塔仿效的是西方建筑中的钟楼，在整体建筑群中起统领作用，这与中国传统单体建筑构图迥乎不同。

②东大楼和西大楼：以北大楼为中心，两侧分别是东大楼和西大楼。两幢楼都是在1915—1916年设计，1925—1926年竣工，外观相似，两层砖木结构，平面为长方形，内廊式布局，西式横向三段式体量构图，歇山顶，烟灰色筒瓦屋面，两座楼的屋顶都是脊上加脊，中段高耸起来。两座楼的外墙底层为明代城墙砖砌筑，上部为青砖，勒脚和门窗过梁部位采用斩毛青石。

③礼拜堂：现名大礼堂，1917年设计，1918年建成，是现存最早的金陵大学老建筑。礼拜堂位处西大楼南面，该建筑在造型上模仿了中国传统建筑式样，单层木结构，屋顶主体为歇山式，侧面为硬山式，外墙全部由明代城墙砖砌筑，砖面上尚留有打造印记，山花、檐口装有饰砖雕和水泥粉刷传统纹样。空花的屋脊，烟色筒瓦顶，是金陵大学校园内细部工艺最精美的建筑物之一。

④学生宿舍：在北大楼西侧，和主轴线平行，还设计了一组四幢学生宿舍，沿第二轴线排列，分别称甲乙楼、丙丁楼、戊己庚楼和辛壬楼。这四幢楼建于1925年，砖木结构，卷棚式屋顶，筒瓦屋面，外墙青砖。

帕金斯建筑师事务所在设计金陵大学之前，还完成了另一所教会大学——原齐鲁大学（现山东医科大学）的校园规划和建筑设计。对比两所学校，可以看出一个共同意图：设计师试图让中国学生在自己熟悉的传统环境中来接受完全不同的西方基督教文化，可谓用心良苦。但即便在普通参观者眼中，也无法从灰瓦歇山屋顶和雕花红漆门窗的传统外观下，隐隐约约体察到一些不同的氛围来。以当今对中国古典建筑群体布局、木结构体系和具体做法的特点来考察，设计者似乎并未完全掌握中国建筑的要领，无论是规划布局、群体空间以及建造逻辑上,这组建筑都不折不扣地遵守西方传统建筑的布置原则,仔细模仿的中国式外表,仅仅是一层"皮"而已②。梁思成曾对这一现象进行过比较透彻的批判:"……但他们的通病则全在对中国建筑权衡结构缺乏基本认识这一点上。他们均注重外形的模仿,而不顾中外结构之异同处,所采用的四角翘起的中国式屋顶,勉强生硬的加在一座洋楼上;其上下结构划然不同旨趣,除却琉璃瓦本具显然代表中国艺术特征外,其他可以说是仍为西洋建筑。"③落实在金陵大学校舍中亦可以显著看到,例如礼拜堂的形体基本关系是西方的,将山墙面作为入口,平面被划分为中间高起的中殿和两侧低矮的侧廊,剖面落差处开高窗。此外,礼拜堂以砖石砌体承重和钢木桁架支撑屋顶也非中国木框架结构体系做法。北大楼两边夹持中央塔楼的体量组合全然是西式的,屋顶也奇异突兀。当然目前仍然很难了解到老帕金斯在主持该项目时是否将中西文化置于相平等的层面上去考虑,但结合其职业背景,可以认为这是他在坚持以西方建筑原型为内核的同时,将中国古建筑某些特征作为地域文化层面上的特征加以考虑,至于外观最后是否严格符合当地的各项要求,已经变得不太重要,也因而巧妙地避开深入考证中国传统建造体系的难题。尽管颇多学者对老帕金斯等的这种探索有所诟病,但如果抛开意识形态方面不谈,客观上可将老帕金斯的这种探索视为后期出现的"中国固有形式"、"中国古典建筑复兴"等形态上复原中国传统建筑与文化做法的先导,也可以从中理解出一段中国近代史上由西方建筑法则向中国建筑规律的转变和演化过程②。

1937年12月,日军攻占南京。在此之前,金陵大学被迫西迁,为保护学校资产,金陵大学校舍建设的现场工程师之一的工务科主任齐兆昌毅然和其他30多名中西籍教职员一齐留守南京。当时,留守南京的西方人士发起组织了南京安全区国际委员会,设立安全区,并利用金陵大学校园设立了最大的难民收容所,从而在这场惨绝人寰的侵略屠杀中,使南京数万妇孺贫民免受了日寇铁蹄的蹂躏。

注释

① 有关老帕金斯的生平简历译自美国网站:http://www.PrairieStyles.com.
② 冷天. 冲突与妥协——从原金陵大学礼拜堂见中国近代建筑文化遗产之更新策略[D].[硕士学位论文]. 南京:东南大学,2004:21,50.
③ 梁思成. 中国建筑艺术图集[M]. 天津:百花文艺出版社,1999:5.

图片来源

图4-27-1至图4-27-3源自:http://www.prairiestyles.com.

图 4-27-4、图 4-27-5 源自：笔者拍摄.
图 4-27-6 源自：http://www.perkinswill.com.
图 4-27-7（1）源自：冷天，2004.
图 4-27-7（2）源自：http://www.loc.gov.
图 4-27-7（3）、(4) 源自：老照片·南京旧影.
图 4-27-7（5）源自：冷天，2004.
图 4-27-7（6）至（9）源自：笔者拍摄.

后记
Postscript

　　20年前我来到东南大学，投身著名建筑学者刘先觉先生门下攻读研究生学位，从那时开始就与中国近代建筑的学习和研究结下不解之缘。刘先生当年在其导师梁思成指导下完成1949年后我国第一篇研究近代建筑的学位论文，以此为起点，南京工学院建筑系和之后的东南大学建筑学院的团队在此领域长期耕耘，薪火相传，成果斐然。近年来研究内容已从建筑本体进一步延伸至关注近代建筑发展中的人和管理制度，而南京这座见证民国兴亡的特殊城市为之提供了极好的样本。每当走过那些漂亮的民国老房子，我常常在脑中勾画建筑师们的创作情形，我明白在近代社会和文化的重大转型背景下，这批才华出众的知识精英们的创作道路是异常坎坷的，但他们在艰难条件下奉献出如此优秀的作品，这其中该蕴含着怎样的智慧和奋斗历程！我想向现代人呈现这一切，试图从建筑设计的实际操作层面出发，探究中国职业建筑师不同寻常的成长历程。更重要的是，民国环境下这些人的活动及影响力还不仅限于专业领域，一定程度上亦从物质空间塑造上折射出国家、政治以及社会情感的状态及需求，通过他们的工作和成果亦可以一窥民国社会的成长和发展。因此这本书既是向前辈建筑师的致敬，也是向这座饱经磨难的城市的历史致敬，这是我们最可宝贵的文化遗产。

　　日常工作繁忙，所以写作过程断断续续，但始终得到刘先觉教授的鼓励，先生不光是我学问上的领路人，他严谨踏实和勤奋的工作作风对我影响极大，希望我的点滴成果不负他的期望。

　　感谢齐康院士的大力支持，他多次与我交流，使我深入了解其父——民国时期南京一位优秀建筑师的职业经历和特殊境遇下的非凡品格，同时齐院士对专业的热情和真知灼见使我深受教益。

　　我还要感谢以下的同行和同事们：柳肃、赖德霖、周琦、李海清、李百浩、刘松茯、黎志涛等诸位教授，他们在近代建筑研究思路和方法上给予我启发，并慷慨地分享了相关资料。此外上海章明建筑设计事务所执行总监沈晓明先生、南京工业大学建筑学院郭华瑜教授也提供了宝贵资料。

　　感谢我的学生俞琳，我们共同思考、讨论和研究了前三章，她提供很多积极的建议并撰写了部分内容。此外，也感谢季秋、王海雨、黄越、胡霖华、温珊珊等研究生的积极协助。在资料收集和整理过程中，还得到东南大学档案馆、东南大学建筑学院图书室、清华大学建筑学院图书室、中国第二历史档案馆、南京城建档案馆、南京图书馆等机构的支持与帮助，一并致谢。

　　最后要衷心感激我的家人，没有他们精神上的鼓励和生活上的支持，本书终结恐怕还将遥遥无期。

汪晓茜
二〇一四年五月于南京东南大学建筑学院